Heiße Schokolade, Glühwein und der Duft von Zimt. Irma ist glücklich, wenn sie in ihrem Delikatessenladen steht und ihre Kreationen verkauft. Ihr kleines Geschäft ist für viele ein Anlaufpunkt, nicht nur um es sich schmecken zu lassen, sondern auch um Geschichten auszutauschen. Zu Irmas Bedauern schaut auch fast jeden Tag der Marktschreier Paul vorbei, der mit ihr ausgehen möchte. Und dann sieht sie ihn auch immer auf dem Hamburger Fischmarkt, wo sie einen Stand hat. Dabei hat Irma schon den perfekten Mann für sich gefunden: den Literaturprofessor Fred. Aber dieses Weihnachtsfest wird es zeigen, ob Irmas Herz nicht andere Pläne hat und mit wem sie unter dem geschmückten Baum sitzen wird …

Mara Dix ist das Pseudonym einer deutschen Autorin. In Berlin geboren und aufgewachsen, hat sie eine Hotelausbildung absolviert und Journalismus studiert. Seit einigen Jahren lebt sie mit ihrer Familie auf Gran Canaria, wo sie die traumhafte Ruhe nutzt, um sich romantisch-heitere Geschichten auszudenken. Wenn sie nicht liest oder schreibt, probiert sie leidenschaftlich gern neue Rezepte aus und teilt sie auf ihrem Foodblog.

Weitere Informationen finden Sie auf www.fischerverlage.de

MARA DIX

Winterglück im kleinen Gourmetladen

Roman

FISCHER TASCHENBUCH

FSC
www.fsc.org
MIX
Papier | Fördert gute Waldnutzung
FSC® C083411

Originalausgabe
Erschienen bei FISCHER Taschenbuch

Dieses Werk wurde vermittelt durch die Literarische Agentur
Thomas Schlück GmbH, 30161 Hannover.
Lektorat: Silke Reutler
Satz: Fotosatz Amann, Memmingen
Druck und Bindung: CPI books GmbH, Leck
ISBN 978-3-596-71168-0

Kontaktadresse nach EU-Produktsicherheitsverordnung:
produktsicherheit@fischerverlage.de

1

Alles war noch so schön ruhig. In der Luft lag der Duft nach frischem Tannengrün, aus dem Irma einen Kranz gefertigt hatte, der jetzt mit roten Beeren verziert hinter dem Verkaufstresen hing. Beseelt lächelnd hielt sie einen Moment inne und setzte ihr Tablett mit den kleinen sternförmigen Pasteten auf dem Tresen ab. Draußen wirbelten Schneeflocken durch die Luft, ehe sie sanft den Boden berührten und ihn mit einer weißen Schicht bedeckten. An die Theke gelehnt, verlor Irma sich in der Betrachtung dieses märchenhaften Anblicks. Für Anfang Dezember war das ein außergewöhnliches Naturschauspiel, normalerweise gab es zu dieser Jahreszeit eigentlich nur Schietwetter. Manche behaupteten zwar, dass kaum einer Stadt Grau so gut stünde wie Hamburg, aber Irma gefiel sie in Weiß um einiges besser.

Sam Smith sang *Have yourself a merry little christmas* im Radio. Seine Stimme lullte Irma ein, trug dazu bei, dass ihre Gedanken immer weiter abdrifteten. Wie immer, wenn sie mal einen Moment für sich hatte, setzte sich ihr Kopfkino in Gang. Was meistens in der halben Stunde geschah, bevor sie ihren kleinen Feinkostladen am Morgen öffnete.

Ein großer, dunkelhaariger Mann betritt den Laden. Durchgefroren reibt er die Hände aneinander und strahlt übers ganze Gesicht, als er sie hinter der Ladentheke entdeckt. Es ist das charmanteste und einnehmendste Lächeln, das Irma je gesehen hat. Er hat sich verlaufen, kennt sich nicht aus in der Stadt. Während Irma ihm den Weg beschreibt, nehmen seine schokobraunen Augen sie gefangen, so dass sie ihren Blick nur mit Mühe von ihnen lösen kann. Beim Abschied streicht er ihr wie zufällig über die Hand. Irma spürt ein Kribbeln, das, einem elektrischen Stromschlag gleich, durch ihren Körper fährt. Er ist es! Er ist der Richtige, auf den sie ihr ganzes Leben gewartet hat. Im nächsten Moment dreht er sich noch einmal um – ihr Herz macht einen Satz – und fragt, ob er sie am Abend zu einem Glühwein auf dem Weihnachtsmarkt einladen dürfe.

Irma seufzte aus tiefster Seele. *Leider nur ein Tagtraum, weiter nichts.* Die Realität sah anders aus. Sie trat als Paul Kleeberg in Erscheinung, der seine Nase an der Scheibe plattdrückte und durch die Eingangstür in den Verkaufsraum linste. Seines Zeichens Marktschreier auf dem Altonaer Fischmarkt und die penetranteste Person, die Irma je untergekommen war. Einer der Kunden, vor denen man lieber Reißaus nahm. Obwohl ... ein Kunde war er nun wahrlich nicht. Denn anstatt zu kaufen, brachte er immer irgendwelche Dinge mit, die sie ungefähr so gut gebrauchen konnte wie eine Warze auf der Nase oder ein drittes Ohr auf der Stirn. Einmal hatte er ihr galant einen mickrigen Strauß halbverwelkter Nelken in die Hand gedrückt, ein anderes Mal war er mit einem dürftig in Zeitungspapier eingewickelten Aal aufgekreuzt. Irma konnte diesen schlangenartigen Fisch nicht ausstehen. Schon sein Anblick verursachte ihr ein Ekelgefühl, was wirklich sonst nur bei wenigen Lebensmitteln der Fall war. Doch Paul, dem ihr Widerwille nicht entgangen war, hatte versucht, ihr den Aal mit allen Mitteln schönzureden. Pries ihn als den faszinierendsten Fisch an, der sowohl im Süßwasser als auch im Salzwasser überleben konnte, zwei Herzen besaß und unter echten Kennern als

Delikatesse galt. Man hätte meinen können, sein Leben hinge davon ab, so sehr hatte er sich ins Zeug gelegt, ihr dieses glitschige Ding schmackhaft zu machen. Das musste wohl eine Berufskrankheit sein.

Wenn seine Geschenke unbeholfene Versuche gewesen wären, ihr Herz zu erobern, hätte sie das vielleicht sogar süß gefunden. Aber Irma konnte sich des Eindrucks nicht erwehren, dass Paul nichts lieber tat, als sie auf die Schippe zu nehmen, und dass er nur bei ihr im Laden auftauchte, weil er spürte, dass er ihr damit richtig auf die Nerven ging.

Warum er ausgerechnet sie auserkoren hatte, blieb Irma allerdings ein Rätsel. In Hamburg gab es doch sicherlich alleinstehende Frauen in Pauls Alter, die seinem schrägen Humor etwas abgewinnen konnten.

Am liebsten hätte Irma sich geduckt und so getan, als sei sie gar nicht anwesend. Doch dafür war es jetzt zu spät. Paul hatte sie soeben entdeckt, was sich an seinem hocherfreuten Gesichtsausdruck unschwer erkennen ließ. Jetzt winkte er auch noch überschwänglich, während Irma nur mit Mühe ein Augenrollen unterdrücken konnte. Wie immer ignorierte er das Schild im Fenster der Tür, auf dem *Geschlossen* stand, und tat so, als ob sie sich in irgendeiner Weise nahestünden. Dabei kannte Irma ihn nur vom Sehen. So wie jeder ihn und seinen Wagen kannte, mit dem er sonntags auf dem Altonaer Fischmarkt stand. Er war ja auch nicht zu überhören.

Irma nahm sich Zeit, an die Tür zu gehen und ihn einzulassen. Gut, sie hätte ihn auch auf die Öffnungszeiten verweisen und ihn an der Tür abfertigen können, aber so ein Unmensch war sie nun auch wieder nicht. Schließlich herrschten draußen Minusgrade, und er sah mit seiner geröteten Nase schon ganz durchgefroren aus.

Irma drehte den Schlüssel im Schloss und öffnete die Tür. Die hellen Papiersterne im Schaufenster schaukelten sanft im Luftzug. Irma hatte sie am letzten Sonntag gebastelt. Denn es gab kaum etwas, das ihr mehr Freude bereitete, als ihren Feinkostladen mit viel Liebe zum Detail passend zur jeweiligen Jahreszeit zu dekorieren.

Begleitet von einem Schwall kalter Luft und dem Klingeln des Türglöckchens betrat Paul den Laden. »Moin!« Schnee rieselte auf den Boden, als er seine grüne Wollmütze vom Kopf zog. Er schien es jedoch gar nicht zu bemerken, denn er ließ bereits seinen Blick im Raum umherwandern, der mit silber- und roséfarbenen Weihnachtskugeln verziert war, die an langen Fäden von der Decke hingen.

»Moin, Paul!«

»Na hier weihnachtet es ja schon ordentlich!«, sagte er breit grinsend, sein Blick blieb dabei an der leuchtenden Lichterkette hängen, mit der Irma das Schaufenster dekoriert hatte. »Nur irgendwie fehlt was.« Er machte eine Pause und besah sich Irma von unten bis oben. »Ah, jetzt weiß ich, was es ist.«

Irma hob fragend die Augenbrauen. Sicher kam jetzt wieder einer seiner Schenkelklopfer.

»So eine Elfenmütze würde dir gut zu Gesicht stehen. Die bring ich dir nächstes Mal mit.«

»Danke, muss wirklich nicht sein.« Irma lächelte schief. »Was hat dich denn um halb neun Uhr morgens hierher verschlagen?«

»Na du!«

»Musst du nicht arbeiten?«

»In der Winterzeit ist nicht so viel los, da kann man schon mal dem Jungspund den Stand auf dem Wochenmarkt überlassen. Drei Tage die Woche nehme ich ihn unter meine Fittiche, so kann er sich von mir abgucken, wie man auf den verschiedenen Marktplätzen rumkrakeelt. Und wenn er es jetzt alleine macht, lernt er am besten, wie's geht. Mich hat man damals auch einfach ins kalte Wasser geworfen.«

Dabei muss er wohl mit dem Kopf am Beckenrand angeschlagen sein, dachte Irma in einem Anflug von Sarkasmus. »Welchem Jungspund?«, hakte sie höflichkeitshalber nach.

»Dem Sohn vom Salami-Günther. Der zieht es vor, von mir angelernt zu werden. Wundert mich nicht, so wie Günther ihn immer zusammenscheißt.«

Einen Moment lang meinte Irma zu sehen, wie Pauls Brust vor Stolz anschwoll. Lässig schob er die Hände in die Taschen seiner ausgebeulten Jeans und stellte die Beine etwas weiter auseinander.

Irma unterdrückte ein Kichern und wich seinem Blick aus, der jetzt so eindringlich war, als erwarte er ein anerkennendes Schulterklopfen von ihr.

Doch den Gefallen tat Irma ihm nicht. Stattdessen nickte sie. Nicht als Zustimmung, sondern weil sie nicht wusste, was sie sonst tun sollte. Sie fragte sich, ob der Sohn vom Salami-Günther sich tatsächlich aus freien Stücken in die Obhut von Paul Kleeberg begeben hatte oder ob der arme Kerl dazu genötigt worden war. Man musste schon ein enorm dickes Fell haben, um sich mit 104 Dezibel von Paul ins Ohr brüllen zu lassen.

Seine Stimme unterbrach ihren Gedankenstrom. »Hab dir was mitgebracht.« Freudestrahlend hielt er ihr eine Plastiktüte vors Gesicht.

»Was ist das?« Irma schwante Schlimmes.

»Pack doch aus, dann siehst du es.«

Irma zog das notdürftig in Weihnachtspapier eingepackte Etwas aus der Tüte. Sie entfernte die Klebestreifen und förderte eine Pappschachtel zu Tage. Einige Sekunden lang starrte sie sprachlos auf die Abbildung, die sich an deren Seite befand.

Ein Weihnachtsbaum in Regenbogenfarben mit kleinen funkelnden Lichtern, der an Geschmacklosigkeit kaum zu überbieten war. Irma versuchte, ihre Mimik unter Kontrolle zu bekommen. »Schön ... bunt.«

»Der leuchtet sogar. Batteriebetrieben. Hab gedacht, er könnte dir gefallen.«

Irma sah ihn fragend an. Seit wann litt sie unter Geschmacksverirrung?

»Na wegen deinem Tick.«

»Was für einem ... Tick?« Irma verstand wirklich nicht, worauf er hinauswollte.

Paul wies mit dem Kopf hinter sich auf die Delikatessgläschen und Feinkostkonserven, die Irma im Holzregal entlang der Wand nach Regenbogenfarben geordnet hatte.

»Das ist kein Tick!« In Irmas Stimme hatte sich ein verärgerter Unterton geschlichen, den sie nicht unterdrücken konnte. »Ich lege halt Wert auf Ästhetik.« *Im Gegensatz zu dir*, ergänzte sie in Gedanken.

Paul grinste sie an. Es war ein unverschämtes Grinsen, das bewies, dass er sich über sie lustig machte.

Doch ehe Irma etwas sagen konnte, trat Paul ans Regal und griff nach einem Glas mit getrockneten Tomaten. »Das passt aber dann gar nicht hier rein. Da kriegt man ja einen Knick in die Optik.« Er stieß ein durchdringendes Lachen aus.

Obwohl Irma wirklich genervt von seiner übergriffigen Art war, musste sie ihm recht geben. Das *Montanini*-Gläschen mit den in Öl eingelegten getrockneten Tomaten hatte farblich wirklich nichts in der Reihe mit den gegrillten Bio-

Oliven und den *Olive verdi al limone* zu suchen. Jemand musste es wohl an den falschen Platz zurückgestellt haben.

»Na, und sonst?« Paul versuchte, das Glas mit den getrockneten Tomaten zwischen den Erdbeerbasilikum- und den Kirsch-Cassis-Fruchtaufstrich zu quetschen.

Irma drückte ihm die Weihnachtsbaumschachtel in die freie Hand, nahm ihm das Glas aus der anderen und stellte es an seinen richtigen Platz. Von Warenkunde hatte er ungefähr so viel Ahnung wie eine Kuh vom Häkeln. »Was meinst du mit ›und sonst‹?«

»Na ja, was gibt's Neues bei dir?« fragte er, während er begann, die Pappschachtel zu öffnen.

Irma zuckte mit den Schultern. Was sollte es schon Neues geben? Vor Weihnachten hatte sie viel um die Ohren, wenn es auf die Feiertage zuging, brummte der Laden, aber das musste sie Paul ja nicht unbedingt auf die Nase binden.

An einer Antwort schien er aber auch nicht wirklich interessiert, denn seine volle Konzentration galt nun dem Weihnachtsbaum in seiner Hand. »Ich mach ihn dir gleich an, damit du es schön hast. Batterien sind schon drin.« Er griff unter das Bäumchen, und im nächsten Moment leuchtete es im Blinkmodus. »Es hat sogar eine Fernbedienung.«

Irma lächelte matt.

»Kannst du ins Schaufenster stellen und vom Tresen aus bedienen. Toll nicht?«

»Mmh.« Irmas Begeisterung hielt sich in Grenzen. Wenn Paul verschwunden wäre, würde sie das Bäumchen sofort in den Müll entsorgen. Sonst bekämen ihre Kunden noch ein Augenleiden, wenn sie länger darauf blickten. Irma befürchtete sogar, dass sie, von so viel Kitsch abgeschreckt, ihren Laden erst gar nicht betreten würden.

»Oder hierhin, da fällt er jedem gleich ins Auge.« Paul

hatte die blinkende Geschmacklosigkeit mitten in den Raum auf den runden Tisch gestellt, den Irma zur Präsentation ihrer weihnachtlichen Geschenkkörbe nutzte, die mit allerlei Köstlichkeiten gefüllt waren. Umringt von Marmeladengläschen mit flackernden Teelichtern waren sie der Blickfang schlechthin und gingen weg wie warme Semmeln. Irma wusste, wie sehr ihre Kunden Geschenkarrangements mochten.

»Dann lieber nicht«, murmelte sie, aber Paul hörte ihr gar nicht zu. Gerade steuerte er auf den Verkaufstresen zu, auf dem noch immer das Tablett mit den sternförmigen Pasteten stand.

Oh nein, er wird doch nicht ...

Wie selbstverständlich nahm Paul sich eine davon und verschlang sie mit einem Happs.

Irma musste schlucken und bereute bitterlich, dass sie die Pasteten nicht rechtzeitig unter der Glashaube verstaut hatte. Sie verkaufte sie für fünf Euro das Stück. Da musste man jeden Bissen genießen und nicht wie ein Franzbrötchen in sich hineinstopfen.

»Was ist das?«, wollte er mit vollem Mund wissen.

»Fasan mit Trüffel.« Irma setzte einen gleichgültigen Gesichtsausdruck auf. Je offensichtlicher sie sich ärgerte, desto mehr spornte sie Paul an, sie herauszufordern. »Selbstgemacht, ganz frisch von heute Morgen.«

»Schmeckt lecker.«

Halleluja! Wenigstens ist er kein Kostverächter, versuchte Irma dem Ganzen etwas Positives abzugewinnen.

Bevor sie sich's versah, verschwand schon das nächste Pastetchen in seinem Mund. »Hast du nach der Arbeit schon etwas vor?«, fragte er kauend.

Jetzt hieß es, schnell zu handeln und die Gourmet-Häppchen vor Paul in Sicherheit zu bringen. »Noch nicht gefrühstückt?«, antwortete Irma mit einer Gegenfrage und zog das Tablett mit den Pasteten demonstrativ vom Tresen. Sie hielt es mit einer Hand, während sie schnell die gläserne Cloche anhob und die Platte darunter mit den Pasteten bestückte.

»Nö, nur Kaffee getrunken. Hab morgens noch keinen Appetit.«

»Merkt man«, erwiderte Irma trocken.

»Nun gut, wer kann da schon widerstehen.« Mit herausforderndem Grinsen schnappte er sich die letzte Pastete vom Tablett und tat so, als wollte er sie sich in den Mund stecken. Seine grünen Augen funkelten dabei mit der Lichterkette im Schaufenster um die Wette.

Diesmal reagierte Irma schnell, sie packte sein Handgelenk und schüttelte drohend den Kopf. »Nichts da, die kriegst du nicht!«

Paul zeigte ein unverschämtes Lächeln, legte die Pastete jedoch dann brav zu den anderen.

War das einer seiner Flirtversuche? Irma unterdrückte ein Seufzen. Irgendwie konnte sie ihm aber auch nicht böse sein. Wie sollte sie auch? Er hatte halt einfach keinen Stil, von Niveau ganz zu schweigen. Das hatte sogar im Keller noch Höhenangst.

»Also?«

Irma runzelte die Stirn. »Was also?«

Paul hob die Augenbrauen und wackelte mit dem Kopf, als wäre Irma an Begriffsstutzigkeit nicht zu überbieten. »Was du heute nach der Arbeit vorhast, war meine Frage«, sagte er so laut, dass Irma vor Schreck für einen Moment der Atem stockte.

»Okay, okay, Frage verstanden. Bin ja nicht schwerhörig.« Irma stellte die runde Platte samt Glashaube auf die

Vitrine, wo schon weitere Köstlichkeiten unter anderen Cloches drapiert waren. »Meine Großtante ist gestorben, die Schwester meiner Oma«, sagte sie nach einer kurzen Pause.

»Oh! Das tut mir leid.« Paul sah sie erschrocken an, einen Moment lang wirkte er ernsthaft betroffen.

»Danke. Hatte aber kaum Kontakt zu ihr. Sie hat zurückgezogen gelebt und war schon sehr alt.« Das war ausnahmsweise nicht geschwindelt. Es musste fünfzehn Jahre her sein, dass sie Tante Elli zum letzten Mal gesehen hatte. »Na jedenfalls hat mich meine Oma gebeten, ihr bei der Entrümplung der Wohnung zu helfen.« Das entsprach nicht ganz der Wahrheit, denn sie waren erst am Samstagnachmittag zu diesem Zweck verabredet. Heute nach der Arbeit wollte sie sich einfach nur einen ruhigen Abend auf dem Sofa machen und nicht ihre kostbare freie Zeit mit einem Quälgeist wie Paul verbringen. Wenigstens hatte sie diesmal eine gute Ausrede parat gehabt. Sie hatte sich schon einige haarsträubende Geschichten ausgedacht, um ihn abzuwimmeln. Vom Rohrbruch im Badezimmer bis hin zu einer Grippe, die im Anmarsch war, hatte sie schon alles im Repertoire gehabt. Doch Paul dachte gar nicht daran, lockerzulassen oder aufzugeben. Offensichtlich konnte er sich nicht vorstellen, dass es an ihm lag, wenn sie nichts mit ihm unternehmen wollte.

Paul nickte und kratzte sich am Nacken, was er immer tat, wenn er überlegte. »Wenn du magst, helfe ich euch.«

Seine Hartnäckigkeit war fast schon bewundernswert.

Es klopfte an der Tür.

Genau im richtigen Moment. Irma atmete erleichtert auf. Rettung nahte in Person von Herrn Petersen, Irmas ältestem Stammkunden, der jeden Morgen auf ein Pläuschchen vorbeikam. Er war eine angenehme Gesellschaft, immer nett und zuvorkommend. Von seinen Umgangsformen sollten sich die Männer ihrer Generation mal ein Scheibchen abschneiden, fand Irma.

Lächelnd eilte sie ihm entgegen, warf dabei einen kurzen Blick auf ihre Armbanduhr. Es war schon nach neun. Sie hatte vergessen, das Schild umzudrehen.

Das Türglöckchen läutete, als Herr Petersen den Laden betrat. Vereinzelte Schneeflocken verschafften sich bei seinem Eintreten ebenfalls Zutritt und rieselten zu Boden, um gleich darauf zu schmelzen. Wie immer trug der alte Herr einen Anzug unter seinem Wintermantel und ein warmes Lächeln auf den Lippen. »Moin, moin!« Er zog seinen Hut zur Begrüßung und setzte ihn dann wieder auf sein dichtes weißglänzendes Haar. »Schön mollig hier. Wärmer als bei mir zu Hause.«

»Guten Morgen, Herr Petersen. Wie geht es Ihnen heute?«

»Gut, danke, mien Deern. Wissen Sie, warum ich so gerne zu Ihnen komme? Weil Sie sich immer nach meinem Befinden erkundigen, das macht sonst nur noch mein Hausarzt.« Ein kerniges Lachen drang aus seiner Kehle.

Irma musste ebenfalls lachen. »Och, das glaube ich nicht, so freundlich, wie Sie den Menschen begegnen.«

»Ich wollte nur damit sagen, dass ich mich bei Ihnen immer willkommen fühle. Ein schönes Gefühl in der heutigen Zeit.«

»Das sind Sie auch! Ich freue mich immer, Sie zu sehen! Möchten Sie einen Criollo-Kakao?«

Herr Petersen sah sie verwundert an. »Ja, woher wissen Sie das? Können Sie neuerdings auch noch Gedanken lesen?«

Irma schmunzelte. »Wenn es draußen kalt ist, wollen Sie immer etwas Süßes. Ich kenne doch die Gelüste meines liebsten Kunden.«

»Jetzt schmeicheln Sie mir aber.« Der alte Mann lächelte verlegen.

»Nein, das ist mein purer Ernst. Sie sind mir einer der liebsten. Sie reden nicht schlecht über andere, und für Sie ist das Glas immer halb voll und nie halb leer.«

»Ha!«, entfuhr es ihm erfreut. »Da haben sie wohl recht. Für Menschen in meinem Alter ist das eher ungewöhnlich. Deshalb umgebe ich mich auch lieber mit so jungen Leuten wie Ihnen. Da muss ich mir nicht ständig irgendwelche Krankengeschichten anhören.«

»Dann will ich dich nicht länger von der Arbeit abhalten«, brachte Paul sich wieder in Erinnerung. »Ich bin dann mal weg.«

Irma wirbelte herum. Sie hatte doch glatt vergessen, dass Paul noch anwesend war und hinter ihr stand.

»Wenn du Hilfe beim Entrümpeln brauchst, dann melde dich einfach bei mir. Ich habe dir meine Nummer aufgeschrieben und auf den Tresen gelegt.« Er zwinkerte ihr zu.

»Ist gut.« Irma nickte und rang sich ein Lächeln ab. »Ansonsten sehen wir uns ja am Sonntag auf dem Markt.«

Zum Abschied tippte er sich mit zwei Fingern seitlich an die Stirn.

»Netter junger Mann«, sagte Herr Petersen, als Paul die Tür hinter sich zugezogen hatte. »Irgendwoher kenne ich ihn.« Angestrengt runzelte er die Stirn.

»Das ist Makrelen-Paule, der Marktschreier vom Altonaer Fischmarkt. Daher kennen Sie ihn bestimmt.«

»Ah so!« Herr Petersen nickte, als wäre es ihm gerade wieder eingefallen. »Ja, da hab ich ihn schon mal gesehen. Und vor allem gehört.« Er lachte herzhaft.

Kichernd lief Irma hinter den Verkaufstresen. »Überhören kann man den ja auch nicht.«

Während Herr Petersen seinen Hut ablegte und den Schal abnahm, ließ sie heiße Milch aus dem Milchaufschäumer des Vollautomaten in einen kleinen Topf fließen, gab fein gehackte Zartbitterschokolade dazu und rührte so lange, bis sie sich aufgelöst hatte. Dann mischte sie noch ein paar Löffel Kakaopulver unter. Sogleich stieg ihr ein herrlich süßer Duft in die Nase, der sie vor lauter warmem Wohlgefühl erschaudern ließ. Mit einem kleinen Schneebesen rührte sie Zimt-Mandel-Würzöl in die heiße Flüssigkeit ein, füllte sie dann in zwei vorgewärmte Weihnachtstassen, bestreute sie mit etwas Zartbitterschokolade und steckte noch jeweils eine Zimtstange hinein.

Anschließend stellte Irma sich mit den zwei dampfenden Tassen zu Herrn Petersen an den Stehtisch vor dem Fenster. An einem Freitagmorgen ließ weitere Kundschaft auf sich warten, da konnte Irma es ruhig langsam angehen lassen.

Es hatte aufgehört zu schneien. Nur ein paar glitzernde Schneekristalle tanzten noch in der Luft, und die Sonne kämpfte sich gerade zwischen den Wolken hervor.

Irma blickte aus dem Schaufenster nach draußen. Freudig wies sie mit dem Finger auf die eingezogene Markise. »Schauen Sie, wie wunderschön die Eiszapfen in der Sonne funkeln.«

»Ja, Sie haben recht!« Auf das Gesicht des alten Mannes legte sich ein Lächeln. »Wie schön, dass es noch Menschen gibt, die sich für so kleine Dinge begeistern können.«

Er schenkte ihr einen kurzen, anerkennenden Blick und führte dann die Tasse an die Lippen. Mit geschlossenen Augen roch er genießerisch an seinem Kakao. »Mmh, genau das, was ich gebraucht habe.«

Irma konnte förmlich sehen, wie er sich die Trinkschokolade auf der Zunge zergehen ließ.

»Noch nie was Besseres getrunken. Vielen Dank, mien Deern, der wärmt ordentlich durch.«

»Sie gehören offensichtlich auch zu der beinahe ausgestorbenen Spezies, der kleine Dinge Freude bereiten.« Schmunzelnd nippte Irma ebenfalls am heißen Kakao.

Eine Weile genossen sie schweigend den winterlichen Ausblick, dann ergriff Herr Petersen wieder das Wort. »Das eben war also einer Ihrer Verehrer, ja?«

Irma lachte verlegen. »Das klingt ja fast, als könnte ich mich vor Verehrern kaum retten. Aber so ist es nicht. Paul ist der Einzige, der mir Avancen macht. Ein paar Mal die Woche kommt er vorbei und will sich mit mir verabreden.«

»Der Einzige? Das kann ich mir gar nicht vorstellen. Zu meiner Zeit wären Sie mit Ihrer liebenswürdigen Art und Ihrem adretten Äußeren nur so von Männern umschwärmt worden.« Der alte Mann lächelte verschmitzt.

»Oh, danke, ich fühle mich wirklich geschmeichelt!« Irma spürte, wie ihr die Röte in die Wangen stieg, war sich aber gleichzeitig nicht sicher, ob sie seine freundlichen Worte tatsächlich als Kompliment auffassen konnte. Besagten sie nicht, dass ihr Kleidungsstil dem modischen Geschmack einer völlig anderen Zeit entsprach? War adrett heutzutage nicht mit altbacken gleichzusetzen? Tim hatte sich immer über ihren Look lustig gemacht. Er fand Röcke in Kombination mit Strickjacken zu brav und wollte, dass sie ihr brünettes Haar zu einem Pferdeschwanz band und nicht wie sonst immer mit einem kleinen Kamm seitlich aus dem Gesicht steckte. Viel zu spät hatte Irma gemerkt, dass er sie nach seinen Vorstellungen hatte ändern wollen. Die rosarote Brille hatte lange verhindert, dass sie klarsah, dabei hätte sie gleich spüren müssen, dass er nicht der Richtige für sie gewesen war. Sie wollte sich für niemanden ändern oder sich anpassen müssen. Dann blieb sie doch lieber allein und starb als alte Jungfer – auch wenn sie sich das natürlich nicht wünschte. Nun gut, wenn sie ehrlich war, hatte ihr das Boyfriend-Kissen in Form eines männlichen Oberkörpers, das Marlen ihr zum letzten Geburtstag geschenkt hatte, doch zu denken gegeben. Wenn ihre Freundin sie schon für einen hoffnungslosen Fall hielt, dann fiel es ihr tatsächlich selbst schwer zu glauben, noch irgendwann dem Richtigen zu begegnen.

»Vielleicht geschieht ja doch noch ein Wunder und ich finde den passenden Deckel.« Hatte sie ihren Gedanken etwa laut ausgesprochen? Erschrocken blickte Irma von ihrer Tasse auf.

Herr Petersen fand offenbar nichts dabei, dass sie aus dem Nähkästchen plauderte. »Davon bin ich überzeugt, der Richtige wird schon noch kommen. Meine Monika hat auch lange auf sich warten lassen. Und dann ist sie viel zu früh wieder gegangen.« Herr Petersen lächelte traurig. »Aber so ist nun mal das Leben.«

Irma biss sich auf die Unterlippe und überlegte, wie sie ihn trösten oder das Thema in eine andere Richtung lenken konnte. »Mein letzter Freund hat mich verlassen, weil er mich zu langweilig fand«, plapperte sie schließlich drauflos. Ach du je, das war ihr einfach so rausgerutscht! *Wie unangenehm.* Solche persönlichen Details musste sie ja nun wirklich nicht ihren Kunden offenbaren.

»Was? Das kann ich gar nicht glauben!« Herr Petersen sah sie zweifelnd an. »Was war das denn für ein Eierkopp?«, ereiferte er sich und entlockte Irma damit ein Lächeln.

»Er meinte, ich würde immer nur zu Hause hocken und nie mit ihm ausgehen wollen. Das stimmte aber gar nicht. Nur nach der Arbeit im Laden bin ich meistens geschafft und hab keine Lust mehr, unter Leute zu gehen. Dafür hat er kein Verständnis gehabt.« Irma hatte zwar ein wenig Geld gespart, aber man brauchte immer etwas auf der hohen Kante, wenn es mal hart auf hart kam und man wirklich nicht arbeiten konnte – aus welchen Gründen auch immer. Um die Kosten möglichst gering zu halten, machte sie alles alleine, obwohl der Laden von Jahr zu Jahr besser lief und sie zumindest eine stundenweise Aushilfe hätte einstellen können. Nach dem Tod ihrer Eltern hatte sie ein wenig Geld geerbt und sich davon den Traum erfüllt, einen eigenen Feinkostladen zu eröffnen. Das war jetzt acht Jahre her. Im Haus, wo sie in der zweiten Etage wohnte, war unten das Ladenlokal frei geworden, und da hatte sie die Gelegenheit direkt beim Schopf gepackt. Das war eine Fügung des Schicksals gewesen, davon war Irma überzeugt.

»Dann war er bestimmt nicht der Richtige«, sagte Herr Petersen und katapultierte sie wieder ins Hier und Jetzt.

Irma nickte. Die einfühlsame Art des alten Mannes tat ihr gut. Obwohl sie normalerweise nie über Persönliches mit Kunden sprach, bereute sie es jetzt nicht mehr, sich ihm anvertraut zu haben. »Für Tim stand Spaß an erster Stelle, er hatte immer Angst, etwas zu verpassen. Doch für mich ist das Wochenende wichtig, um neue Kraft zu tanken. Ich arbeite eigenverantwortlich und muss sehen, wie ich zurechtkomme. Ich kann es mir nicht leisten, einfach mal krankzumachen und den Laden geschlossen zu lassen, denn ich bekomme kein regelmäßiges Gehalt und habe keinen unbefristeten Arbeitsvertrag wie er als Fitnesstrainer.« Irma seufzte leise. »Wir haben einfach unterschiedliche Vorstellungen vom Leben gehabt.« Jetzt, wo sie darüber sprach, wurde ihr erneut bewusst, dass sich alles nur um Tim gedreht hatte. Von einer gemeinsamen Zukunft war nie die

Rede gewesen. Nie hatten sie zusammen Entscheidungen getroffen. Das schmerzte noch immer. Mit 34 Jahren war Irma in einem Alter, in dem andere mit ihrem Partner planten, Kinder zu kriegen – wenn sie nicht schon längst welche hatten. Dieser Gedanke lähmte jeden weiteren und beschwor Bilder der letzten Wochen ihrer Beziehung herauf, in denen Tim immer nur genervt gewesen war, wenn sie das Thema Familienplanung zur Sprache gebracht hatte. Mit beiden Händen umschloss Irma jetzt die Tasse und betrachtete gedankenverloren die dampfende Flüssigkeit.

»Das nagt wohl immer noch an Ihnen?«, riss Herr Petersen sie aus ihren dunklen Grübeleien. Unbeholfen tätschelte er ihre Hand, doch es tat trotzdem gut. »Wie lange ist das denn her?«

»Fast ein Jahr. Er hat dann eine kennengelernt, die mehr auf seiner Wellenlänge war. So seine Worte.«

»Da können Sie nur froh sein, dass Sie den los sind, mien Deern. Der Richtige wird kommen, wenn Sie es am wenigsten erwarten.«

Irma nahm noch einen großen Schluck Kakao und legte fragend den Kopf schief. »Wie war das denn bei Ihnen und Ihrer Frau?« Verdammt, jetzt hatte sie schon wieder das Thema auf seine Monika gebracht, obwohl ihn das doch nur traurig machte.

Aber Herr Petersen lächelte und schien bereits in alten Erinnerungen zu schwelgen. »An der Frittenbude am Baggersee. Sie hatte zu wenig Geld eingesteckt, da habe ich ihr ausgeholfen. Monika war nicht auf den Mund gefallen und wollte sich bei mir mit einer Cola revanchieren.« Seine Augen hatten nun einen warmen Glanz angenommen.

»Also hat Sie den ersten Schritt gemacht?«

»Kann man so sagen, ja.«

Im selben Moment kündigte das Glöckchen neue Kundschaft an.

Irma sah zur Tür. Frau Giesebrecht war im Anmarsch. Schade, das nette Gespräch mit Herrn Petersen musste sie wohl ein andermal fortführen. Die alte Dame war eine einnehmende Person, die nach Aufmerksamkeit verlangte, wenn sie mit dem neuesten Klatsch aus der Nachbarschaft aufwartete.

Irma verzog bedauernd das Gesicht und gab dem alten Mann mit einer Kopfbewegung zu verstehen, dass sie sich der neuen Kundin annehmen musste.

Herr Petersen nickte verständnisvoll.

»Liebe Frau Jansen, Sie haben sich ja dieses Jahr mit ihrer Weihnachtsdekoration selbst übertroffen«, sagte Frau Giesebrecht, sobald sie die Tür hinter sich geschlossen hatte. Bewundernd drehte sie sich einmal um ihre eigene Achse. »Da steckt viel Herzblut drin, nicht wahr?«

Irma lächelte. »Sie haben recht, und wenn ich ehrlich bin, sieht es in meiner Wohnung nie annähernd so schön geschmückt aus wie hier.«

»Ach!«, rief die alte Dame aus, als sie Irmas Lieblingskunden entdeckte. »Herr Petersen, Sie habe ich ja lang nicht gesehen! Waren Sie krank?«

»Nein, ich komme jeden Tag um diese Zeit hierher.«

Frau Giesebrecht sah ihn an, als hätte er sich einen Scherz mit ihr erlaubt. Sie hob eine ihrer perfekt gezupften Augenbrauen. »Das kann ja gar nicht sein. Dann wären wir uns doch begegnet! Denn *ich* komme jeden Tag um diese Zeit.« Ihre Stimme klang krächzend, wie immer, wenn Empörung darin mitschwang.

Irma unterdrückte ein Kichern. »Sie sind heute früh dran«, sprach sie beruhigend auf die alte Dame ein und legte eine Hand auf ihre Schulter. »Normalerweise kommen Sie nicht vor zehn.«

»Unmöglich!« Unwirsch zog sie am Saum ihres Lederhandschuhs und sah auf ihre grazile Armbanduhr, ehe sie ihren Blick entgeistert durch den Raum wandern ließ. »Tatsächlich! Dann hat wohl jemand meine Uhren verstellt. Anders kann ich mir das nicht erklären.«

»Wer sollte denn so was machen?«, fragte Irma amüsiert.

»Na, ich hab da so jemanden in Verdacht. Mein achtjähriger Urenkel war gestern zu Besuch, bestimmt hat er mir diesen Streich gespielt. So ein frecher Bengel!« Kopfschüttelnd warf sie erneut einen Blick auf ihre Uhr. »Aber eigentlich hätte mir das doch gestern Abend schon auffallen müssen«, murmelte sie vor sich hin, während sie ihre Handschuhe auszog und in ihre Handtasche steckte.

»Gnädige Frau, in unserem Alter kann das schon mal passieren«, warf Herr Petersen beschwichtigend ein.

»In unserem Alter? Na, Sie sind mir ja einer!« Kichernd wackelte die alte Dame mit dem Zeigefinger. »Sie könnten ja fast noch als mein Sohn durchgehen.«

»Das glaube ich nun kaum.«

Frau Giesebrecht winkte ab. »Wenn Sie wüssten …« Mit den Fingern brachte sie ihren ondulierten Pagenkopf in Form. Ihr Haar war dunkelrot gefärbt und ließ sie mindestens zehn Jahre jünger aussehen. Sie war immer adrett gekleidet, trug meistens ein Kostüm und hatte stets manikürte Fingernägel und dazu passendes Make-up. Auch in ihrem hohen Alter legte sie viel Wert auf ihr Äußeres.

Sie musste noch mal einige Jahre mehr als Herr Petersen auf dem Buckel haben. Irma schätzte sie auf Ende achtzig, doch das sah man ihr nicht an. Marta Antonius – ihr Künstlername – war einst eine gefeierte Theaterschauspielerin gewesen und machte auch heute noch jeden Raum, den sie betrat, zu ihrer Bühne. Seit dem Tod ihres Mannes, eines bekannten Regisseurs, hatte sie sich jedoch aus dem öffentlichen Leben zurückgezogen.

»Was darf's sein, Frau Giesebrecht?«

»Was haben Sie denn Schönes für mich?« Sie sah in die Vitrine, ließ ihren Blick dann nach oben wandern, bis er auf die Glashauben fiel. »Ich nehme wie immer zwei von den Pâté en croûte. Und diese kleinen Vol-au-Vents gefüllt mit Steinpilz-Maronen-Pastete und Butternutkürbis lachen mich an. Davon hätte ich gerne zwei Stück zum Probieren.«

»Sehr gerne. Vielleicht noch etwas Süßes dazu? Diese kandierten Birnenstückchen?«

Frau Giesebrecht verzog das Gesicht. »Birnen mag ich nun gar nicht! Gibt es keine Bratäpfel?«

»Leider nicht. Aber ich bereite gerne welche für Sie vor.«

»Das wäre nett.« Vornehm ließ sie ihren Blick über die Auslage wandern. »Und zu trinken? Mit Alkohol versteht sich.« Sie zwinkerte Irma verschmitzt zu und zeigte dann auf den Korb mit den weißen Fläschchen neben dem Verkaufstresen. »Was ist denn da drin?«

»Weißer Glühwein. Außerdem habe ich Eierlikör mit Orange da und den Crémant, den Sie so mögen. Gibt es jetzt auch in Piccolo-Größe. Habe ich extra für Sie bestellt.«

»Das ist ganz reizend von Ihnen. Haben Sie schon gehört, der Mann von Frau Bruns ist nun doch wieder rückfällig geworden.«

Piccolo ist wohl ihr Stichwort gewesen, dachte Irma und unterdrückte ein Seufzen.

»Ist das nicht schrecklich? Die arme Frau kann einem ja wirklich leidtun, was die nicht schon alles …«

»Hallöchen!« Lea, die Hairstylistin aus dem Salon nebenan, schneite herein. Im wahrsten Sinne des Wortes, denn ein paar einzelne Flocken wehten mit ihr in den Laden. »Sag mal, kannst du mir Handfeger und Schippe leihen?«

»Ja, klar!« Erleichtert, vom neuesten Tratsch über die Bruns fürs Erste verschont zu sein, machte Irma sich sofort auf den Weg nach hinten in den Abstellraum.

»Hab grad ein paar Sektgläser von der Theke gefegt.« Kichernd nahm Lea die Kehrgarnitur entgegen. »Aber Scherben bringen ja bekanntlich Glück.«

»Um diese Zeit schenkst du schon Alkohol an deine Kunden aus?«, bemerkte Irma amüsiert.

»Na klar, gehört doch zu einer Brautfrisur quasi dazu.«

Irma sah sie ungläubig an. »Eine Hochzeit im Winter?«

»Wer will denn schon bei der Kälte heiraten?«, mischte Frau Giesebrecht sich ins Gespräch. »Was zieht man denn da an? Ein Wollkleid und darüber eine weiße Nerzstola?«

»Nerz schon mal gar nicht.« Leas sonst so fröhliche Art war einem verärgerten Gesichtsausdruck gewichen. Auf das Tragen von Pelz war sie nun gar nicht gut zu sprechen.

Die alte Dame ignorierte Leas Bemerkung geflissentlich und wandte sich Herrn Petersen zu.

»Wiedersehen macht Freude«, rief Irma Lea hinterher, die sich schon wieder aufmachte.

»Klar doch. Bring ich dir nachher zurück. Du weißt doch, wie schnell ich Sehnsucht nach dir kriege.« Mit einem Zwinkern öffnete sie die Tür und stieß fast mit dem Weinlieferanten zusammen, der zwei Kisten auf dem Arm balancierte.

»Die Weinlieferung ist da«, rief er überflüssigerweise.

»Moin, Anton, geh einfach durch.«

»Kindchen, bei Ihnen ist ja heute ordentlich was los«, sagte Frau Giesebrecht im vorwurfsvollen Tonfall, als Anton hinten im Lagerraum verschwunden war. »Da geben die

Leute sich ja sprichwörtlich die Klinke in die Hand. Aber ziehen tut's wie Hechtsuppe. Wären Sie so freundlich und würden die Tür schließen?«

»Sicher. Aber es kommen noch mehr Kisten, dann muss ich meinem Lieferanten noch mal die Tür aufhalten. Tut mir leid für die Unannehmlichkeiten. Ist aber gleich vorbei, versprochen!«

Die alte Dame nickte großmütig und wandte sich wieder an Herrn Petersen. »Was trinken Sie denn da Schönes?«

Irmas Lieblingskunde leerte gerade seine Tasse Kakao und sah so aus, als wäre er im Aufbruch.

Sie konnte es ihm nicht verdenken bei dem Chaos heute. Oder ergriff er die Flucht vor Frau Giesebrecht? *Vermutlich auch*, dachte Irma schmunzelnd.

Kaum dass Anton raus zu seinem Lieferwagen gerauscht war, um die nächsten Kisten zu holen, beanspruchte die alte Dame wieder Irmas volle Aufmerksamkeit. »Kindchen, machen Sie mir doch auch so einen Kakao, aber mit einem ordentlichen Schuss Rum. Und für Herrn Petersen auch noch einen. Nicht wahr, Sie trinken doch noch einen mit?« Vertraulich tätschelte sie ihn am Arm.

Irma konnte sehen, wie er mit sich rang.

»Sehr freundlich von Ihnen, einverstanden.«

Der Arme. Er brachte es wohl nicht übers Herz, ihre Einladung abzuschlagen. Dabei wusste Irma, wie sehr er den Tratsch über andere Leute verabscheute. Sie bedauerte noch immer, dass sie ihr nettes Gespräch nicht hatten weiterführen können. Sie liebte diese alten Geschichten von früher, in denen es darum ging, wie zwei Menschen sich kennen- und lieben gelernt hatten, und sie bezweifelte, dass es noch einmal die Möglichkeit gab, den Faden wieder aufzunehmen.

»Rum habe ich nicht, aber ich kann Ihnen einen Schuss

von meinem Vanillekipferl-Likör hineingeben«, schlug Irma vor, während sie sich am Vollautomaten zu schaffen machte.

»Das klingt doch gut! So schön weihnachtlich. Und Sie, mein lieber Herr Petersen? Auch einen Schuss?«

»Nein, für mich bitte nicht. Alkohol so früh am Morgen bekommt mir nicht.«

Das Zellophan knisterte, als Frau Giesebrecht nach einer der Tüten mit selbstgebackenen Plätzchen griff, die Irma mit handgeschriebenen Schildchen versehen hatte.

»Herrlich, dieser Duft!«, schwärmte die alte Dame, während sie ihre Nase in die Tüte steckte, die sie ungefragt geöffnet hatte. »Mir backt ja keiner mehr Plätzchen. Früher war das anders, als meine beiden Enkelkinder noch klein waren. Jetzt haben sie schon selbst Kinder.« Sie lachte auf.

»Wollen Sie davon auch eine mitnehmen?« Kleine Leckereien wie Kekse und Pasteten machte Irma selber, wodurch einiges ihrer freien Zeit draufging. Tim hatte ihr immer vorgehalten, dass sie lieber ihre Wochenenden mit der Produktion von Tüddelkram verbrachte als mit ihm. Aber abgesehen von den Kosten, die sie dadurch sparte, bereitete es Irma Freude, und die selbsthergestellten Lebensmittel machten ihren Laden zu etwas Besonderem. Denn gerade diese liebevoll zubereiteten Leckereien waren es, die ihre Kunden so schätzten.

»Am besten gleich zwei davon. Ich weiß doch, wie köstlich Ihr Gebäck schmeckt. Sie glauben nicht, wie schnell das immer weg ist.« Die alte Dame kicherte. »Na ja, dann hab ich wenigstens einen Grund, schnell wiederzukommen.«

»Dazu brauchen Sie keinen Grund. Auch wenn Sie nichts kaufen, sind Sie immer willkommen.« Abgesehen von ihren Allüren und ihrem Hang zu Klatsch und Tratsch mochte Irma die alte Dame nämlich ziemlich gerne.

Frau Giesebrechts Augen wurden ganz glasig. Von plötzlicher Rührung ergriffen, begann sie vorgeblich in ihrer schicken Handtasche zu kramen, die in ihrer Armbeuge hing.

Nachdem Anton alle zehn Kisten abgeliefert hatte, kehrte wieder Ruhe in Irmas kleinem Gourmetlädchen ein, und alles nahm wieder seinen gewohnten Gang. Frau Giesebrecht beschwerte sich über die neue Postbotin, die sich nicht bei ihr vorgestellt hatte, und Herr Petersen hörte ihr geduldig zu.

2

Nicht erschrecken, wenn du die Wohnung betrittst«, sagte Irmas Großmutter Wilma, während sie den Schlüssel im Schloss drehte. »Dort drinnen sieht es aus wie in einer Rumpelkammer.«

Sobald sie die Tür geöffnet hatte, kam ihnen eine pechschwarze Katze entgegengelaufen und strich um Wilmas Beine.

»Ist ja gut, Houdini«, sprach Wilma beruhigend auf das Tier ein. »Jetzt gibt's gleich was Feines.«

»Der Kater heißt Houdini?« Kichernd beugte Irma sich hinab und strich ihm über sein glänzendes Fell.

Schnurrend schmiegte er sich an sie. Es schien ihm zu gefallen.

»Elli meinte, der Name passt zu ihm, weil er unglaublich eifersüchtig auf jeden nur möglichen Konkurrenten ist und, wenn er zu wenig Aufmerksamkeit bekommt, wegläuft und sich so gut versteckt, dass man ihn dann stundenlang suchen muss. Ich frage mich nur, an welche Konkurrenten sie dachte, wo sie doch niemanden mehr in ihre Wohnung gelassen hat.«

»Und was passiert jetzt mit ihm?«, wollte Irma wissen.

Wilma zuckte mit den Schultern. »Ich würde ihn ja nehmen, aber ...« Der Satz ging in einer Niessalve unter. »Schon die paar Tage, die ich hierherkomme, machen mich völlig fertig.«

Irma warf Wilma einen mitfühlenden Blick zu. Katzenhaare lösten bei Irmas Großmutter eine allergische Reaktion aus, die mit geröteten juckenden Augen und Niesattacken einherging.

»Warum hast du nichts gesagt? Ich hätte doch kommen und ihn füttern können.«

»Wie denn? Du kannst ja deshalb nicht einfach den Laden schließen. Außerdem hast du schon genug um die Ohren.«

»Ach, das wäre schon irgendwie gegangen.« Irma nahm den Kater auf den Arm, erhob sich und trat zur Seite, so dass Wilma die Tür schließen konnte. Houdini schnurrte jetzt so heftig, dass sein wohlgenährter Körper vibrierte.

Wilma hängte ihren Schal an den Kleiderhaken und fuhr sich durch ihr ordentlich frisiertes graues Haar, das ihr bis auf die Schultern fiel. »Ich habe schon ein wenig rumgefragt, bisher aber noch keinen gefunden, der ihn nehmen kann. Aber ins Tierheim will ich ihn auch nicht geben. Er ist schließlich nicht mehr der Jüngste und braucht viel Zuwendung.«

»Ich kann ihn doch nehmen«, sagte Irma beiläufig. Sie hatte sich immer ein Haustier gewünscht, jetzt bot sich ihr die Gelegenheit. Und wenn sie genauer drüber nachdachte – wann, wenn nicht jetzt, wäre der geeignete Zeitpunkt, ihren Wunsch wahr werden zu lassen?

Mit hochgezogenen Augenbrauen sah Wilma ihre Enkelin an. »Wie soll das bitte schön gehen? Du kannst eine Katze nicht den ganzen Tag allein lassen.«

»Das habe ich auch nicht vor.« Während sie das sagte, nahm eine Idee in ihrem Kopf Gestalt an. »Ich könnte ihn jeden Tag mit runter in den Laden nehmen. Wenn er seine Ruhe haben und sich zurückziehen möchte, kann er ja nach hinten in die Küche gehen. Er ist doch hier sicher nie rausgekommen, und viel Bewegungsfreiheit hatte er auch nicht. Also kann er die bei mir auch nicht vermissen.«

Wilma zog die Augenbrauen zusammen. »Ich halte das für keine gute Idee. Lass es dir lieber noch mal in Ruhe durch den Kopf gehen.«

»Das wird nicht nötig sein. Ich besorge ihm heute noch alles, was er braucht, und hole ihn morgen nach dem Fischmarkt ab.«

Irmas Großmutter stieß einen bleischweren Seufzer aus. »Wie du meinst. Wenn du dir einmal etwas in den Kopf gesetzt hast, bist du sowieso nicht mehr davon abzubringen.«

»So sind die Jansens eben«, gab Irma augenzwinkernd zurück, was Wilma trocken auflachen ließ. Sie wandte sich um. »Ich gehe erst mal Houdini füttern.«

Als hätte er jedes Wort verstanden, befreite der Kater sich aus Irmas Armen und sprang mit einem Satz auf den Boden.

»Das kann ich doch machen, dann lernen wir uns gleich bes …« Irma brach mitten im Satz ab, denn Wilma lief bereits forschen Schrittes den dunklen Flur in Richtung Küche entlang.

Houdini schoss wie ein Torpedo hinterher. Sein Hunger musste wirklich groß sein. Schmunzelnd streifte Irma ihren Mantel ab und hängte ihn an den Garderobenhaken. Das letzte Mal, als sie hier gewesen war, hatte sie noch lange geflochtene Zöpfe getragen und war ihrer Großmutter bis zur Schulter gegangen. Doch irgendwann war sie nicht mehr hergekommen, weil Tante Elli niemanden mehr in ihrer Wohnung haben wollte. *Schade eigentlich*, dachte Irma, denn so war sie nur noch eine blasse Erinnerung. Sie rümpfte die Nase. Jetzt erst nahm sie den Geruch von abgestandener Luft und Katzenurin wahr. Ein wenig Lüften konnte nicht schaden.

Irma trat ins Wohnzimmer. Hier hatte sich in all den Jahren einiges angesammelt. Ein riesiges Bücherregal nahm eine ganze Wand ein, und schwere dunkle Möbel dominierten den Raum, der mit allerlei Krimskrams vollgestopft war. Auch hier roch es muffig und zugleich süßlich nach Räucherstäbchen. Irma ging zum Fenster und öffnete es sperrangelweit.

Klirrend kalte Luft strömte in den Raum und ließ Irma erschaudern. Fröstelnd schlang sie ihre Strickjacke enger um sich und verschränkte die Arme vor dem Oberkörper, während sie einen tiefen Atemzug nahm und ihren Blick durch den Raum schweifen ließ.

Die alte Kommode war vollgestellt mit Kerzenständern aus Messing, Bilderrahmen mit alten Schwarzweißbildern, Glasschalen und Kristallvasen. Wo hatte ihre Großtante nur all diese Sachen her? Irma strich mit dem Finger über die schöne Holzmaserung des antiken Möbelstücks. Ein Streifen blieb zurück. Eine Menge Staub hatte sich auf den Oberflächen angesammelt, und auch der Boden hatte lang keinen Staubsauger mehr gesehen. Irma wunderte das nicht, wenn die alte Frau niemanden mehr in die Wohnung gelassen und sich selbst versorgt hatte.

Zwischen zwei alten Schirmlampen mit Fransen stand eine antike Boulle-Uhr, deren Gehäuse von feinen Messingornamenten durchwirkt war. Hinter einem gläsernen Türchen erkannte sie ein goldenes Zifferblatt. Wenn man die Uhr betrachtete, fühlte man sich gleich in eine andere Zeit versetzt.

»Genug Frischluft für heute, bevor uns noch Eiszapfen von der Nase wachsen«, riss Wilma sie aus ihren Gedanken und lief schnurstracks zum Fenster, um es zu schließen. »Der Raum steht einem Trödelladen in nichts nach, nicht wahr?«, sagte sie, als sie Irmas Blick durch den Raum bemerkte. »Elli fiel es als Kind schon schwer, sich von Dingen zu trennen, das hat sich im Alter bei ihr noch verstärkt. So hat sich in all den Jahren einiges angesammelt.« Wilma reichte Irma einen der zusammengeklappten Umzugskartons, die an der Wand lehnten. »Die habe ich schon besorgt, damit wir gleich loslegen können. Wie du siehst, gibt es einiges zu tun.«

»Was willst du mit den ganzen Sachen machen?«, fragte Irma, während sie den ersten Karton entfaltete.

»Wegwerfen. Ansonsten kannst du vielleicht noch ein paar Dinge auf dem Flohmarkt loswerden.«

Irma runzelte die Stirn und sah ihre Großmutter verwundert an. »Es gibt doch sicher Sachen, die du als Erinnerung an deine Schwester aufheben willst?«

Wilma winkte ab. »Ich hab doch selbst schon genug. Aber vielleicht ein paar Fotos von früher und das ein oder andere Schmuckstück.« Daraufhin beugte sie sich vor und öffnete eine Schublade. Als sie sich wieder zu Irma umdrehte, hielt sie eine dunkelblaue Samtschatulle in der Hand. »Schau mal da rein. Such dir aus, was du willst.«

»Meinst du wirklich?«

»Kennst du noch irgendwelche Verwandte von Elli außer uns? Ich nicht. Also zier dich nicht und nimm das, was dir gefällt. Sonst muss ich es Menschen schenken, die Elli nicht kannte. Das hätte sie sicher nicht gewollt.«

Das klang einleuchtend, also nahm Irma sich Zeit, ihren Blick über die vielen goldenen Ringe, Broschen, Ketten und Ohrringe gleiten zu lassen. Sie liebäugelte mit einem silbernen Herz-Medaillon, das mit Granatsteinen verziert war. Es war wunderschön und sah aus, als wäre es direkt aus einem Jane-Austen-Roman entsprungen. Irma erinnerte sich, dass sie es an ihrer Großtante gesehen hatte. Vorsichtig nahm sie es zur Hand und öffnete den kleinen silbernen Deckel, der die Sicht auf ein vergilbtes Schwarzweißfoto freigab. Ein junger Mann mit verstrubbeltem Haar und weißem Hemd war darauf abgebildet. Die schwarze Lederjacke, die er darüber trug, verlieh ihm eine lässige Ausstrahlung und erinnerte Irma an James Dean. Zwei Grübchen zierten seine Wangen, während er breit in die Kamera grinste. Seine dunklen Augen strahlten Witz und Lebensfreude aus. »Ist das … Henri?« Irma zeigte ihrer Großmutter das Foto.

Wilma hielt inne und besah sich das Bild des jungen Mannes. »Ja, das ist er.« Sie lächelte. »Schade, dass den beiden nicht eine längere gemeinsame Zeit vergönnt war. Sie waren so glücklich miteinander.«

»Wann ist er eigentlich gestorben?«

»Schon Anfang der Achtziger.«

»Dann war Elli über vierzig Jahre allein. Warum hat sie nicht noch einmal geheiratet?«

Wilma zuckte mit den Schultern. »Henri war ihre große Liebe. Sie war der Meinung, dass es keinen Mann gab, der ihm das Wasser reichen konnte. Also beschloss sie, allein zu bleiben. Das hat sie dann auch im wahrsten Sinne des Wortes getan. Sie hat sich zurückgezogen und ist nicht mehr unter Leute gegangen, wollte nur noch für sich sein.«

»Das ist sehr traurig«, sagte Irma nachdenklich, und ihre Großmutter nickte. »Das ist es. Mit dem Alter und dadurch, dass sie fast immer allein war, ist sie wirklich immer schrulliger geworden.« Argwöhnisch nahm Wilma ein halb abgebranntes Räucherstäubchen aus einer Steinschale und hielt es mit spitzen Fingern in die Luft. »Damit wollte sie die bösen Geister vertreiben. Am Schluss ist sie ja auch kaum noch rausgegangen, weil sie Angst hatte, dass sie auf der Straße ein Herzinfarkt dahinraffen könnte.«

Wie konnten zwei Schwestern nur so verschieden sein, fragte sich Irma. Ihre Großmutter war eine resolute Frau, die sich niemals unterkriegen ließ und mit Esoterik ungefähr so viel am Hut hatte wie ein Karpfen mit Origami. Sie war groß und von stattlicher Erscheinung, die Respekt einflößte. Ihre 82 Jahre sah man ihr bei weitem nicht an. Irma hatte immer ihre Stärke bewundert. Als ihr einziger Sohn, Irmas Vater, vor acht Jahren mit ihrer Schwiegertochter, Irmas Mutter, bei einem Autounfall ums Leben gekommen war, war sie diejenige gewesen, die Irma getröstet und ihre Tränen getrocknet hatte.

»Aber du hattest doch noch Kontakt zu ihr«, hakte Irma verunsichert nach.

»Natürlich! Wir haben regelmäßig telefoniert. Jeden Sonntag um die gleiche Zeit.«

»Wo ist sie denn eigentlich gestorben?«

»Friedlich in ihrem Lesesessel, so, wie sie es sich gewünscht hat.« Traurig lächelnd sah Wilma zu dem zerschlissenen Ohrensessel hinüber, der in der Ecke vor dem Bücherregal stand und mit floralem Muster verziert war. »Ein Nachbar hat sie da gefunden, nachdem sie nach mehrmaligem Klopfen nicht an die Tür gekommen war. Sie hatte ihm einen Ersatzschlüssel für den Notfall gegeben, und manchmal hat er Besorgungen für sie erledigt. Ich glaube, er war der Einzige, der sie ab und an noch zu Gesicht bekommen hat.«

»Dann hatte sie offenbar Vertrauen zu ihm.«

Wilma nickte. »Ein patenter Bursche, du wirst ihm bestimmt noch über den Weg laufen.«

Eine Zeitlang arbeiteten sie still vor sich hin. Begleitet von einigen Niesern zog Wilma Schubladen auf, nahm Ordner und Papiere daraus hervor und stapelte sie auf der noch einzigen freien Ecke des Schreibtischs.

Irma machte sich währenddessen daran, Kerzenständer und Bilderrahmen einzusammeln und auf der Kommode zwischenzulagern. Dabei ließ sie sich Zeit, sah sich jedes gerahmte Foto in Ruhe an. »Wie war Elli eigentlich als junge Frau?«, fragte sie, nachdem sie eins davon besonders lange betrachtet hatte. Es zeigte ihre Tante als junge Frau mit auftoupierten Haaren und breitem Lidstrich.

»Sie glaubte an Magie und solche Dinge, hatte ständig Flausen im Kopf. Ich konnte mit so übernatürlichen Dingen noch nie etwas anfangen. Als Kind ging sie immer zu so einer alten Frau, im Dorf nannten wir sie die Hexe. ›Wer nicht an Magie glaubt, wird sie auch nie finden.‹ Wie oft habe ich mir diesen Spruch von ihr anhören müssen. Sie hatte die erstaunliche Fähigkeit, Zusammenhänge zu sehen, wo keine waren.«

Irma lachte auf, während sie den letzten der sechs Umzugskartons aufbaute. »Was soll ich zuerst einpacken?«

»Die Bücher, würde ich sagen. Die sind am einfachsten. Ich nehme mir die Dekorationsgegenstände, also so was wie Vasen und Kerzenständer, vor. Da kommt schon eine ganze Menge zusammen. Aber als Erstes werde ich die Kartons beschriften.« Beherzt griff Wilma in ihre Handtasche und fischte einen schwarzen Edding heraus.

Irma beobachtete, wie sie auf den ersten *Kann weg* schrieb, auf den zweiten *Behalten* und auf den dritten *Zum Verhökern.*

Irma musste grinsen. »Du bist gut organisiert. So wie immer.«

»Wat mut, dat mut. Aber ich kann nicht behaupten, dass mir das hier leichtfällt. Dennoch muss es getan werden, also besser jetzt als gleich.«

Das war so typisch für die pragmatische Art ihrer Großmutter. Seufzend ließ Irma ihren Blick über das Bücherregal schweifen, während Wilma einen Karton mit *Bücher* beschriftete. »Vielleicht sind welche dabei, die du gebrauchen kannst. Dann nimm sie dir einfach mit.«

»Okay«, erwiderte Irma und überflog mit schräggelegtem Kopf die Buchrücken. Von Konsalik bis Heinrich Heine war alles vertreten, was Rang und Namen hatte. Dazwischen standen immer wieder esoterische und spirituelle Bücher über Naturheilkunde und Astrologie. Ein bestimmtes Ordnungssystem des Regals konnte Irma nicht erkennen. Wie hatte Elli da bloß durchblicken können? Sie schüttelte den Kopf. Wenn sie die Bücher wenigstens nach Themen oder nach dem Alphabet geordnet hätte. Irma beschloss, sie wenigstens nach Belletristik und Sachbüchern vorzusortieren, bevor sie begann, die einzelnen Bände der Brockhaus-Enzyklopädie herauszuziehen und in den Karton zu legen. In der heutigen Zeit, in der man alles im Internet recherchieren konnte, waren diese Bände überflüssig und dienten nur noch als Staubfänger. Bei diesem Gedanken waberte ihr auch schon eine dicke Staubwolke entgegen und kitzelte sie in der Nase.

Houdini tauchte plötzlich neben ihr auf, blickte neugierig in den Bücherkarton und schnupperte daran. Ehe Irma sich's versah, sprang der Kater hinein und machte es sich auf einem Brockhaus-Band bequem.

Irma schmunzelte. »Na, du bist mir vielleicht einer! Soll ich dich mit einpacken, oder was?«

Wilma ließ mehrere Nieser verlauten, danach erfolgte ein längeres Schnäuzkonzert. »Ich mache uns jetzt erst mal einen Kaffee«, sagte sie schniefend, stopfte das vollgeschnaubte Papiertaschentuch in ihre Hosentasche und verschwand in die Küche.

Als Irma einen Wälzer nach dem anderen aus dem Regal zog, kam ein abgegriffenes Buch zum Vorschein, das hinter den anderen an der Wand lehnte. Hatte ihre Tante es dort versteckt? Oder war es nur versehentlich nach hinten gerutscht? Neugierig griff Irma danach und strich über den dunkelblauen Einband, der mit goldenen Monden und Sternen verziert war. Als sie durch die Seiten blätterte, strömte ihr der Geruch nach altem Papier entgegen. Das Buch schien ein Tagebuch zu sein, denn am oberen rechten Rand waren die meisten Seiten mit einem Datum versehen. Der Text war mit dunkelblauer Tinte und schön geschwungener Handschrift zu Papier gebracht worden.

Irma blätterte zurück zur ersten Seite. *Wie alles begann*, stand ganz oben, datiert vom 2. April 1954.

Vielleicht erfuhr sie, wie Elli ihren Mann kennengelernt und wie sie sich in ihn verliebt hatte. Am liebsten hätte Irma sich sofort in das Tagebuch vertieft, doch deswegen war sie nicht hier. Nur noch einen vorerst letzten Blick wollte sie hineinwerfen. Beim Durchblättern weckte eine Seite ihre Aufmerksamkeit, auf der ein Stück Papier eingeklebt worden war. Darüber stand in altdeutscher Schrift, die wegen der vielen Schnörkel schwer zu entziffern war:

Das magische Rezept, das die Liebe jedes Mannes entfacht.

Irma hatte das halblaut gelesen und grinste nun in sich hinein. Ein Rezept zum Verlieben, wie absurd! Das passte zu ihrer Tante, so wie ihre Großmutter sie beschrieben hatte. Aber so abwegig die Idee auch war, sie hatte einen Funken Neugier in Irma entfacht. Jetzt wollte sie wissen, was das für ein Rezept war. Ob Tante Elli diesen Zauber auf Henri angewandt hatte, um ihn für sich zu gewinnen?

Schritte wurden im Flur laut. Ihre Oma kam mit dem Kaffee zurück. Ob Irma ihr davon erzählen sollte?

Nein, besser nicht. Dafür hätte Wilma nur ein müdes Lächeln übrig. Also ließ Irma das Tagebuch rasch in ihrer Handtasche verschwinden, die sie auf den Boden neben den Karton gestellt hatte, und beschloss, es sich zu Hause in Ruhe anzuschauen. Ihre Großtante hätte sicher nichts dagegen gehabt. Wenn sie wirklich an so einen Zauber geglaubt hatte, hätte sie bestimmt gewollt, dass auch ihre Großnichte davon Gebrauch machte. Und offenbar hatte dieses magische Rezept ja ihren Wunsch erfüllt. Henri war ihr Auserwählter gewesen, er hatte sich in sie verliebt, und solange er lebte, waren sie glücklich miteinander gewesen. Das klang wunderbar. Wie aus einem Märchen. Und Irma wollte an Magie glauben. Besonders zur Weihnachtszeit war es schön, die Welt wieder mit Kinderaugen zu sehen. Und wenn es nur eine schöne Geschichte war, die ihr das Einschlafen versüßte. Es gab ja sowieso niemanden, auf den sie den Zauber hätte anwenden können.

3

Noch war der sternenlose Himmel in tiefes Schwarz gehüllt, doch die bereits aufgebauten Marktstände bildeten leuchtende Punkte in der Dunkelheit, und die Lichter der Fischauktionshalle warfen ihren glänzenden Schein bis auf die Elbe.

Irma hatte soeben die letzten Weihnachtsgeschenkkörbe aus ihrem Kleintransporter geholt und vorne auf dem Verkaufstisch platziert, so dass sie jedem Passanten gleich als Erstes auffallen mussten. Sie warf einen letzten prüfenden Blick auf ihr Warensortiment. Feinkostkonserven, Chutneys und Marmeladen, mediterrane Saucen, eine Auswahl an orientalischen Gewürzen – es war alles dabei, was bei der Laufkundschaft gut ankam. Mit hochgezogenen Schultern trat sie von einem Bein aufs andere. Trotz ihres dick gefütterten Winteranoraks fuhr ihr die Kälte bis in die Knochen. Irma schob die behandschuhten Hände in die Jackentaschen und sah nach oben. Wenigstens schneite es nicht mehr, was sich auch vorteilhafter auf ihre Einnahmen auswirken würde.

Obwohl es noch so früh am Morgen war, herrschte bereits geschäftiges Treiben. Die Händler krakeelten ihren Mitarbeitern Anweisungen zu, während sie ihre Waren von den Lastern luden.

Irma warf einen Blick auf ihre Armbanduhr. *Kurz nach sechs*, der Markt würde offiziell erst in anderthalb Stunden aufmachen. Im Sommer musste sie sogar schon um vier Uhr morgens auf der Matte stehen, weil er dann bereits um fünf Uhr seine Pforten öffnete.

Seit zwei Jahren war Irma jeden Sonntag mit ihrem Stand auf dem Altonaer Fischmarkt. Das frühe Aufstehen lohnte sich. Die paar Stunden am Morgen waren eine gute Werbung für ihren Laden und ihre Produkte. Die Leute konnten sich hier sonntags einmal durch ihr Sortiment probieren und dann unter der Woche in ihren Laden kommen. Dadurch hatte sie schon viele Stammkunden gewonnen.

Bibbernd zog sie sich die Mütze tiefer über die Ohren. Es wurde Zeit für ihre erste Tasse Tee. Sie holte die Thermoskanne aus ihrer Korbtasche und schraubte den Deckel ab. Dann öffnete sie den Verschluss, befüllte den Deckel, der gleichzeitig auch Becher war, und nippte an der dampfenden Flüssigkeit.

Während ihr Schluck für Schluck wärmer wurde, wanderten ihre Gedanken zurück zu Ellis Tagebuch. Gestern Abend hatte sie noch angefangen, die ersten Seiten zu entziffern, aber irgendwann waren ihr vor Müdigkeit die Augen zugefallen. Sie konnte sich kaum mehr erinnern, was sie gelesen hatte. Nur, dass ihre Großtante Henri in einem Tanzlokal kennengelernt hatte.

»Na, alles paletti hier?«, riss eine wohlbekannte Stimme sie aus ihren Gedanken.

Irma wandte sich um.

Zwei Scheinwerfer blendeten sie, sodass sie nichts erkennen konnte. »Gesa, bist du's?«, fragte sie und beschirmte ihre Augen mit der Hand.

Ein raues Lachen drang an ihr Ohr. »Wer sollte es sonst sein?«

Jetzt erkannte Irma ihre Freundin Gesa, mit der sie sich seit einem Jahr den Stand teilte.

»Bist ja früh dran heute.« Ihr Gesicht war bis zu den Augen hinter einem dicken Schal verborgen, aus dem am oberen Rand ein paar Atemwölkchen waberten. Die wuschelige Naturkrause stand ihr in allen Richtungen vom Kopf ab, ein graues Strick-Stirnband sorgte dafür, dass ihr die kleinen Locken nicht in die Stirn fielen. Ihre Augen blitzten munter, von Müdigkeit keine Spur. Mit ihren sechsundfünfzig Jahren konnte Gesa nicht nur anpacken wie ein Kerl, sondern hielt, sowohl was die Lautstärke als auch was den Inhalt ihrer derben Sprüche anging, mit den männlichen Händlern locker mit.

»Brauchst du Hilfe?«, fragte Irma.

Gesa winkte ab. »Lass mal, ich komm schon klar.«

Ihr Standardspruch. Dessen ungeachtet eilte Irma ihr entgegen, denn sie wusste, dass ihrer Freundin immer wieder Rückenschmerzen zu schaffen machten. Nicht dass sie gejammert oder sich beklagt hätte, aber Irma sah es an Gesas Gesicht, das sich manchmal schmerzhaft verzog, wenn sie etwas hochhob.

Gerade hatte sie drei Holzkisten auf einmal aus dem Kofferraum ihres VW-Busses gehievt, war an Irma vorbeigeflitzt, um dann das Käsesortiment mit ordentlich Schmackes auf den Verkaufstresen zu pfeffern.

Irma schnappte sich ebenfalls ein paar Kisten und half ihr beim Auspacken.

»Hier, hab uns schnell noch ein paar Rundstücke geschmiert«, sagte Gesa, als sie schon nach kurzer Zeit alles aufgebaut hatten, und reichte Irma eine Brötchentüte. »Mit gekochtem Ei und Avocado, so, wie du es magst.«

»Ach, du bist lieb!« Erst jetzt bemerkte Irma, dass ihr vor Hunger schon ganz flau im Magen war.

»Mach ich doch gerne!« Gesa zog ihren Schal herunter

und offenbarte ein breites Lächeln, das ihre niedliche Zahnlücke entblößte. Dann biss sie herzhaft in ihr Matjesbrötchen mit Zwiebeln, während Irma amüsiert den Kopf schüttelte. Wie konnte man nur so früh am Morgen schon Fisch essen?

Mit Gesa wurde es nie langweilig, denn zu erzählen hatten die beiden sich immer etwas. Außer wenn sie aßen, so wie jetzt. Schweigend kauten sie ihre Brötchen und genossen die Ruhe vor dem Sturm.

Gesa sah sich um. »Irgendetwas fehlt«, sagte sie, noch den letzten Bissen im Mund, während sie das Brotpapier zusammenknüllte und mit einem gezielten Wurf in den Mülleimer hinter sich warf.

»So? Was denn?«

»Hätte ich fast vergessen. Bin gleich wieder da.«

Kurze Zeit später kam Gesa mit einem Karton zurück, aus dem sie einen pinken kunstschnee-besprühten Weihnachtsbaum mit Lichterkette zum Vorschein brachte.

Irma kicherte. An Geschmacklosigkeit stand er dem von Paul in nichts nach.

»Die Leute müssen doch daran erinnert werden, dass bald Weihnachten ist und sie Geschenke brauchen«, sagte Gesa augenzwinkernd.

»Soso«, entfuhr es Irma belustigt, während ihre Freundin das Plastikbäumchen auf einen Hocker neben den Verkaufstisch stellte und den Schalter drückte. Der Baum erstrahlte in grellem Schein. Als Nächstes holte sie einen winkenden Weihnachtsmann aus der Kiste, den sie vorne auf die Tischplatte stellte, damit ihn auch ja jeder sehen konnte. Als wenn das nicht genug gewesen wäre, förderte sie noch einen roten Papierstern zu Tage, den sie mit einer Reißzwecke hinter sich an der Holzwand befestigte.

»Traumhaft«, scherzte Irma. »Und so dezent. Da kann ja heute nichts mehr schiefgehen. Bei dieser einladenden Weihnachtsdeko werden uns die Leute die Bude einrennen.«

»Das hoffe ich doch«, erwiderte Gesa lachend. »Und, was hast du die Tage so gemacht?«, wollte sie einen Moment später wissen.

»Ach, nichts Besonderes ...« Plötzlich kam Irma Houdini in den Sinn, und ein Gefühl von Vorfreude durchflutete sie. Heute würde sie ihn zu sich holen! Mit einem Mal fühlte sie sich hellwach. »Stell dir vor, ich habe einen Kater!«, brach es aus ihr heraus.

»Du und einen Kater haben?« Gesa lachte auf. »Wovon denn? Du trinkst doch kaum Alkohol. Hast du zu viel Rum-Trauben-Nuss-Schokolade gegessen? Oder hast du heute Nacht etwa zu tief in den Hustensaft geschaut?«

Irma musste kichern und schnalzte dann gespielt empört mit der Zunge. »Nicht doch. Ich kriege heute ein Haustier. Mit Schnurrbarthaaren, einem Schwanz und spitzen Ohren.«

»Ach wirklich? Das hast du dir doch immer gewünscht. Wie kommt das denn so plötzlich?« Gesa hatte gerade den Käse für die Verkostung ausgepackt und schnitt nun die Sorten Romadur und Limburger auf, deren strenge Aromen zu Irma hinüberwehten und sie kurz die Nase rümpfen ließen. Obwohl sie diese Stinkekäse sehr gerne mochte, fand sie ihren Geruch doch eher gewöhnungsbedürftig. »Houdini gehörte meiner verstorbenen Großtante, der Schwester meiner Oma, und die kann ihn nicht nehmen, weil sie an einer Katzenallergie leidet. Er ist ein Stubentiger und nicht mehr der Jüngste. Ich hoffe, dass er sich gut bei mir einlebt.«

»Das wird er bestimmt. Wie ich dich kenne, verwöhnst du ihn nach Strich und Faden und lässt ihn sogar bei dir im Bett schlafen.«

»Nein, damit will ich erst gar nicht anfangen.« Das hatte Irma sich fest vorgenommen. Und was sie sich vornahm …, das hielt sie meist nicht ein. Da fehlte es ihr einfach an Beharrlichkeit, und ihre Gutmütigkeit gewann dann meist die Oberhand. Wenn sie mal Kinder haben würde, würden die das wohl schnell herausfinden und sie um den kleinen Finger wickeln. Sie konnte sich noch gut daran erinnern, wie sie den selbstgebackenen Kuchen, den ihre Mutter ihr oft in die Schule mitgegeben hatte, unter ihren Freundinnen aufgeteilt hatte, so dass für sie nur wenige Krümel in ihrer Tupperdose zurückgeblieben waren. So lief es immer – schon ihr ganzes Leben lang. Aber sie gab einfach gerne nach, weil sie sich freute, wenn andere glücklich waren. Obwohl sie keine Geschwister hatte, war zu teilen schon immer eine Selbstverständlichkeit für sie gewesen, und wenn freiwillige Helfer gesucht wurden, war sie schnell dabei. Es gab Nehmer und Geber, und Irma gehörte eben zu den Gebern.

Gesa lachte auf. »Wir sprechen uns in einer Woche.«

Sie kannte Irma mittlerweile gut genug, um zu wissen, dass Standhaftigkeit nicht zu ihren Tugenden gehörte. Leider auch, wenn es ums Essen ging. Wenn ihr jemand etwas Leckeres vor die Nase hielt, konnte sie auch nie nein sagen, dafür naschte sie einfach viel zu gerne.

Ein eisiger Wind kam auf und trieb eins ihrer Gewürzsäckchen vom Tisch. Bibbernd schlang sich Irma ihren Schal fester um den Hals, ehe sie um den Verkaufsstand herumlief und sich nach dem Säckchen aus Baumwolle bückte.

Als sie wieder hinter den Stand trat, empfing Gesa sie mit einem Becher dampfender Flüssigkeit. »Hier, nimm das, das wird dir guttun.«

»Was ist das?«

»Nicht so viel fragen, einfach trinken«, antwortete Gesa in einem Tonfall, der keinen Widerspruch duldete.

Irma nahm einen Schluck und musste sich sogleich schütteln. Sie hätte es wissen müssen – da war Alkohol drin! Und der brannte jetzt ordentlich in ihrer Kehle. Doch schon einen Moment später breitete sich eine angenehme Wärme in ihrem Magen aus, die ihren ganzen Körper durchflutete.

»Schwarzer Tee mit Rum.«

»Sag bloß.« Irma röchelte. »Ich würde eher sagen, Rum mit Tee.«

Gesa kicherte, während sie fröstelnd die Schultern anhob. »Aber erfüllt doch seinen Zweck, oder nicht?«

»Das tut er. Geht durch und durch.«

»Na also. Ich werde mir jetzt auch einen genehmigen.« Gesa zog ein zufriedenes Gesicht und goss sich ihre Tasse voll bis zum Rand.

Von rosa Schlieren durchzogen, färbte der Himmel sich allmählich in ein blasses Blau. Pünktlich um halb acht verkündete die Lautsprecherdurchsage die Eröffnung des Marktes, und die Händler begannen lauthals ihre Waren anzupreisen. Fisch und Fleisch, Obst und Gemüse, Blumen und Grünsträucher, Käse, Brot, Gewürze, Bonbons und Kaffee wurden neben Kleidung und Schmuck feilgeboten. Sogar lebende Tiere wie Vögel und Kaninchen gab es im Angebot. Die Männer und Frauen hinter den Ständen brüllten sich die Seele aus dem Leib.

Irma liebte das wilde Treiben um sie herum, für sie war der sonntägliche Markt am Elbufer immer eine willkommene Abwechslung zu ihrem Alltag im Feinkostladen.

Links von ihnen hatte Ali seinen Obst- und Gemüsestand aufgebaut. »Grünkohl, Rotkohl, Spitzkohl, alles, was das Herz begehrt«, schallte es gebetsmühlenartig zu ihnen herüber. Bananen-Axel, der rechts neben ihm stand, übertönte ihn mit seiner tiefen Bassstimme sogar noch. Der stämmige Mann mit Schnauzbart war schon weit über siebzig, doch noch immer ganz in seinem Element. »Nur hiiier die süßesten Äpfel aus dem Alten Land«, rief er zwei japanischen Touristinnen zu. »Die sind fast so süß wie ihr und kosten nur zwei Euro.«

Zehn Meter weiter rühmte Gemüse-Achim lauthals seine, wie er schrie, skandalös günstigen Tomaten.

Schräg gegenüber hatten Schaulustige einen Halbkreis um den Wagen von Makrelen-Paule gebildet. Die Stimmung schien ausgelassen. Irma erkannte vorwiegend Paare mittleren Alters, ein paar Touristen mit Kameras und Reiseführern in der Hand, die sich prächtig amüsierten.

Paul stand in seinem aufgeklappten Verkaufsanhänger und klatschte immer wieder mit dem Handrücken seiner Rechten auf die drei Fische, die er mit einem großen Stück Einwickelpapier in der flachen linken Hand hielt. »Diese Prachtburschen suchen ein neues Zuhause. Für nur zwanzig Euro könnt ihr sie gleich mitnehmen.«

Dieser Wahnsinnige, ging es Irma durch den Kopf. Selbst bei den eisigen Temperaturen trug er nur sein blau-weiß gestreiftes Fischerhemd mit den leuchtend roten Hosenträgern darüber. Sie schüttelte den Kopf. Na, wenigstens schützte ihn eine Wollmütze vor der Kälte.

»Paul ist hier wirklich der größte Schreihals unter den Brüllaffen«, bemerkte Gesa trocken, stemmte die Hände in die Hüften und verfolgte belustigt das Treiben auf der gegenüberliegenden Seite. »Schlecht sieht er ja nicht aus. Ich würde ihn jedenfalls nicht von der Bettkante stoßen.«

Irma stieß ihr den Ellbogen in die Seite. »Gesa, also wirklich!«

»Kennst doch den Spruch, je oller, desto doller!« Ihr heiseres Lachen ging in ein Husten über.

O ja, den kannte Irma nur zu gut. Denn bei ihren sonntäglichen Zusammentreffen hielt Gesa nicht damit hinterm Berg, wie sie ihre Freizeit verbrachte. Schon seit Jahren versuchte sie, über Single-Portale einen Partner zu finden, doch meist wurden nur Bettgeschichten draus, von denen sie Irma bis ins kleinste Detail berichtete.

Irma wunderte es nicht, warum sich nie eine feste Bindung zwischen Gesa und ihren Bekanntschaften entwickelte. Ihr Sohn Mirko wohnte mit achtundzwanzig Jahren noch immer im Hotel Mama und machte keine Anstalten auszuziehen. Vor ihrem geistigen Auge sah Irma immer, wie Mirko sich auf dem Sofa räkelte und sich von seiner Mutter von hinten bis vorne bedienen ließ. Ob das wirklich so war, wusste sie natürlich nicht, aber da diese bemutternde Art einfach in Gesas Naturell lag, war dieses Bild gar nicht so abwegig. Andererseits konnte Irma sich auch vorstellen, dass sie ihm die Leviten las, wenn er sich nicht an der Hausarbeit beteiligte. In all der Zeit, in der sie sich kannten, hatten sie einander noch nie zu Hause besucht, deshalb konnte Irma sich gar kein Urteil erlauben, sie hatte Mirko nie kennengelernt. Aber da sie mit einer blühenden Phantasie ausgestattet war, tauchten immer irgendwelche Bilder in ihrem Kopf auf, die sie sich dann in den schillerndsten Farben ausmalte. Für eine Mutter war es wahrscheinlich schwer, das einzige Kind ziehen zu lassen, vor allem wenn es keinen Partner gab, bei dem sie dann Halt suchen konnte. Sicher war das der Grund, warum Gesa ihrem Sohn bisher noch nicht in den Hintern getreten hatte, damit er sich um seine eigenen vier Wände bemühte. Wenigstens lag er ihr nicht auf der Tasche, als Softwareentwickler verdiente er sein eigenes Geld, und das nicht zu knapp. Obwohl Gesa einen gutlaufenden Käseversand übers Internet betrieb, bezweifelte Irma, dass sie finanziell mit ihrem Sohn mithalten konnte.

»Eins muss man ihm lassen«, sagte Irma, als sie wieder zu Paul hinüberblickte. »Er gibt seinen Kunden immer das Gefühl, einen guten Deal gemacht zu haben.«

»Er ist eben ein Entertainer, wie er leibt und lebt, und hat Spaß an der Selbstinszenierung«, kommentierte Gesa. »Aber auch nur so kann man sich gegen die Konkurrenz durchsetzen.«

»Komm mal ran da«, dröhnte Paul jetzt einem Mann mittleren Alters entgegen, während er ein paar Fische in eine Plastiktüte pfefferte.

Irma kannte zwar mittlerweile seine Show in- und auswendig, staunte aber jedes Mal aufs Neue, wie er die Passanten in seinen Bann zog.

»Für dich mach ich sogar nur fünfzehn Euro.« Paul zwinkerte in die Menge. »Und jetzt haltet euch fest, Kinners, den echten Kodiak-Wildlachs leg' ich noch für dich als Geschenk des Hauses dazu.«

Verunsichert blickte der Angesprochene seine Begleiterin an.

»Du!«, rief Paul ihm mit einem Fingerzeig entgegen. »Ja, genau du, oder schiele ich? Komm ran!«

Verlegen lächelnd trottete der Mann zur Verkaufstheke, wo ihm Paul ein Stückchen Aal zum Probieren gab. »Na, schmeckt das, oder was?«

Die Antwort war ein anerkennendes Nicken und der Griff zum Portemonnaie.

»Ha!«, rief Gesa laut aus und klatschte in die Hände. »Schon hat die Tüte den Besitzer gewechselt.«

»Mittlerweile kann er seine Sprüche bestimmt schon im Schlaf runterbeten«, warf Irma belustigt ein.

»Bestimmt!«, pflichtete Gesa ihr kichernd bei.

Als wäre eine unsichtbare Mauer vor Pauls Wagen eingestürzt, drängten die meisten Umstehenden zur Theke vor und deckten sich nun auch mit Fisch ein. Einige kauften das große gemischte Paket, andere nur Makrelen, wieder andere drei Packungen Lachs.

»Wer ist denn der Knabe neben ihm?« Mit ihren fingerlosen Strickhandschuhen hielt Gesa ihre Tasse fest umschlossen und genehmigte sich bereits den zweiten Rum mit Tee.

»Der Sohn vom Salami-Günther.«

»Und was will Paul mit dem? Eine wirkliche Unterstützung scheint der nicht zu sein, steht neben ihm wie Falschgeld.«

»Paul hat ihn unter seine Fittiche genommen, weil das mit seinem Vater und ihm wohl nicht so klappt.«

Gesa runzelte die Stirn und warf Irma einen misstrauischen Blick zu. »Woher weißt du denn das schon wieder?«

»Paul war am Freitag bei mir im Laden und hat sich damit gebrüstet, dass der Junge es vorzieht, von ihm angelernt zu werden anstatt von seinem Vater«, erwiderte Irma schulterzuckend.

»Aha!« Gesa hob eine Augenbraue und bedachte Irma mit einem vielsagenden Blick. »Na, wenn der mal kein Auge auf dich geworfen hat.«

Irma hob einen Mundwinkel zu einem gequälten Lächeln. »Ich hab es mir wahrlich nicht ausgesucht. Der kann einem wirklich den letzten Nerv rauben.«

Energisch stellte Gesa die Tasse auf den Tisch. »Dann solltest du ihm klar zu verstehen geben, dass du kein Interesse an ihm hast.«

Irma seufzte leise. »Du kennst mich doch. Bin einfach nicht gut in so was.«

Gesa brummte etwas Unverständliches. »Rede Klartext mit ihm, anders wirst du ihn nicht los. Der ist von der hartnäckigen Sorte, das kannst du mir glauben.«

»Ich tue mein Bestes.« Irma stutzte und sah sie an. »Aber woher willst du das wissen?«

»Kenne solche Typen zu Genüge, ich war schließlich auch mal jung.« Gesa zwinkerte ihr zu.

Zwei händchenhaltende Männer blieben vor ihrem Verkaufstisch stehen und besahen sich das Angebot. Der ältere von beiden löste die Hand aus der seines Freundes. »Darf ich?«, fragte er und zeigte auf die Bergkäse-Stücke zum Probieren, in die Gesa jeweils einen Zahnstocher gesteckt hatte.

»Na klar, dafür sind sie ja da!« Gesa schenkte den beiden ein herzliches Lächeln und hielt ihnen den Teller entgegen.

Während die beiden Männer sich durch Gesas Käsesortiment probierten, holte sie ihre Lesebrille aus dem Etui und setzte sie sich auf die Nase. Das tat sie immer, wenn sie kauffreudige Kunden an der Angel hatte. Irma lächelte in sich hinein. *Als würde sie dadurch einen fachkundigeren Eindruck abgeben.*

Nachdem die beiden Männer sich für den Bergkäse und den *Palet de chèvre* entschieden hatten und die dazu passende Feige-Walnuss-Konfitüre auf Irmas Empfehlung hin noch gekauft hatten, zogen sie zufrieden weiter, und Gesa knüpfte ans vorherige Thema an. »Der Sohn von Salami-Günther macht mir aber nicht den Eindruck, als wäre er der geeignete Kandidat für diesen Job. Sieht eher aus, als würde er bei Pauls Gebrüll gleich einen Hörsturz erleiden. Die ganze Zeit guckt er auf den Boden wie ein Schüler, der von seinem Lehrer auf keinen Fall angesprochen werden will.

Außerdem meine ich jedes Mal, wenn Paul so richtig in Fahrt kommt, nervöse Zuckungen um seine Augen zu erkennen.«

Irma lachte prustend. »Was du nicht alles aus der Entfernung erkennen kannst. Mir scheint er allerdings auch nicht wirklich als Marktschreier geeignet. Doch was nich is, kann ja noch werden.«

»Du denkst wirklich, er blüht noch auf und wird Paul dann zur ernsthaften Konkurrenz?« Gesa sah sie ungläubig an und schüttelte dann vehement den Kopf.

»Das nun auch nicht. Das schafft wohl keiner so schnell.« Irmas Blick schweifte zurück zu Paul, der gerade einer Frau Räucherlachs in den Mund steckte.

»Es ist wieder Zeit für die Robbenfütterung«, flötete Gesa und brachte Irma damit erneut zum Lachen.

»Schau mal, Schatz, hier gibt es Balsamico-Cremes mit verschiedenen Geschmacksrichtungen«, lenkte eine Stimme Irmas Aufmerksamkeit wieder zu ihrem Stand zurück. »Darf ich den mit Granatapfel mal probieren?«, fragte die Frau, die auf dem Kopf eine Fellmütze trug, als würde sie sich im tiefsten Alaska befinden.

»Ja, gerne.« Irma goss ein paar Tropfen der sirupartigen Flüssigkeit in einen kleinen Probierbecher aus Pappe.

Die ältere Dame nippte daran und verzog verzückt das Gesicht. »Mmh, schmeckt fruchtig und nicht zu süß. Davon nehme ich gleich drei Stück. Meine Töchter werden bestimmt auch Verwendung dafür finden.«

»Gerne. Soll ich sie als Geschenk einpacken?«

Die Dame winkte ab. »Das ist nicht nötig, danke schön.«

Irma wickelte die drei Flaschen in Zeitungspapier und stellte sie dann vorsichtig in eine Papiertüte. »Brauchen Sie vielleicht noch ein Präsent zum Nikolaustag für Verwandte oder Freunde?«, fragte sie, während sie der Kundin die Tüte über den Tisch reichte. Irma wies auf die Weihnachtsgeschenkkörbe.

»Was ist denn da alles drin?« Die Frau beugte sich hinunter und besah sich die Körbe genauer.

»Elisenlebkuchen, Glühwein, kaltgepresstes Olivenöl, Konfekt, Weihnachtsaufstrich, verschiedene Sorten Senf und natürlich darf der Schoko-Weihnachtsmann nicht fehlen.«

Die Kundin nickte nachdenklich. »Wie viel soll so ein Korb kosten?«

»Fünfzig Euro.«

»Dann nehme ich einen«, erwiderte sie, ohne zu zögern.

»Gerne.« Irma lächelte und jubelte insgeheim, nach so kurzer Zeit schon so viel losgeworden zu sein. »So ein Präsentkörbchen ist immer eine gute Wahl, damit macht man wirklich jedem eine Freude.«

»Ich an ihrer Stelle würde lieber gleich zwei mitnehmen«, gab Gesa ihren Senf dazu. »Was man hat, das hat man! Und den Stress vor Weihnachten, noch auf den letzten Drücker Geschenke zu kaufen, will man sich doch auch nicht antun.« Verschwörerisch zwinkerte sie der älteren Dame zu.

»Da haben sie auch wieder recht«, sagte die und stieß einen tiefen Seufzer aus. »Aber wie soll ich die Sachen alle tragen?«

»Ihr Begleiter ist Ihnen sicherlich gerne behilflich«, erwiderte Gesa.

Der ältere Mann, der etwas abseits stand, nickte lächelnd.

»Also gut, dann geben Sie mir gleich zwei davon«, sagte sie und fischte ein Portemonnaie aus ihrer Handtasche.

»Leben Sie in Hamburg?«, wollte Irma wissen.

Die Frau blickte irritiert auf. »Ja, wieso?«

»Dann kommen Sie doch mal in meinem Feinkostladen vorbei.« Sie zog eine ihrer Visitenkarten aus der Anoraktasche und reichte sie der Frau.

»Irmas Feinkostlädchen«, las die Kundin laut das Dickgedruckte. Mit zusammengekniffenen Augen hielt sie die Karte näher an ihre Augen. »Ohne meine Lesebrille geht gar nichts mehr«, stellte sie kopfschüttelnd fest und sah zu Irma auf. »In welchem Stadtteil befindet sich Ihr Laden?«

»In Ottensen.«

»Ach, schön, da hab ich es nicht weit. Dann werde ich auf jeden Fall mal vorbeischauen!«

»Das würde mich freuen!«

»Das hast du gut gemacht!«, raunte Irma ihrer Freundin zu, als die Kundin und ihr Mann sich verabschiedet hatten.

Gesa zuckte mit den Schultern. »Leuten Dinge aufzuschwatzen liegt mir halt im Blut.«

Lautes Gelächter lenkte ihre Aufmerksamkeit auf den Stand von Salami-Günther, der schräg gegenüber aufgebaut war. »Isch werd bekloppt«, brüllte er jetzt mit Paul um die Wette und tobte auf seinem Lkw, als wäre er auf einer Showbühne. Eine ganze Menschentraube hatte sich vor seinem Stand versammelt. Er langte nach der Pfeffersalami und prügelte mit ihr auf den Verkaufstresen ein. Dann grapschte er einige Bockwürste und warf sie in die Menge. Die Leute fingen lachend die Würste auf und hatten sichtlich ihren Spaß.

Nur kurze Zeit später beobachteten Irma und Gesa amüsiert, wie eine Seniorengruppe sich mit Tüten voller Würste und Pfeffersalamis einen Weg durch die Menge bahnte.

»Na, läuft doch heute«, stellte Irma fest und rieb ihre behandschuhten Hände aneinander. »Trotz Kälte.«

»Kurz vor Weihnachten sind die Menschen doch immer am kauffreudigsten. Wenn das doch nur das ganze Jahr über so wäre.« Gesa seufzte. »Nach Weihnachten können wir uns wieder auf eine Flaute einstellen, da gehen alle ihren Neujahrsvorsätzen nach und machen einen auf Low Carb.«

»Dann packe ich eben die Geschenkkörbe voll mit exotischen Früchten und Nüssen, und du bietest Harzer Käse in allen Variationen an. Uns wird schon was einfallen.«

»Na, wenn du meinst.« Gesa schob sich ihre Brille in die Haare. »Oh, die beiden Schreihälse genehmigen sich wohl eine Pause«, bemerkte sie, als einen Augenblick später Ruhe an den Ständen gegenüber eingekehrt war. Ich würde meinen Arsch verwetten, dass …« Gesa stieß ein raues Lachen aus. »Gewonnen! Schau mal, wer da angestapft kommt.«

Irma blickte auf. »O no!«

»Der lässt es sich natürlich nicht nehmen, bei dir vorbeizuschauen.« Gesa kam jetzt aus dem Kichern gar nicht mehr raus.

Mit einem verwegenen Grinsen im Gesicht kam Paul vor ihnen zum Stehen. »Na, wie läuft's heute bei euch?«, fragte er, sah aber nur Irma dabei an. Inzwischen hatte er sich eine Jacke übergezogen, in deren Taschen er jetzt lässig seine Hände vergrub.

»Entgegen der Erwartung recht gut«, antwortete Irma.

»Habt ihr die Entrümplung gut über die Bühne bekommen?«

»So weit schon, sind aber noch nicht ganz fertig geworden«, ließ sie ihn wissen. »Wir müssen heute noch mal ran.«

»Wie gesagt, ich hätte noch Kapazitäten frei, wenn du und deine Oma Hilfe brauchen.« Pauls Grinsen wurde breiter.

Gesa und Irma wechselten einen kurzen Blick, wobei Irma mühsam beherrscht ein Zucken in den Mundwinkeln unterdrückte und sich schnell von ihrer Freundin abwandte.

»Nein, geht schon. Heute müssen wir uns nur noch die Küche vornehmen.«

»Wenn du starke Arme benötigst …, meine Nummer hast du ja.« Vielsagend wackelte er mit seinen dichten Augenbrauen und verabschiedete sich dann auf seine typische Weise, indem er sich mit zwei Fingern seitlich an die Stirn tippte. »Na denn man tau, man sieht sich.« Ein letzter eindringlicher Blick in Irmas Richtung, dann war er wieder verschwunden.

Sobald er außer Hörweite war, konnten die beiden Frauen nicht mehr an sich halten und prusteten los.

»Wenn du starke Arme benötigst …«, imitierte Gesa Pauls tiefe Stimme, und die beiden brachen wieder in Lachen aus. Bis Gesa ernst wurde und Irma mit hochgezogener Augenbraue ansah. »Hat ja gut geklappt mit dem Klartext reden bei dir.«

Irmas Antwort war ein Seufzer aus tiefster Seele. »Das wäre jetzt nicht der richtige Zeitpunkt gewesen. Außerdem hat er sich in deiner Gegenwart anders verhalten als sonst«, sagte sie nach einer kurzen Pause und merkte selbst, dass es wie eine Rechtfertigung klang. »Irgendwie … zurückhaltender. Normalerweise erlaubt er sich immer irgendwelche Scherze auf meine Kosten.«

Gesa lachte auf. »Das würde er doppelt und dreifach von mir zurückkriegen, und das weiß er auch. Ich wette, er hofft, dass ich ein gutes Wort für ihn einlege und er dadurch bei dir punkten kann.«

4

Nachdem Irma sich nach dem Markt noch für zwei Stunden aufs Ohr gelegt hatte, traf sie sich mit Wilma in der Wohnung von Tante Elli.

Als sie die Stufen im Treppenhaus hinaufkam, stand Wilma bereits auf der Schwelle der Wohnungstür und sah ihr entgegen. »Was schleppst du denn da an?«, fragte sie, als sie die Transportbox in Irmas Hand bemerkte. »Ich bezweifle stark, dass du Houdini da hineinbewegen kannst.«

»Wie hat Ellie ihn denn dann zum Tierarzt gebracht?« Irma lief mit gerunzelter Stirn an ihrer Großmutter vorbei in die Wohnung. »Auf dem Arm?«

»Ich glaub, da war er noch nie. Wahrscheinlich hat sie ihn mit Heilkräutern behandelt und irgendwelche Beschwörungsformeln angewandt, wenn er krank war. Was weiß ich denn.« Kurz fuchtelte sie mit der Hand vor ihrem Gesicht, als wollte sie eine Fliege verscheuchen.

Irma kicherte. »Vielleicht ist Houdini ja gar kein Kater.« In dem Moment, als sie seinen Namen nannte, kam er ihr aus dem Wohnzimmer entgegengelaufen und schmiegte sich an ihre Beine.

»Genau, in Wahrheit ist er ein verzauberter Prinz«, sagte Wilma mit gespielter Überzeugung und lachte dann. »Na, zutraulich ist er dir ja gegenüber. Das ist schon mal ein guter Anfang.«

»Hallo, mein Kleiner.« Irma beugte sich zum Kater hinunter und steckte ihre Nase tief in sein weiches Fell. »Heute bekommst du ein neues Zuhause, freust du dich schon?«

Sein lautes Schnurren war Antwort genug.

»Wie lief es heute Morgen auf dem Fischmarkt?«, wollte Wilma wissen, während sie Irma die Jacke abnahm und an die Garderobe hängte.

»Besser als gedacht, kann mich nicht beschweren«, erwiderte Irma, nahm Houdini auf den Arm und folgte ihrer Großmutter in die Küche. »Meine Weihnachtsgeschenkekörbe sind alle weggegangen, und auch sonst lief es gut.«

»Och, das freut mich aber!« Wilma klopfte Irma mit freudigem Gesichtsausdruck auf die Schulter und öffnete dann einen der Oberschränke der Einbauküche. »Schau mal, vielleicht findest du ja noch ein paar Küchenutensilien, die du gebrauchen kannst. Für morgen habe ich die Entrümpelungsfirma bestellt, bis dahin muss der ganze Kleinkram ausgeräumt sein, damit die Möbel abtransportiert werden können.«

Irma nickte. »Ist gut. Dann sollten wir jemanden organisieren, der die Kisten abholt. Die sind viel zu schwer für uns.«

»Ist schon erledigt. Hab eine Umzugsfirma für morgen Vormittag bestellt. Die bringen die Kisten direkt zum Lagerraum, den ich angemietet habe.«

»Dann brauchst du mich morgen also nicht mehr?«

Wilma lehnte sich kopfschüttelnd an die Küchenanrichte und verschränkte die Arme vor der Brust. »Nein, eigentlich nicht. Dann musst du auch nicht extra den Laden schließen.«

»Für eine Stunde ginge das schon, in der Mittagszeit ist sowieso nicht viel los.« Als Irma sah, dass Wilma schon wieder schniefte und ein gebrauchtes Taschentuch aus ihrer Hosentasche zog, setzte sie Houdini auf dem Boden ab und wusch sich die Hände am Spülbecken. »Sag einfach Bescheid, wenn ich kommen soll.«

❄ ❄ ❄

Zwei Stunden später waren die Schränke leergeräumt und die restlichen Kisten vollgepackt.

Irma entschied, die alte Brotschneidemaschine für ihr Gourmetlädchen zu behalten, denn damit konnte sie auch Fleisch und Käse in hauchdünne Scheiben schneiden, die sie dann als Kostproben für ihre Kunden anbieten würde.

Nachdem sie das alte Küchengerät in ihren Transporter verstaut hatte, war Houdini an der Reihe. Um ihn anzulocken, legte Irma ein paar Leckerlis hinten in die Transportbox.

Es dauerte nicht lange, da siegte seine Neugier, und er lief schnuppernd hinein. Während er unter lautem Knacken und Knirschen seine Leckerlis fraß, verriegelte Irma die Box.

»Siehst du, das ging doch leichter als gedacht«, sagte sie zu Wilma und grinste triumphierend.

»Alle Achtung! Offenbar hatte ich zumindest insofern recht, dass sich bei ihm wohl noch keine Tierarzt-Traumata eingebrannt haben. Na, jetzt bin ich mal gespannt, wie er sich bei dir einlebt.«

Irma packte die Box am Griff und hob sie hoch. »Ach, wir beide kommen bestimmt gut klar.«

»Davon werde ich mich im Laufe der Woche mit eigenen Augen überzeugen.« Wilma lachte und begleitete Irma zur Tür, da sie noch bleiben und ein paar Unterlagen ihrer Schwester zusammensuchen musste.

Als die beiden sich verabschiedeten, kam gerade ein Mann die Stufen hinauf.

»Ach, Herr Leonard, schön, Sie zu sehen«, rief Wilma erfreut. »Darf ich Ihnen meine Enkelin vorstellen?«

Wow, was für ein Bild von einem Mann, ging es Irma als Erstes durch den Kopf, und sie konnte gerade noch so verhindern, dass ihr die Kinnlade herunterklappte.

»Das ist Ellies Nachbar, der ab und zu für sie Besorgungen gemacht hat«, wandte Wilma sich an sie.

Irma stellte die Transportbox ab und reichte ihm die Hand. »Sehr erfreut.«

»Ebenfalls!« Herr Leonard hatte einen angenehmen Händedruck und sah ihr dabei eindringlich in die Augen.

Irma ging sein charmantes Lächeln durch und durch.

Er trug einen anthrazitfarbenen Pulli, der das Blau seiner Augen perfekt zur Geltung brachte. Am oberen Rand des Kleidungsstücks lugten ein paar dunkelblonde krause Brusthaare hervor. Schnell wanderte ihr Blick wieder nach oben in sein Gesicht. *Diese blauen Augen. Der leicht gebräunte Teint.* Irma hätte nicht sagen können, wie lange sie einfach nur dastand und ihn anstarrte, bis ihr plötzlich wieder bewusst wurde, warum sie hier war. Verlegen senkte sie den Blick und spürte, wie ihr die Röte ins Gesicht stieg.

Herr Leonard quittierte ihre Reaktion mit einem leisen Lachen.

Irmas Verhalten war an Peinlichkeit nicht mehr zu toppen. Sie musste sich jetzt wirklich zusammenreißen, schließlich war sie eine erwachsene Frau und kein pubertierender Teenager.

»Nehmen Sie die Katze mit?«, fragte Herr Leonard und half Irma damit auf die Sprünge.

»Ja, genau. Den Kater. Es ist ein Kater. Er braucht ja ein

neues Zuhause. Und ehe er ins Tierheim kommt, nehme ich ihn lieber.« Was stammelte sie sich da eigentlich zusammen?

»Ach so, stimmt ja, es ist ein männlicher Zeitgenosse.« Der Mann lachte wieder, ohne den Blick von Irma abzuwenden, und entblößte dabei eine perfekte Reihe weißer Zähne. »Houdini, nicht wahr?«

Irma nickte. Sie spürte ein Kribbeln in der Magengegend, wie sie es lang nicht mehr gespürt hatte. Unauffällig wanderte ihr Blick zu seiner Hand, um abzuchecken, ob er verheiratet war. Aber da war nichts, nur diese schönen Hände mit den langen, schlanken Fingern wie die eines Pianisten.

»Ach, das ist gut, dann bleibt das Tier in der Familie. Ihre Tante hätte das sicher gefreut.«

»Herr Leonard ist Literaturprofessor an der Universität.« Wilmas Stimme hatte einen ehrfürchtigen Klang angenommen, den Irma gar nicht von ihr gewohnt war. »In seinem Alter schon Professor, das heißt schon was.«

»Oh!« erwiderte Irma. Was Geistreicheres fiel ihr auf Anhieb nicht ein. Wenigstens bekam sie ein Lächeln zustande, wenn es sich auch etwas verrutscht anfühlte. Sie knetete den Saum ihrer Jacke und hoffte, ihr Gegenüber würde ihre Unsicherheit nicht bemerken. »Ich habe einen Feinkostladen in Ottensen«, sagte sie nach einer Pause, nur um ebenfalls einen Redebeitrag beizusteuern.

»Ach, wirklich?« Herr Leonards Interesse schien geweckt. »Dann muss ich mal bei Ihnen vorbeikommen. Verkaufen Sie auch französische Weine?«

Irma nickte und freute sich insgeheim, dass sie einen gemeinsamen Nenner gefunden hatten. »Eine kleine Auswahl habe ich. Vielleicht sehen wir uns ja noch mal.«

»Würde mich freuen.« Er hob lächelnd die Hand. »Auf Wiedersehen.«

Und mich erst, dachte Irma und wandte sich schweren Herzens zum Gehen.

❄ ❄ ❄

Zu Hause angekommen stellte Irma als Erstes die Katzenbox auf den Dielenboden im Flur und öffnete die Verriegelung. Die ganze Autofahrt über hatte Houdini kläglich gemaunzt, was sie nur schwer ausgehalten hatte. Erleichterung durchfuhr sie nun, ihn endlich in die Freiheit entlassen zu können.

Zaghaft setzte er eine Pfote vor die andere und schnupperte sich den Flur bis zum zweistöckigen Kratzbaum entlang, den Irma gestern noch besorgt hatte. Houdini rieb seine Schnauze am Faserstoff. Gestern Nachmittag hatte Irma das halbe Tiergeschäft für ihn aufgekauft, denn es war ihr wichtig, dass er sich wohl fühlte.

»Na, gefällt er dir?«

Wie zur Antwort streckte der Kater sich träge, grub seine Krallen in den Stamm aus Sisal und kratzte daran.

Irma zog währenddessen ihren Mantel aus und wickelte den Schal ab, ließ Houdini dabei aber keine Sekunde aus den Augen.

Jetzt bahnte er sich schnuppernd einen Weg in Richtung Wohnzimmer. Irma folgte ihm.

Den kuschligen Katzenkorb ließ er links liegen, offenbar fand er mehr Interesse an Irmas Couch, auf die er mit einem Satz sprang. Nach ein paar Schnüffelrunden machte er es sich auf ihrer flauschigen Decke bequem.

Irma lachte auf. »Das ist genau das, wonach mir auch der Sinn steht. Also sind wir uns da schon mal einig.« Sie nahm Houdini auf den Schoß und kraulte ihn hinter den Ohren. »Herzlich willkommen zu Hause, mein Kleiner.«

Der Kater stupste ihr mit seiner feuchten kleinen Nase gegen die Wange, und Irma durchfuhr ein tiefes Glücksgefühl. Plötzlich kam ihr Ellies Tagebuch wieder in den Sinn. Jetzt war eigentlich der geeignete Zeitpunkt, es sich in Ruhe anzusehen. Abends im Bett konnte sie sich sowieso nicht konzentrieren, weil sie viel zu müde war und ihr schon bei den ersten Zeilen die Augen zufielen.

Also nahm sie Houdini vom Schoß, der einen kurzen empörten Maunzer von sich gab, und setzte ihn sanft neben sich auf die Couch. Dann holte sie das Tagebuch ihrer Großtante vom Nachttisch im Schlafzimmer, ließ sich damit wieder neben den Kater plumpsen und schlug es an der Stelle auf, an der sie gestern das kleine Lesezeichen in Form einer Feder hineingesteckt hatte. Sie zog die Beine hoch, machte es sich im Schneidersitz bequem und begann zu lesen.

10. Mai 1954

Endlich finde ich Zeit, ein paar Gedanken zu Papier zu bringen. Henri ist so ganz anders als die Männer, mit denen ich bisher ausgegangen bin. Von der ersten Sekunde an habe ich eine besondere Verbindung zwischen uns gespürt, die schwer mit Worten zu beschreiben ist. Ich kenne ihn erst seit zwei Wochen, aber wir haben uns schon einige Male getroffen. Ich habe das Gefühl, bei ihm kein Blatt vor den Mund nehmen zu müssen, kann mit ihm reden, wie mit einer Freundin. Er geht auf mich ein, zeigt Interesse an mir und meinen unkonventionellen Ansichten und ist sogar oft mit mir einer Meinung. Genau wie ich kann er nichts mit dem traditionellen Frauenbild unserer Zeit anfangen und ist für die Gleichberechtigung. Ich habe noch nie einen

Mann getroffen, der so denkt. Er findet es auch gut, dass ich als Dekorateurin auf eigenen Beinen stehe und mir damit meinen Traum erfüllt habe. Ein bisschen stolz war ich schon, als ich ihm davon erzählt habe, dass man mir beim Umgestalten der Schaufenster freie Hand lässt. Dabei hat er mich so seltsam angesehen – anerkennend und doch mit einem kleinen wissenden Lächeln auf den Lippen. Ich habe mich wertgeschätzt gefühlt. Diese Empfindung hat bisher noch nie ein Mann bei mir ausgelöst. Ich mag es, mit wie viel Leidenschaft er von seinem Beruf als Schreiner erzählt. Die Arbeit mit Holz scheint ihn zu erfüllen. Seit er ein kleiner Junge ist, schnitzt er Figuren aus Holz. Aber das Allerbeste ist: Wir haben denselben Humor, und er bringt mich ständig zum Lachen. Manchmal muss ich ihn nur ansehen, und ich weiß, dass er das Gleiche denkt wie ich. Ich bin so unheimlich gerne in seiner Gesellschaft. Er schenkt mir besondere Momente, und alles an ihm ist wunderbar. Seine Stimme ist tief, und seine Lippen sehen aus, als wäre in seinen Mundwinkeln immer ein kleines Lächeln verborgen, das er für besondere Augenblicke bereithält. Seit ich ihn kenne, scheint die Sonne heller, singen die Vögel fröhlicher und begegnen mir die Menschen mit mehr Freundlichkeit. Ich kann nicht klar denken, wenn er in meiner Nähe ist. Ich will, dass er mich berührt, so wie Liebende sich berühren. Doch langsam zweifle ich, ob er die gleichen Gefühle für mich hegt wie ich für ihn. Denn von Romantik ist da keine Spur. Im Nachhinein kommt es mir sogar so vor, als hätte er mich im Jerrys nur aus Mitleid zum Tanzen aufgefordert, weil sich alle gleich auf die hübsche Brigitte gestürzt haben und ich übriggeblieben

bin. Er hat nicht den Anschein gemacht, als wäre er wild aufs Tanzen gewesen, aber als ich in seine Richtung gesehen hab, hat er mir durch Gestik und Mimik zu verstehen gegeben, dass wir beide tanzen sollten. Das war ein feiner Zug von ihm, dadurch habe ich mich in dem Moment nicht so schlecht gefühlt. Bisher hat er keinen Versuch gestartet, mir nahezukommen, geschweige denn mich zu küssen. Dabei hätte er neulich im Kino Gelegenheit dazu gehabt. Aber er hatte nur Augen für Audrey Hepburn, was ich natürlich durchaus verstehen kann, denn in ›Sabrina‹ war sie wirklich wieder bezaubernd. An einer Stelle hat er meine Hand genommen, und mein Puls ist erwartungsvoll in die Höhe geschossen, doch er hat sie nur kurz gedrückt und dann wieder losgelassen. Findet er mich vielleicht nicht attraktiv? Dass es so sein könnte, macht mir wirklich zu schaffen, dabei spüre ich doch, dass er der Richtige für mich ist. Ihm will ich mein Herz öffnen und sonst keinem.
Ich habe den Eindruck, es wird Zeit, dem Schicksal einen Schubs in die richtige Richtung zu geben. Und ich weiß auch schon wie.

Irma blickte auf. Ellie hatte vom ersten Moment an gewusst, dass Henri der Richtige für sie war. Das musste ein wundervolles Gefühl sein. Herr Leonard kam ihr in den Sinn. Seufzend schloss sie das Tagebuch und legte es auf dem Couchtisch ab. Ihr Verhalten ihm gegenüber war ihr jetzt noch peinlich. Erst hatte sie den Mund nicht aufbekommen und dann irgendwelche belanglosen Bemerkungen von sich gegeben. Vielleicht lag es auch daran, dass er so gebildet und kultiviert wirkte und sie Angst hatte, sich vor ihm zu blamieren. Das war natürlich völliger Quatsch, schließlich war sie nicht dumm und ständig mit Menschen unterschiedlicher Bildungsschichten in Kontakt.

Irma wusste nur eins – sie wollte ihn wiedersehen. Nach ihrem Pech mit Männern hätte sie nicht damit gerechnet, dass sie noch einmal jemandem begegnen würde, der sofort ihr Herz höherschlagen ließ.

5

Am nächsten Morgen wurde Irma durch ein eindringliches Maunzen geweckt. Als sie die Lider aufschlug, fand sie sich Auge in Auge mit Houdini wieder. Mit seinen Pfoten auf ihrer Brust demonstrierte er in aller Deutlichkeit seinen Unmut darüber, dass sie um diese Zeit noch faul im Bett herumlungerte, während er vor Hunger beinah umkam. Die langen Schnurrbarthaare zitterten vor Empörung, und seine Pupillen waren auf Stecknadelgröße geschrumpft.

Irma warf einen Blick auf ihren Wecker und stöhnte. »Es ist erst halb sechs! Ich hätte noch eine halbe Stunde schlafen können, du kleiner Terrorist!«

Ein schriller Klagelaut war die Antwort.

Gratuliere, Irma, so sieht also in Zukunft dein täglicher Trott aus! Ausschlafen war ab sofort gestrichen. Aber das hatte sie sich selbst eingebrockt, jetzt musste sie die Suppe auch allein auslöffeln.

Sanft schob sie den Kater beiseite. »An diese Art des Weckens muss ich mich wohl erst noch gewöhnen«, sagte sie und tätschelte sein Köpfchen.

Widerwillig erhob sie sich aus ihrem Bett und schlüpfte in ihre Pantoffeln. Kurz riskierte sie einen Blick durch den Spalt des Vorhangs. Draußen war es noch stockduster, nur die Straßenbeleuchtung warf ihr fahles Licht auf den schneebedeckten Bürgersteig.

Gähnend schlurfte sie durch den Flur in die Küche, Houdini folgte ihr.

Nachdem sie seinen Napf mit Katzenfutter gefüllt und ihm frisches Wasser gegeben hatte, bereitete sie sich einen Schwarztee zu.

Nach einer halben Tasse Assam mit Milch und Honig kam endlich Leben in Irma. Eigentlich passte es ihr ganz gut, so früh wach zu sein, denn sie hatte heute noch einiges zu erledigen. Bevor sie den Laden öffnete, wollte sie noch den Christstollen in den Ofen schieben. Der war letztes Jahr so gut angekommen, dass einige Kunden schon danach gefragt hatten.

Nachdem sie geduscht und sich angezogen hatte, schnappte sie sich die Decke vom Sofa, klemmte sich Houdini unter den Arm und lief hinunter in den Laden. Es gab einen Seiteneingang vom Treppenhaus aus, der direkt in die Küche führte.

Widerspruchslos rollte sich der Kater auf der Decke ein, die Irma ihm vor dem Fenster zurechtgelegt hatte, und kniff zufrieden die Augen zusammen, während Irma den Christstollenteig, den sie gestern Abend schon vorbereitet hatte, in Form brachte. Ihre Anwesenheit schien ihm zu genügen.

Den Etagenbackofen hatte sie von ihrem Vorgänger übernommen, der eine kleine Bäckerei betrieben hatte, und auch wenn er jetzt bereits einige Jahre auf dem Buckel hatte, erwies er ihr noch immer gute Dienste.

Als der Stollen im Ofen war, ging Irma rüber in den Verkaufsraum, schaltete überall das Licht ein und zündete die Kerzen an.

Nur ein paar Minuten später kam Houdini hinterhergetrottet. Offenbar suchte er ihre Nähe – ein gutes Zeichen!

Nachdem er eine Schnupperrunde gedreht hatte, schwänzelte er zum Eingang und lief von da aus direkt ins Schaufenster.

»Hey, das geht aber nicht!«, rief Irma aufgebracht.

Doch Houdini ließ sich nicht aufhalten. Geschickt wie ein Seiltänzer bahnte er sich einen Weg zwischen den Feinkostgläschen hindurch, vorbei an Wein- und Olivenölflaschen, über Hartwürste und Schokoladentafeln.

Geschwind eilte Irma ihm hinterher und wollte ihn herausheben, doch er quetschte sich so in die hinterste Ecke, dass sie ihn nicht erreichen konnte, ohne das halbe Schaufenster abzubauen. »Na, das kann ja heiter werden mit dir!« Irma bedachte den Kater mit einem finsteren Blick, aber den kümmerte das wenig. Stattdessen präsentierte er ihr sein ausladendes Hinterteil.

Irma schüttelte resigniert den Kopf. Wie es aussah, würde sie alle Lebensmittel aus dem Schaufenster entfernen müssen. Nicht, dass ihr die Aufsichtsbehörde noch aufs Dach stieg, weil sie gegen die Hygieneordnung verstieß. Normalerweise waren Tiere nämlich in einem Lebensmittelladen nicht erlaubt. Eigentlich sollte sie Houdini in dem kleinen Büro neben der Küche unterbringen, aber darin einsperren konnte sie ihn ja nun auch nicht. Sie musste eine andere Lösung finden. Aber darüber würde sie sich später den Kopf zerbrechen. Schnell schob sie den unschönen Gedanken beiseite und machte sich wieder an die Arbeit.

Wenig später zog ein herrlicher Duft nach Frischgebackenem in den Laden, und Irma ging rüber in die Küche, um die nächste Ladung Stollen in den Ofen zu schieben.

Als sie die abgekühlten Laibe mit Puderzucker bestäubte, hörte sie auf einmal ein merkwürdiges Brummen. Irma runzelte die Stirn und sah sich um. Das Geräusch kam direkt aus dem Ofen und wurde jetzt sogar noch lauter. Verdammt, dass der Ofen kaputtging, hatte ihr gerade noch gefehlt! Ohne den Extragewinn, der ihr durch die kleinen selbsthergestellten Leckereien entstand, würde eine nicht unerhebliche Summe wegfallen, die sie sich jeden Monat dazuverdiente. Und einen neuen Ofen konnte sie sich nicht leisten, jedenfalls nicht, ohne auf ihre Rücklagen zurückzugreifen.

Mittlerweile hatte sich das Brummen in ein unheilvolles Dröhnen verwandelt, das immer mehr an Lautstärke gewann, so als wollte der Ofen gleich abheben.

Verzweifelt schlug Irma die Hände über dem Kopf zusammen. Sie stand kurz davor, sich die Haare zu raufen, doch dann besann sie sich eines Besseren. Es brachte sie jetzt auch nicht weiter, die Nerven zu verlieren. Sie musste handeln. Und zwar sofort.

Rasch stellte sie den Ofen aus und zog sich die Backhandschuhe über. Mit einem Ruck öffnete sie die Ofentür. Ein Schwall heißer Luft schlug ihr entgegen und ließ sie kurz zurückweichen. Während sie sich eine verirrte Haarsträhne aus dem Gesicht pustete, zog sie das erste Blech aus dem Ofen, donnerte es auf die Küchenarbeitsplatte aus Edelstahl und holte dann die beiden anderen ebenfalls heraus.

Fahrig streifte Irma die Handschuhe ab und warf sie wütend auf die Ablagefläche. Mit der Hand strich sie sich die widerspenstige Strähne aus der verschwitzten Stirn und suchte angestrengt nach einer Lösung für das Problem.

Alleine würde sie hier nicht weiterkommen. Ihr fiel nur einer ein, der ihr jetzt helfen konnte.

Eilig lief sie durch den Verkaufsraum und sah durch die verglaste Eingangstür hinaus.

Gott sei Dank! Gökhan war schon da und gerade dabei, den Rollladen vor seinem Geschäft hochzuziehen.

Irma schloss die Tür auf. Kälte hüllte sie augenblicklich

ein. Aber das war jetzt egal. Nur mit Rock, Bluse und Schürze bekleidet, lief sie über die verschneite Straße, die ein Streufahrzeug schon mit Salz präpariert hatte.

»Gökhan, mein Ofen macht furchtbare Geräusche. Könntest du ihn dir mal ansehen?« Völlig außer Atem kam sie vor ihm zum Stehen.

Er wandte sich gemächlich um. Ein Blick aus freundlichen braunen Augen traf sie. Wie gewöhnlich strömte ihm Gelassenheit aus jeder einzelnen Pore. Langsam nickte er und fuhr sich mit der Hand über seinen graumelierten Vollbart. »Na klar, ich komm direkt mit und schau mir den mal an.«

Auf Gökhan war immer Verlass. Er betrieb mit seinen beiden volljährigen Söhnen einen kleinen Getränkemarkt. Stets freundlich und hilfsbereit hatte er Irma schon einige Male aus der Patsche geholfen. Er schleppte ihr die Wasserkästen nach oben in die Wohnung und reparierte ihr alles, was nicht niet- und nagelfest war. Im Gegenzug versorgte Irma ihn regelmäßig mit selbstgemachten Köstlichkeiten.

Ohne seine Fertigkeit in Frage stellen zu wollen, war Irma sich aber nicht sicher, ob er ihr auch diesmal aus der Klemme helfen konnte und den alten Ofen wieder hinbekam.

Forschen Schrittes lief Gökhan voran.

Irmas Gedanken liefen auf Hochtouren. Vor ihrem inneren Auge sah sie Gökhan schon betreten den Kopf schütteln und sagen, dass da nichts mehr zu machen sei. Aber das wäre eine Katastrophe. So ein professioneller Ofen war teuer, und sie würde an ihre Rücklagen gehen müssen, die sie nur im äußersten Notfall anrühren wollte. Allerdings – das hier war ein Notfall!

»Wenn das Ding kaputt ist, kann ich dich nicht mehr mit Gebäck versorgen«, ließ Irma ihn wissen. Es konnte ja nicht schaden, diesen Aspekt zur Sprache zu bringen. Vielleicht spornte ihn das an, sich noch mehr ins Zeug zu legen, als er es sowieso schon tat.

»Keine Angst, Irma, auch wenn das nicht der Fall wäre, würde ich mir Mühe geben.« Gökhan zwinkerte ihr zu.

Irma musste grinsen, er hatte sie durchschaut.

Mit hochkonzentrierter Miene besah er sich das Innere des Ofens und kratzte sich dabei an seinem krausen Haarschopf. »Kann nur am Abluftgebläse liegen«, murmelte er mehr zu sich selbst.

»Und, lässt sich da noch was machen?«, fragte Irma mit zittriger Stimme und flatterndem Herzen.

Gökhan sah sie an. Ein kleines Lächeln zupfte an seinen Mundwinkeln. »Was glaubst du?«

Ehe Irma darauf antworten konnte, war er schon auf dem Weg zum Sicherungskasten, der sich im Abstellraum befand, öffnete das Türchen und drehte die Sicherung raus. »Bin gleich wieder da«, sagte er dann und verließ den Laden.

Nur kurze Zeit später kam er mit einem Werkzeugkasten in der Hand zurück und machte sich direkt ans Werk.

Irma wich nicht von seiner Seite und beobachtete jeden seiner Handgriffe mit angstvoller Miene.

Gökhan hantierte eine Weile mit einem Schraubenzieher am Ventilator herum, bis er nach einem Lappen verlangte. »Kriegen wir schon wieder hin«, sagte er beschwichtigend, als Irmas verzweifelter Blick ihn traf.

Gleich darauf klingelte ihr Smartphone, das auf der Küchenanrichte lag.

Es war Wilma. »Die Umzugsfirma für den Abtransport der Kisten hat gerade abgesagt«, fiel sie gleich mit der Tür ins Haus. Die Verärgerung in ihrer Stimme war kaum zu überhören. »Nun haben wir den Salat! Bevor die nicht weg sind, braucht die Räumungsfirma erst gar nicht zu kommen, um die Möbel abzuholen. Die ganze Wohnung ist zugestellt, und morgen muss sie dem Vermieter besenrein übergeben werden.«

Irma runzelte die Stirn und seufzte. Wieder ein Problem, das es zu bewältigen galt. »Aber sie können doch nicht einfach so absagen!«

»Können sie. Der Umzugswagen war in einen Verkehrsunfall verwickelt und muss jetzt erst mal in die Werkstatt. Und die anderen Wagen der Firma sind alle anderweitig im Einsatz.«

Irma überlegte. Obwohl ihr gerade der Kopf rauchte und sie selbst in Schwierigkeiten steckte, sah sie ein, dass eine Lösung hermusste, bis das Entrümplungsunternehmen am Nachmittag kam. Wilma und sie konnten unmöglich die schweren Kisten die Treppen hinunterschleppen. Nachdenklich kaute sie auf ihrer Unterlippe, ihr Blick schweifte zu Gökhan. In dem Moment kam ihr eine Idee.

»Bleib ruhig, Oma, ich kümmere mich drum und melde mich dann bei dir.« Mit diesen Worten beendete sie das Gespräch.

»Mach mir mal einen Kaffee«, sagte Gökhan, als Irma ihm mit in die Hüften gestützten Händen über die Schulter schaute.

Schmunzelnd tat Irma wie ihr geheißen. Gökhan hatte es wohl nicht so gerne, wenn man ihm bei der Arbeit auf die Finger sah. Verständlich – wer mochte das schon? Im Vorübergehen warf Irma einen Blick ins Schaufenster. Alles wie gehabt. Houdini lümmelte immer noch in der Auslage. Drei Passanten blieben stehen und amüsierten sich über das Bild, das der Kater bot.

Houdini hat sich also bereits seinen Stammplatz auserkoren, dachte Irma. Nicht mehr lange und er hätte einen ganzen Fanclub. Wenn er dadurch die Aufmerksamkeit der Passanten auf den Laden lenkte und ein paar potenzielle Käufer hineinlockte, konnte es ihr nur recht sein. Die Delikatessen hatte sie schweren Herzens aus dem Schaufenster geräumt und woanders untergebracht. Und wenn jemand von der Aufsichtsbehörde kam und Houdini entdeckte, würde ihr schon etwas einfallen. So was wie: *O Schreck, die Katze ist aus dem Büro entwischt, wird nie wieder vorkommen*, oder so ähnlich.

Als Irma mit einer dampfenden Tasse Kaffee in die Küche zurückkehrte, wischte Gökhan sich gerade die Hände am Lappen sauber.

»Nichts mehr zu machen?«, fragte Irma mit angstvollem Timbre in der Stimme und biss sich auf die Unterlippe. Es fehlte nicht mehr viel, und Tränen würden ihr in die Augen schießen, sie spürte schon das verräterische Kribbeln in der Nase.

Gökhan bedachte sie mit einem schwer zu deutenden Blick, bevor sich ein breites Lächeln auf sein Gesicht legte. »Nee, erledigt.«

Irma sah ihn verwundert an.

»Musste nur die Schraube des Ventilators nachziehen und den Flügel reinigen, jetzt läuft er wieder wie geschmiert.«

Kurz verschwand er, um die Sicherung wieder reinzudrehen, dann schloss er die Ofentür und schaltete den Ofen an. »Hör doch selbst, der Motor schnurrt wieder wie ein Kätzchen.«

Irma schürzte nachdenklich die Lippen. »Na ja, wie ein Kätzchen vielleicht nicht, eher wie ein asthmakranker Puma, aber auf jeden Fall nicht mehr unheilvoll.«

Gökhan stieß ein trockenes Lachen aus und gab ihr einen freundschaftlichen Klaps auf die Schulter.

Den Tränen nahe, presste Irma die Lippen aufeinander und sah ihrem hilfsbereiten Nachbarn in die Augen. Sie konnte gar nicht in Worte fassen, wie dankbar sie ihm war. Ohne nachzudenken, fiel sie ihm vor Erleichterung um den Hals und wollte ihn gar nicht mehr loslassen.

»Schon gut.« Gökhan schob sie ein Stück von sich. »Hab ich doch gerne gemacht.«

»Weiß gar nicht, wie ich dir danken soll.«

Der Getränkehändler linste auf die Stollen und grinste vielsagend.

Irma lachte leise. »Den hast du dir redlich verdient. Zur Feier des Tages bekommst du sogar zwei. Erst hab ich aber noch ein Attentat auf dich vor.«

»Oh, bitte nicht!« Gökhan krümmte sich, als hätte ihn eine Pistolenkugel im Bauch getroffen und entlockte Irma dadurch ein Kichern.

»Meinst du, du könntest deine Jungs gegen Mittag für eine Stunde entbehren? Sie könnten sich etwas dazuverdienen.«

»Na klar, das machen sie doch gerne. Um was geht's?«

Nachdem sie Gökhan in kurzen Worten erklärt hatte, was zu tun war, zog er sofort sein Handy aus seiner Jackentasche und rief einen seiner Söhne an. Ein für Irma unverständlicher Schwall türkischer Worte kam über seine Lippen, ehe er ihr bestätigend zunickte.

»Wir können mit meinem Auto fahren, da passt einiges rein«, sagte Irma, damit Gökhan das an seinen Sohn weitergeben konnte. »Gegen zwölf geht's los.«

Als Gökhan das Gespräch beendet hatte, bat Irma ihn, kurz zu warten, damit sie zwei Stollen für ihn einpacken konnte.

Erfreut nahm er sie entgegen. »Hab noch einen schönen Tag, Irma. Und wenn du wieder Hilfe brauchst – jederzeit!«

Mit ihrem Handy am Ohr sah Irma ihm nach, als er aus der Tür ging und die Straße überquerte.

Nur einmal klingelte es, dann wurde ihr Anruf schon entgegengenommen. »Was gibt's?« Wilmas Stimme war an Verdrießlichkeit kaum mehr zu überbieten, wie immer, wenn sie mit einer Situation überfordert war.

»Hallo, Oma, ich hab jemanden für den Abtransport der Kisten organisiert«, erklärte Irma ohne Umschweife.

»Wirklich? So schnell? Das ist ja wunderbar!« Der gereizte Unterton war auf einmal wie weggeblasen.

»Ja, hat sich gerade so ergeben. Ich komme um Viertel nach zwölf und bringe zwei Jungs mit.«

Nachdem Irma aufgelegt hatte, zupfte ein Lächeln an ihren Lippen. Wenn sie Glück hatte und das Schicksal es gut mit ihr meinte, würde sie Herrn Leonard heute noch mal über den Weg laufen.

Und wenn nicht? Dann musste sie dem Schicksal eben einen kleinen Schubs geben und einen Vorwand suchen, um bei ihm zu klingeln.

6

Am Vormittag brummte der Laden. Zu Irmas Bedauern war so viel los, dass sie gar keine Zeit hatte, um mit Herrn Petersen ein Pläuschchen zu halten.

Frau Berger, eine ihrer Stammkundinnen, kam, um ihren Marmeladenbestand aufzustocken. Ein junger Mann benötigte Irmas Beratung bezüglich französischer Weine und kaufte dann gleich eine ganze Kiste Beaujolais sowie zwei Flaschen selbstgemachten Eierpunsch. Ein Pärchen trank am Stehtisch Espresso, während Herr Petersen seinen Kakao genoss und dabei verträumt aus dem Fenster sah. Alles nahm seinen geregelten Gang, bis vier Mütter mit ihren Kinderwagen einfielen. Von da an war das Chaos perfekt. Während die anderen Kunden eilig den Laden verließen, probierten sich die Mütter durch Irmas Pastetensortiment, derweil ihr Nachwuchs laut schreiend um Aufmerksamkeit rang.

Doch Irma ließ sich nicht aus der Ruhe bringen und bediente die Kundinnen höflich und zuvorkommend.

Als sie das nächste Mal aufblickte, stand Paul vor ihr. Der hatte ihr gerade noch gefehlt.

Irmas Gesicht sprach offenbar Bände, denn er hob nur entschuldigend die Schultern. »Was denn? Heute ist mein freier Tag, da muss ich doch wenigstens kurz bei dir vorbeischauen.« Es klang wie eine nicht ernstgemeinte Rechtfertigung.

»Und wieso, wenn ich fragen darf?«

Paul grinste breit. »Ganz einfach. Weil ich dich mag.« Er griff in das Bonbonglas, das auf dem Tresen stand, und fischte eine Handvoll Gummibärchen heraus, die Irma selbst hergestellt und ausschließlich für Kinder vorgesehen hatte.

Jetzt warf er eins davon in die Luft und fing es gekonnt mit dem Mund auf.

Irma rollte mit den Augen und folgte dann seinem suchenden Blick, der durch den Raum wanderte. »Wo ist denn das Tannenbäumchen?«

Ach du meine Güte! Ihr Brustkorb verengte sich. Mit zusammengepressten Lippen suchte sie krampfhaft nach einer passenden Ausrede. Dabei hatte sie das Bäumchen noch gar nicht entsorgt. Das hatte sie dann doch nicht übers Herz gebracht. Vielleicht gab es ja wirklich jemanden mit Geschmacksverirrung, der damit etwas anzufangen wusste und sich darüber freute. Jetzt würde es erst mal hinten in der Abstellkammer einstauben, bis sich ein Abnehmer fand, der es mehr zu schätzen wusste als sie. »Also, es ist so …«

»Gib es zu, das Bäumchen hat dir so gut gefallen, dass du es lieber in deine Wohnung stellen wolltest. Hab ich recht?«

»Äh, nein.« Machte er sich jetzt etwa wieder lustig über sie? »Houdini hat damit gespielt und es runtergeworfen. Da habe ich es erst mal aus dem Verkehr gezogen.« Das war doch mal eine plausible Ausrede, die sich hören lassen konnte.

»Houdini?« Paul schnaubte amüsiert. »Wer soll das sein?«

»Mein neuer Mitarbeiter. Er lockt die Passanten in den Laden, und ich verkaufe ihnen was.« Mit einem Kopfnicken wies sie zum Schaufenster, in dem der Kater seit dem Morgen vor sich hindöste.

»Du meinst den da?« Paul zeigte auf Houdini und lachte auf. »Gefällt mir. Aber wo kommt der denn so plötzlich her?«

»Gehörte meiner Großtante. Ich habe ihn zu mir genommen.«

Paul nickte und hob die Hand, um ihr einen Daumen-Hoch zu zeigen. »Wir beide könnten doch mal nach Feierabend zusammen über den Weihnachtsmarkt schlendern und ein oder zwei Glühwein trinken. Was meinst du?« Die beiläufige Art, wie er das sagte, brachte Irma zum Schmunzeln, sie konnte nichts dagegen tun. *Das war ja mal ein Themenwechsel, der an Gewandtheit nicht zu überbieten war*, dachte sie in einem Anflug von Ironie.

Den Ellbogen lässig auf die Vitrine gestützt, blickte Paul sie abwartend an.

Irma räusperte sich. Wenn nicht jetzt, wann dann? Gesas Worte noch im Ohr, lehnte sie sich über den Verkaufstresen und sagte mit gesenkter Stimme: »Hör zu, Paul, sei mir nicht böse, aber wenn du beabsichtigst, mich näher kennenzulernen ... Daraus wird nichts.« So, nun war es raus. Jetzt würde sie ihn endlich los sein.

»Warum? Bist du schon vergeben? Dachte immer, du bist Single.«

Irma sah ihn wortlos an und hob die rechte Augenbraue. Das sollte als Antwort genügen. Was ging es ihn auch an? Sie musste ihm keine Antwort, geschweige denn eine Begründung für ihre Abfuhr liefern.

Doch Paul ließ nicht locker und bohrte munter weiter. »Dann hast du mit jemanden was zu laufen, aber es ist nichts Ernstes?«

»Nein.« Irma stöhnte überfordert auf. »Ja. ... Also doch.«

Paul hob eine Augenbraue. »Was denn nun?«

Wie konnte man nur so penetrant sein? »Es geht dich nichts an.«

Paul nickte, senkte den Blick und wirkte für einen Augenblick ehrlich geknickt.

Sofort streifte Irma der Hauch eines schlechten Gewissens. »Du bist eine Nervensäge«, fügte sie deshalb in einem fast schon liebevollen Ton hinzu.

»Darf ich trotzdem ab und zu vorbeikommen?« Jetzt hatte er wieder dieses neckische Funkeln in den Augen, worauf meist irgendeine Provokation folgte.

»Meinetwegen«, sagte sie. »Wenn du sonst keinen findest, dem du den letzten Nerv rauben kannst.«

Als hätte ihm Irma gerade ein Kompliment gemacht, strahlte Paul jetzt übers ganze Gesicht.

Irma seufzte leise. Na wenigstens hatte sie heute schon mal einen Menschen glücklich gemacht.

❄ ❄ ❄

Eifrig und im rasanten Tempo schleppten Gökhans Söhne die Kisten die Treppen hinunter und luden sie in den Transporter, während Irma assistierte und Wilma die meiste Zeit im Weg stand. Wie gewöhnlich, wenn ihre Großmutter Bedenken hegte, es könnte nicht alles so klappen, wie sie es sich vorstellte, verhielt sie sich wie ein aufgescheuchtes Huhn. Doch ganz entgegen ihrer Befürchtungen verlief alles reibungslos und schneller als gedacht. Da sie noch einmal durchfegen wollte, fertigte sie die Jungs mit zwei Hunderteuroscheinen ab und verabschiedete sich von ihrer Enkelin.

Während die Umzugshelfer bereits im Wagen warteten, trat Irma im Hausflur unschlüssig von einem Bein aufs andere und überlegte krampfhaft, wie sie dem Schicksal auf die Sprünge helfen und mit Ellies charmantem Nachbarn noch mal in Kontakt treten konnte, ohne aufdringlich zu wirken. Bedauerlicherweise war der ihr nämlich nicht wie erhofft noch einmal über den Weg gelaufen.

Plötzlich hatte sie die zündende Idee.

Sie nahm all ihren Mut zusammen und ging forschen Schrittes auf seine Wohnungstür zu. Sie konnte nur hoffen, dass er um diese Zeit zu Hause war und nicht in der Uni.

Rasch strich sie sich ihre Haare hinters Ohr und räusperte sich, ehe sie mit flatterndem Herzen und weichen Knien auf den Klingelknopf drückte.

Die Tür wurde schwungvoll geöffnet, und Irmas Puls schoss augenblicklich in die Höhe. Erschrocken stieß sie die angehaltene Luft aus.

Herr Leonard wirkte einen Moment lang hocherfreut, doch dann änderte sich seine Miene. Seine Brauen schnellten hoch, und ein erstaunter Ausdruck trat in seine Augen.

Hat er jemand anderes erwartet? Doch wenn das der Fall war, ließ sich der Professor seine Enttäuschung nicht anmerken, sofort knipste er sein charmantes Lächeln wieder an. »Frau … Wie war noch mal Ihr Name?«

Irma ignorierte das plötzliche Ziehen in ihrem Magen geflissentlich. »Jansen.«

»Was verschafft mir denn die Ehre?«

Meine Güte, wirklich alles an ihm strahlte eine distinguierte Attraktivität aus. »Sie haben doch einen Zweitschlüssel für die Wohnung meiner verstorbenen Tante.«

Herr Leonard nickte.

»Den müssen wir morgen wieder dem Vermieter aushändigen.« Der Vorwand war Irma noch rechtzeitig eingefallen. Eigentlich wäre es ja die Aufgabe ihrer Oma gewesen, den Schlüssel einzufordern, aber so war sie ihr einfach nur zuvorgekommen und hatte ihr die Erledigung eines notwendigen To-dos abgenommen.

»Aber selbstverständlich. Das Schlüsselbund mit den drei Schlüsseln gebe ich Ihnen sofort zurück.« Der Professor verschwand in seine Wohnung.

Das Klimpern von Schlüsseln drang zu Irma nach draußen in den Hausflur. Sie konnte hören, wie Schubladen auf- und wieder zugezogen wurden. Es polterte. Schritte entfernten sich. Danach geschah gar nichts mehr.

Als Herr Leonard nach einer gefühlten Ewigkeit noch immer nicht wieder aufgetaucht war, wagte Irma einen Schritt in seine Wohnung. Sie schob die Tür auf. »Herr Leonard, alles in Ordnung bei Ihnen?« Den Hals gereckt linste sie in den Flur.

Jetzt kam er ihr entgegen. »Kommen Sie nur rein, Frau Jansen. Sie können mir suchen helfen, vielleicht haben Sie mehr Glück als ich.« Er grinste schief. »Das Schlüsselbund hing am Schlüsselbrett, doch jetzt finde ich es nicht mehr.« Er fuhr sich über den Hinterkopf und schenkte ihr ein entschuldigendes Lächeln. Diese Geste hatte etwas Jungenhaftes und ließ Irmas Herz schneller schlagen. Sie unterdrückte ein Schmunzeln. *Der zerstreute Professor also.* Irgendwie passte das nicht zu dem perfekten Bild, das sie sich von ihm gemacht hatte, aber irgendwie gefiel ihr gerade das. Jeder Mensch musste schließlich seine Ecken und Kanten haben. »Haben Sie schon in Ihren Hosentaschen nachgeschaut? Mir passiert es nämlich manchmal, dass ich meinen Schlüssel da drinnen vergesse und er dann in der Schmutzwäsche landet.«

Nachdenklich kratzte sich Herr Leonard über die Stoppeln seines Dreitagebarts. »Das klingt nach einer guten Idee, ich bin gleich wieder da.« Beim Gehen wandte er sich noch mal zu ihr um. »Vielleicht können Sie derweilen noch mal die Schubladen der Kommode durchgehen.«

»Also ehrlich gesagt …«, setzte Irma an, aber der Professor war schon den Flur hinunter verschwunden. »… wühle ich nicht gerne in fremden Sachen«, vervollständigte sie murmelnd den Satz. »Aber nur weil Sie es sind.«

Mit einem Schmunzeln machte Irma sich auf die Suche. In der ersten Schublade stapelten sich etliche Etuis von Designersonnenbrillen. Irma hob sie einzeln an und tastete den Boden darunter ab, wurde aber nicht fündig. Auch in der zweiten Schublade herrschte Ordnung, alles lag in Reih und Glied – eine Brieftasche, drei Packungen Batterien, zwei Taschenlampen und ein Schweizertaschenmesser. Doch auch hier stieß sie nirgendwo auf ein Schlüsselbund.

Seufzend sah Irma sich um. Am Schlüsselbrett neben den Garderobenhaken hingen ein Autoschlüssel und zwei Schlüsselbunde, die allerdings jeweils mehr als drei Schlüsseln hatten.

Der Professor war immer noch nicht zurück, offenbar besaß er sehr viele Hosen.

Irmas Blick fiel auf die Kommode. Darauf stand eine sexy Weihnachtsfrau aus Schokolade, und Irma musste grinsen. Bestimmt ein Geschenk. Wer kaufte sich so etwas schon selbst? Daneben lag ein kleiner Adventskalender, dessen Türen alle geöffnet und dessen schokoladiger Inhalt weggegessen war. Sonst wies hier im Flur nichts darauf hin, dass Weihnachten vor der Tür stand. Irma wunderte es nicht. Die wenigsten Männer, die sie kannte, hatten etwas für Weihnachtsdeko übrig.

Eine Schale mit Hustenbonbons befand sich ebenfalls auf der Kommode, sowie eine Handcreme und ein Bilderrahmen mit einem Foto von Herrn Leonard selbst. Darauf trug er einen Anzug mit weißem Hemd, hielt das Jackett salopp an einem Finger über der Schulter und lächelte entspannt.

Wie gut er doch aussah, ging es Irma erneut durch den Kopf.

Gerade als sie sich die Frage stellte, ob sie jemals auf die Idee kommen würde, ein Foto von sich selbst aufzustellen, kam er zurück.

»In den Hosentaschen ist leider nichts.« Herr Leonard zog eine bedauernde Miene. »Sie haben wohl auch nichts gefunden?« Er blickte erst Irma an, dann aufs Foto. Sein Gesicht verzog sich zu einem wissenden Lächeln.

Irma fühlte sich ertappt. »In den Schubladen war auch nichts«, beeilte sie sich deshalb zu sagen. Sie biss sich auf die Unterlippe und blickte noch einmal nachdenklich auf die Kommode. Da fiel ihr der Spalt zwischen Wand und Rückseite der Kommode auf, und sie trat zur Seite. »Fassen Sie mal mit an, wir rücken sie ein Stück nach vorne.«

Kaum hatten sie das Möbelstück angehoben, ertönte ein Klirren. Irma und Herr Leonard wechselten einen erstaunten Blick.

»Hier ist ja das gute Stück. Ihre Intuition ist Gold wert.« Der Professor bückte sich und hob das Schlüsselbund auf.

»Nur Erfahrungswerte, weiter nichts.« Irma spürte, wie unter seinem eindringlichen Blick Hitze in ihr aufstieg. Lächelnd nahm sie ihm den Schlüssel aus der Hand.

»Nach dieser Aktion haben wir uns aber einen Kaffee verdient, finden Sie nicht?« Galant machte er eine einladende Geste den Flur hinunter.

Gerade als Irma freudig einwilligen wollte, fielen ihr siedend heiß Gökhans Söhne unten im Transporter ein. Obwohl sie nichts lieber getan hätte, als noch ein wenig Zeit mit Herrn Leonard zu verbringen, musste sie sich jetzt verabschieden. »Ein andermal gerne, aber ich kann die Jungs, die uns die Kisten rausgeschleppt haben, nicht länger warten lassen«, sagte sie mit tiefstem Bedauern im Herzen und seufzte schwer. *Das war's dann wohl.* Sie würde ihn nie wiedersehen.

Einen Moment lang zögerte Irma noch und sah ihn an.

Nun sag schon was. Irgendwas, um die unangenehme Stille zu durchbrechen.

Doch der Professor kam ihr zuvor. »Mögen Sie Rilke?« Interessiert legte er den Kopf schräg.

Irmas Herz verpasste ein paar Schläge. »Sie meinen den Dichter?«

»Genau. Ich veranstalte an jedem Mittwoch einen Gedichtabend bei mir zu Hause. Wenn Sie Interesse haben, dann sind Sie herzlich eingeladen.«

»Gerne, ich liebe Gedichte.« Das war schlichtweg gelogen. Gedichte waren für Irma in etwa so spannend wie die Betriebsanleitung eines Toasters. Aber dass sie bisher noch keinen Zugang zu Lyrik gefunden hatte, bedeutete ja nicht, dass das nicht noch kommen konnte. Vielleicht eröffneten sich ihr ja ganz neue Welten durch den Professor. Außerdem konnte sie die Gelegenheit, ihn noch einmal zu treffen, auf keinen Fall ziehen lassen. Lieber würde sie einen todlangweiligen Abend verbringen, als diesen Mann nie wiederzusehen.

Verlegen räusperte sie sich. »Wann soll ich da sein?«, fragte sie schnell, ehe er noch auf die Idee kam, sich nach ihrem Lieblingsgedicht zu erkundigen.

»Gegen acht Uhr.«

»Soll ich etwas zu essen mitbringen?«

Er lachte auf. »Nur wenn Sie mögen, ist aber nicht nötig. Es soll ja nicht ums Essen, sondern um die Dichtkunst gehen.«

Irma nickte und spürte, wie ihre Wangen glühten. »Na klar. Muss jeder ein Gedicht vortragen?«

»Es wird keiner dazu gezwungen, aber es ist allgemein erwünscht, dass jeder einmal etwas rezitiert.«

Bei dem Gedanken spürte Irma ein nervöses Flattern in der Magengegend. Schon in der Schulzeit war es ihr ein Gräuel gewesen, vor der Klasse zu stehen und ein Referat zu halten. Abgesehen davon, hatte sie keine Ahnung von Dichtkunst und wusste auch gar nicht, welches Gedicht sie aussuchen sollte.

»Machen Sie sich keine Sorgen, das wird schon. Ich heiße übrigens Fred, wir nennen uns alle beim Vornamen.« Lächelnd reichte er ihr die Hand.

»Irma. Aber das wissen Sie … ähm, weißt du ja schon.«

»Dann hätten wir das also auch geklärt.« Fred schob die Hände in seine Hosentaschen, wippte lächelnd mit den Füßen vor und zurück.

Irma nickte und erwiderte sein Lächeln. *Diese blauen Augen.* Ehe sie sich's versah, verlor sie sich in ihnen. Irma war hin und weg, vergaß völlig, dass sie es eigentlich eilig hatte.

Fred hob belustigt die Augenbrauen, und dann fiel Irma es wieder ein. »Ja, dann gehe ich jetzt wohl mal.« Sie wirbelte so schnell herum, dass ihr die Haare ins Gesicht flogen. »Bis Mittwochabend«, sagte sie, ohne sich noch einmal umzudrehen, denn sie spürte die Schamesröte im Gesicht.

Schon war die Wohnungstür hinter Irma ins Schloss gefallen.

Sie konnte nur hoffen, dass das mit dem Gedichtabend nicht völlig in die Hose ging.

Rasch lief sie zu Ellies Wohnungstür und drückte auf den Klingelknopf.

Wilma öffnete erst nach einer ganzen Weile und sah sie verwirrt an.

Irma hielt das Schlüsselbund in die Höhe. »Hier, jetzt

kannst du noch einen Punkt auf deiner Liste abhaken. Ich hab schon vorgearbeitet.«

Langsam wanderte der Blick ihrer Großmutter hinüber zur Wohnung von Herrn Leonard und dann wieder zurück zu Irma. »Dafür hast du aber ganz schön lange gebraucht.« Sie grinste wissend.

»Ich dachte, ich tue dir einen Gefallen!« Irma war jetzt die Empörung in Person.

»Denkst du etwa, deine alte Oma ist blöd und hat nicht gemerkt, wie du ihn gestern angehimmelt hast?« Wilmas Stimme war in den Flüstermodus verfallen.

Was für eine blödsinnige Idee, Wilma etwas vormachen zu wollen. Irma seufzte innerlich und hob verlegen einen Mundwinkel. »War das so eindeutig?«

»Für mich schon. Wäre ich in deinem Alter, hätte ich mir auch etwas einfallen lassen, um ihn wiederzusehen. Also erzähl, gibt es irgendetwas, was ich wissen muss?«

Irma zuckte mit den Schultern. »Er hat mich am Mittwoch zu einem Gedichtabend eingeladen.«

Wilma verzog anerkennend das Gesicht. »Das ist doch schon mal ein Anfang, mein Kind.«

»Wir werden sehen. Ich nehme mal an, dass ich nicht die Einzige bin, aber wenigstens kann ich ihn so näher kennenlernen.«

Wilma tätschelte ihre Wange. »Das wird schon. So eine tolle Frau wie du hat auch einen tollen Mann verdient.«

❄ ❄ ❄

Der restliche Tag verlief ruhig und unauffällig. Die Straßenlaterne vor Irmas Laden leuchtete mit warmem Schein, als sie die Tür von innen zuschloss. Dicke Schneeflocken rieselten vom Himmel und bedeckten den Bürgersteig.

Lea kam Hand in Hand mit ihrem Freund Oskar am Laden vorbei. Oskar stahl ihr einen Kuss, und Lea kicherte. Jeder, der Augen im Kopf hatte, konnte sehen, wie verrückt die beiden nacheinander waren. Beinah jeden Tag holte Oskar seine Freundin von der Arbeit ab. Ein eindeutiges Zeichen, dass er sich um sie sorgte und so viel Zeit wie möglich mit ihr verbringen wollte.

Was für Glückspilze die beiden sind, dass sie sich gefunden haben, dachte Irma in einem Anflug von Wehmut und seufzte tief. *Wenn ich doch auch nur so ein Glück hätte.*

Houdini hielt noch immer die Stellung im Schaufenster. Offenbar nahm er seine neue Aufgabe sehr ernst.

Schmunzelnd raschelte Irma mit der Leckerli-Tüte, um ihn hervorzulocken. Abgesehen von seinem kurzen Abstecher in die Küche, wo sein Futternapf stand, hatte er das Schaufenster nicht verlassen und die Zeit damit verbracht, vor sich hinzudösen, mit den Papiersternen zu spielen oder sich von Passanten bewundern zu lassen. Irma hatte sich bereits mit dem Gedanken angefreundet, dass man von jetzt an Houdini mehr Aufmerksamkeit zollen würde als ihren Delikatessen. Die Beachtung, die er brauchte, bekam er, und Irma freute sich, dass er sich so schnell eingewöhnt hatte und sich wohl fühlte.

In ihrer Wohnung angekommen, bürstete sie lang und ausgiebig sein Fell, was er mit lautem Schnurren quittierte. Danach nahm sie wieder Ellies Tagebuch zur Hand und setzte sich mit einer Tasse Pfefferminztee auf die Couch.

19. Mai 1954

Ich bin überglücklich! Als ich Henri vorgeschlagen habe, einen Abend für ihn zu kochen, hat er sofort eingewilligt. Endlich kann ich das Rezept von der alten

Hella ausprobieren. Ich glaube fest daran, dass es funktioniert, denn meine Gedanken sind auf nichts anderes gerichtet. Hella hat immer gesagt, man muss nur daran glauben, dass das, was man sich wünscht, wahr werden wird, denn sowohl Worten als auch Gedanken würden eine große Macht innewohnen. Ich habe alles genau geplant. Ich werde meine Energien nach dem Mondzyklus ausrichten, um die Wirksamkeit und die Kraft des Zaubers zu erhöhen. In ein paar Tagen ist zunehmender Mond, und ich werde viele Kerzen aufstellen, um die Zauberkraft noch zu verstärken, das hat Hella auch immer so gemacht. Ich hoffe nur, dass ich alle Zutaten bekomme. Von manchen Kräutern habe ich nämlich noch nie gehört. Aber ich bin dennoch voller Zuversicht, endlich Henris Herz zu gewinnen. Wenn ich an ihn denke, meldet sich sofort die Sehnsucht mit einem ziehenden Gefühl in meiner Brust. Wie seine Lippen sich wohl anfühlen, wenn er mich küsst?

7

Als Irma am nächsten Morgen pünktlich um neun Uhr die Ladentür aufschloss, dauerte es nur wenige Minuten, bis das Glöckchen zum ersten Mal läutete.

Es war ihre Freundin Marlen, die hereinkam. »Guten Morgen! Ich hab gerade Moritz in den Kindergarten gebracht und hab jetzt noch …«, sie warf einen kurzen Blick auf ihre Armbanduhr, »… genau eine halbe Stunde Zeit, bis ich zur Arbeit muss. Da hab ich gedacht, ich schau mal bei dir vorbei. Wir haben uns ja eine Ewigkeit nicht mehr gesehen«, schnatterte sie ohne Punkt und Komma drauflos.

»Wie schön, dich zu sehen!« Irma umarmte sie herzlich und begutachtete sie dann von oben bis unten. »Du siehst toll aus, wie immer!«

Marlen trug eine hautenge schwarze Lederhose mit einem cremefarbenen *Oversize*-Pullover, hohe Stiefel, einen Teddymantel, der, wie Irma vor kurzem einem Modemagazin entnommen hatte, gerade voll im Trend lag, und eine Designertasche über dem Arm. Auf ihrem wallend blonden Haar saß eine schwarze Pudelmütze.

Fehlt nur noch der Starbucks-Becher in der Hand, um den Celebrity-Look komplett zu machen, ging es Irma durch den Kopf. Kurz sah sie an sich herunter. Der knielange Rock, darüber die Schürze, die sie stets zum Backen umband – hier prallten wirklich zwei Welten aufeinander. Wären die beiden in der Schulzeit nicht miteinander durch dick und dünn gegangen, hätten sie heute wohl nicht so schnell Freundschaft geschlossen. Denn so unterschiedlich wie ihr Äußeres waren auch ihre Charaktere. Würde man sie mit Unterwäsche vergleichen, träfen ein dunkelroter Seidentanga und ein atmungsaktiver Baumwollschlüpfer aufeinander.

»Wie geht's dir?«, fragte Marlen und streifte ihre Handschuhe ab. »Gibt es Neuigkeiten?«

»Ich habe den Kater meiner verstorbenen Großtante zu mir genommen.« Irma hielt nach Houdini Ausschau und entdeckte ihn im Schaufenster – wo auch sonst. Wie schon gestern hatte er Spaß am Spiel mit ihren Papiersternen und stupste sie immer wieder mit der Pfote an.

Marlen gab einen verzückten Laut von sich. »Wie niedlich! Scheint sich ja schon gut bei dir eingelebt zu haben. Und sonst so?«, fragte sie nach einer kurzen Pause, in der sie Houdini beobachtet hatte.

»Nichts von Belang.« Irma hob den Blick, sah in Marlens erwartungsvolles Gesicht.

»Nun sag schon! Da wird es doch irgendwas geben, wir haben fast vier Wochen nichts voneinander gehört!«

»Nichts. Ich bin immer noch Single. Das ist es doch, was du wissen willst, oder?«

Seufzend schüttelte Marlen den Kopf. »Was machen wir nur mit dir?«

Irma verdrehte die Augen. Auf die Lieblingsfloskel ihrer Freundin hätte sie wie immer gut verzichten können. In regelmäßigen Abständen ließ Marlen diesen Spruch vom Stapel, der Irma jedes Mal aufs Neue Magenschmerzen verursachte. Und dann noch dieser mitleidige Blick, mit dem ihre Freundin sie dann immer bedachte. Den könnte sie sich wirklich sparen! Auch wenn Marlen es anteilnehmend meinte, wäre es Irma lieber gewesen, sie hätte ihre Besorgnis für sich behalten. Warum musste sie ihr auch immer das Gefühl geben, dass sie im Privatleben eine totale Versagerin war?

Marlen hatte gut reden. Irma hatte sich schon oft bei dem Gedanken ertappt, dass sie das Leben ihrer Freundin ziemlich beneidenswert fand. Schon während ihres Pharmaziestudiums hatte sie ihren Mann kennengelernt, mit dem sie jetzt bereits seit zehn Jahren glücklich zusammenlebte und einen zuckersüßen vierjährigen Sohn hatte. Und nach ihrer Elternzeit hatte sie auch gleich einen kinderfreundlichen Halbtagsjob in einer Apotheke bekommen. Sie führte ein Vorzeigeleben, von dem die meisten Menschen nur träumen konnten.

Vielleicht sollte sie ihr von Paul erzählen. Davon, dass er dauernd hier aufkreuzte und nicht lockerließ. Dann hätte sie wenigstens irgendetwas zu berichten und würde nicht ganz so wie ein Mauerblümchen dastehen.

Nein, besser nicht. Denn sonst würde Marlen nachbohren und wissen wollen, warum Irma nicht auf seine Avancen einging und ihm nicht wenigstens eine Chance gab. Ihrer Meinung nach musste Irma bereit sein, Kompromisse zu machen, um noch einen Partner zu finden. Was nichts anderes hieß, als dass man ab einem gewissen Alter nehmen musste, was man kriegen konnte, wenn man nicht allein bleiben wollte.

Irgendwie fühlte sich Irma unter Zugzwang, deshalb sprach sie den nächsten Gedanken, der ihr in den Sinn kam, einfach aus. »Ich hab da einen Mann kennengeler…«

»Ich wusste es!«, fiel Marlen ihr aufgeregt ins Wort. »Und das erzählst du mir erst jetzt? Warum rückst du nicht gleich damit raus? Wer ist es? Woher kennst du ihn?«

»Unser Date ist erst am Mittwochabend.« Date war wohl nicht die richtige Bezeichnung für ihre Verabredung, aber ein bisschen schwindeln war ja wohl erlaubt.

Marlen runzelte die Stirn. »Mitten in der Woche? Du musst doch am nächsten Tag früh aufstehen.«

»Erst mal nur zum Beschnuppern.«

Marlen zog ihre perfekt gezupften Augenbrauen fast bis zum Haaransatz hoch. »Zum Beschnuppern? Und was macht er beruflich?«

»Er ist Literaturprofessor.«

Marlens Augen wurden groß wie Suppenteller. »Oh, ein Akademiker also! Und dann noch ein Professor! Wusste gar nicht, dass du jetzt auf Intellektuelle stehst. Wie alt ist er denn?«

Irma lächelte sanftmütig. »Nicht so alt, wie du denkst, bestimmt nicht älter als vierzig.«

»Und dann schon ein Professor? Na, das ist ja ein dickes Ding.« Ihre Freundin verschränkte die Arme vor der Brust.

Als Irma darauf nichts erwiderte, schnalzte Marlen ungehalten mit der Zunge. »Muss man dir eigentlich alles aus der Nase ziehen? Also, woher kennst du ihn?«

»Wir sind uns im Treppenhaus vor der Wohnung meiner verstorbenen Großtante begegnet, und er hat mich am Mittwochabend zu sich nach Hause eingeladen.«

Marlen schnappte nach Luft und schlug sich die Hand vor den Mund.

Irma prustete amüsiert. Theatralischer ging es ja wohl nicht.

»Zu sich nach Hause?« Marlens Stimme war drei Oktaven hochgeschnellt. »Und du bist darauf eingegangen? Du weißt doch, was das bedeutet, oder? Er will dich ins Bett kriegen, weiter nichts.«

»Nein, will er nicht«, sagte Irma kaum hörbar und seufzte. Am liebsten hätte sie das Gespräch an dieser Stelle abgebrochen. Marlens übertriebene Pseudo-Fürsorglichkeit ging ihr gegen den Strich – als wäre sie ohne ihre Ratschläge nicht lebensfähig.

»Will er nicht?« Marlen hob anzüglich eine Augenbraue und lächelte süffisant.

»Nein, weil … Er hat mich zu einem Rilke-Abend eingeladen.«

Marlen sah sie einen Moment lang ungläubig an und lachte dann laut auf. »Du und Gedichte? Das ist in etwa so, als würde ich mich freiwillig bei einem Workshop zum Kühe-melken anmelden.«

»Ja, da hast du nicht ganz unrecht«, pflichtete Irma ihr schmunzelnd bei. »Ich weiß auch nicht, wie ich aus der Nummer wieder rauskomme. Vielleicht sollte ich mir vorher noch einen Gedichtband von Rilke zulegen, um mich ein wenig einzulesen.«

Marlen winkte belustigt ab. »Ach, da brauchst du dir gar keine Gedanken zu machen. Bestimmt ist ›Rilke-Abend‹ nichts anderes als ein Codewort für heißen Sex.«

Schön wär's, dachte Irma in einem Anflug von Bitterkeit. Sie hatte auf einmal das dringende Bedürfnis, eins von ihren weihnachtlichen Schoko-Cake-Pops in sich hineinzustopfen und auf Durchzug zu schalten.

Aber dem nachzugeben war mit Marlen nicht so ohne weiteres möglich, denn die kam gerade erst richtig in Fahrt. »Ganz ehrlich, nur jemand mit suizidalen Absichten geht heutzutage schon beim ersten Date zu jemandem nach Hause. Ich würde das auf keinen Fall tun. Am besten, du nimmst dir für den Notfall etwas zur Verteidigung mit.«

Irma unterdrückte einen tiefen resignierten Seufzer. »Ja,

Mama. Jetzt aber Themawechsel. Wie geht es dir? Wie geht es euch?«

»Gut so weit. Aber wir sind noch nicht fertig, was dich angeht, du brauchst gar nicht abzulenken. Ich will jetzt alles haarklein über diesen Typen wissen.«

Gerade als Irma ansetzen wollte, ihr zu sagen, dass noch andere außer ihr zu dem Gedichtabend eingeladen waren, tauchte Herr Petersen vor ihrer Ladentür auf – wie ein Sonnenstrahl, der nach langer Finsternis den dunklen Horizont durchbrach. Ja, so fühlte sich sein Erscheinen wirklich an. Irma war so erleichtert, dass dieses unangenehme Gespräch so abrupt unterbrochen wurde, dass sie den alten Mann beim Eintreten am liebsten in ihre Arme geschlossen hätte. Jetzt musste sie sich keine weiteren Halbwahrheiten mehr aus den Fingern saugen oder – was ihr vor Marlen noch unangenehmer gewesen wäre – womöglich zugeben, dass der Gedichtabend gar kein richtiges Date war. Denn dann hätte Marlen ihr sicher einige Tipps gegeben, wie sie die ganze Aufmerksamkeit des Professors nur auf sich lenken konnte, was wiederum mit einem Style-Coaching verbunden gewesen wäre.

Zumindest sah Marlen in Anwesenheit von Herrn Petersen von dem Versuch ab, noch mehr über den Professor herauszubekommen. Als Irma die Bestellung ihres Stammkunden entgegennahm und hinter den Verkaufstresen verschwand, hatte sie es eilig, sich zu verabschieden. Natürlich nicht, ohne Irma ein weiteres Mal eindringlich vor ihrem Date zu warnen und sie im gleichen Atemzug aufzufordern, sie diesbezüglich auf dem Laufenden zu halten.

Selten war Irma so erleichtert gewesen, ihre Freundin abmarschieren zu sehen.

Während sie Herrn Petersen einen Criollo-Kakao zubereitete, wanderten ihre Gedanken zum morgigen Abend. Vielleicht sollte sie sich aus dem Internet noch ein Gedicht heraussuchen, das sie im Notfall vortragen konnte. Aber sofort verwarf sie diese Idee wieder – das würde sie auf keinen Fall machen! Sie würde sich vorbereiten, indem sie sich ein paar Rilke-Gedichte zu Gemüte führte, um nicht ganz ahnungslos zu sein und wenigstens ein bisschen mitreden zu können. Es gäbe nichts Schlimmeres, als wenn der Professor hinter ihre kleine Notlüge kam. Dadurch würde sie ihre Glaubwürdigkeit einbüßen. Das wäre nicht nur furchtbar peinlich, sondern würde auch alles kaputtmachen.

»Bitte schön«, sagte Irma und stellte den dampfenden Kakao vor ihren Stammkunden auf den Stehtisch.

»Oh!« Eine Mischung aus Verwunderung und Belustigung zeigte sich in seinem Gesicht. »Ich hatte doch ein Kännchen Kräutertee bestellt.«

Irma sah ihn verwirrt an.

»Aber das ist gar nicht schlimm!«, sagte Herr Petersen schnell und winkte ab.

»Wirklich? Oh, bitte entschuldigen Sie, wie unaufmerksam von mir!« Unangenehm berührt nahm sie die Tasse wieder in die Hand. Ein bisschen Kakao schwappte dabei über den Rand und tropfte auf die Tischplatte. Sie seufzte leise. Normalerweise passierte ihr so etwas nie. Das lag nur an diesem dummen Gedichtabend. Sie sollte schnellstens damit aufhören, sich den Kopf darüber zu zerbrechen, sonst würde ihr Geschäft noch darunter leiden. »Den Kräutertee mach ich Ihnen sofort«, sagte sie und wischte mit einem Lappen die Kakaopfütze vom Tisch.

»Das ist sehr freundlich, mien Deern. Ich habe nämlich ein wenig Magendrücken, offenbar ist mir gestern die fettige Makrele nicht bekommen.«

»Oje, das tut mir leid.« Irma bedachte den alten Mann mit einem mitfühlenden Blick und machte sich dann umgehend an die Zubereitung des Tees.

»Wegen meiner Unachtsamkeit geht der selbstverständlich aufs Haus«, sagte Irma, als sie das Kännchen Kräutertee zusammen mit einer Tasse und Kandiszucker in einer Porzellandose servierte.

»Ach, danke schön!«

»Dafür nicht! Bin wohl mit den Gedanken heute nicht ganz bei der Sache.«

»Ist doch gar nicht schlimm, passiert jedem mal.« Herr Petersen musterte sie schweigend. »Aber irgendetwas scheint Sie zu beschäftigen.«

Irma lächelte. »Sie haben recht. Ich bin morgen zu einem Gedichtabend eingeladen und kenne mich mit Lyrik nicht gut aus.«

»Ist das denn schlimm?« Er tunkte das Teesieb ein paar Mal ins dampfende Wasser. Dabei entfaltete sich ein wohltuender Duft nach Salbei und Anis.

Irma zuckte mit den Schultern. »Na ja, ich will mich nicht blamieren, wissen Sie.«

Herr Petersen lachte auf. »Das werden Sie ganz bestimmt nicht. Gibt es denn dort eine Person, die Ihnen besonders wichtig ist?«, fragte er wie beiläufig und tat ganz konzentriert, als er sich jetzt den Tee in die Tasse goss.

Doch Irma durchschaute ihn und unterdrückte ein Grinsen. Sie brauchte einen Moment, um zu entscheiden, ob sie Herrn Petersen vom Professor erzählen sollte. Aber warum eigentlich nicht? Sie konnte den Rat eines weisen alten Mannes gut gebrauchen. »Na ja, also … Da gibt es jemanden, vor dem ich mir nicht die Blöße geben will. Er weiß nämlich nicht, dass ich von Lyrik keinen blassen Schimmer habe.«

»Aha. Und dieser jemand ist wer?« Mit hochgezogenen Brauen sah Herr Petersen sie an. »Doch nicht etwa ein gutaussehender junger Mann?« Aus seinen Augen blitzte der Schalk.

Irma schmunzelte. »Ich bin wohl leicht zu durchschauen.«

Herr Petersen lachte leise, ehe er wieder das Wort ergriff. »Sie sollten sich aber nicht verstellen müssen, damit er Sie mag, das haben Sie gar nicht nötig.« Mit der kleinen Zange nahm er ein Kandisstück und ließ es in seine Tasse plumpsen. »Zeigen Sie Interesse an ihm und seinen Gedichten, aber machen Sie ihm nichts vor.«

Irma nickte, während sie über seine Worte nachdachte. Er hatte recht, schließlich hatte sie sich geschworen, sich nicht mehr für einen Mann zu verbiegen. Sie wollte authentisch bleiben. Und wenn Fred sie so, wie sie war, nicht akzeptieren konnte, dann war er eben nicht der Richtige.

»Bleiben Sie so, wie Sie sind, damit sie an die Menschen geraten, die gut für Sie sind«, fügte der alte Mann hinzu und rührte in seinem Tee.

Irma wurde ganz warm ums Herz. »Das haben Sie schön gesagt. Und Sie haben vollkommen recht, ich sollte nicht den gleichen Fehler wie damals bei Tim machen.«

»Das hört sich doch schon viel besser an. Und wenn Sie nach diesem Abend vielleicht doch Gefallen an Gedichten gefunden haben sollten, gebe ich Ihnen gerne ein paar Empfehlungen.« Er zwinkerte ihr zu.

Irma runzelte die Stirn. »Sie lesen gerne Gedichte? Hatten Sie beruflich etwa mit Literatur zu tun?« Erneut fiel ihr wieder auf, wie wenig sie über den alten Mann wusste, obwohl er seit Jahren mehrmals in der Woche ihren Laden besuchte.

Herr Petersen lachte auf. »Nein, nein, mitnichten. Ich war Ingenieur. Meine Frau hat als Bibliothekarin gearbeitet und mir die Dichtkunst nahegebracht. Sie hat mir Gedichte vorgelesen, und so hat sich meine Liebe zur Lyrik entwickelt.«

»Wirklich?« Irma zog sich einen Stehhocker heran und setzte sich. »Das ist ja wunderbar! Wer ist denn Ihr Lieblingsdichter?«

»Ich mag Erich Kästner sehr gerne. Er schreibt sozialkritisch, aber dennoch humorvoll.« Er hob die Tasse an die Lippen und nippte an seinem Tee.

»Ach? Ich wusste gar nicht, dass er auch Gedichte geschrieben hat. Ich kenne nur ›Das doppelte Lottchen‹ und ›Das fliegende Klassenzimmer‹ von ihm. Die Bücher habe ich als Kind gelesen.«

»Ja, das sind seine bekanntesten Werke. Ich habe auch erst durch Monika seine Gedichte kennengelernt. Und ich bin ganz ehrlich, es macht einen großen Unterschied, ob jemand dir mit sanfter, melodischer Stimme etwas vorträgt oder ob du etwas still vor dich hin liest. Das Vorlesen war unser gemeinsames abendliches Ritual. Wir haben uns Kerzen angezündet, es uns auf dem Sofa gemütlich gemacht, und dann hat sie mir Gedichte vorgelesen. Monika hatte eine wunderschöne Stimme, eine, der man gerne zuhörte. Ich habe dann immer die Augen geschlossen und konnte so jedes Wort fühlen. Danach haben wir uns über die Gedichte ausgetauscht. Meistens hatte jeder seine ganz eigene Interpretation.« Ein sanftes Lächeln zupfte an seinen Mundwinkeln, und sein Blick verlor sich in der Weite des Himmels, der hinter der Schaufensterscheibe blau strahlte, als würden seine Erinnerungen gerade lebendig. »So hat sie mir in den gemeinsamen Jahren die Welt der Lyrik nahegebracht«, sagte er leise.

Für einen Moment konnte Irma seinen bitteren Schmerz des Verlustes spüren, ganz so, als wäre es ihr eigener. Gleichzeitig beneidete sie ihn um diese wertvolle Erinnerung, die er in seinem Herzen trug wie einen kostbaren Schatz, den es zu bewahren galt. Mit einem Mal wurde ihr bewusst, wie sehr sie sich danach sehnte, die eine Person zu finden, mit der auch sie solche gemeinsame Erinnerung schaffen konnte. »Das klingt sehr romantisch«, sagte sie kaum hörbar. »Ein schönes Ritual.«

Herr Petersen nickte, wenn auch mit Verzögerung, so als bräuchte er einen Augenblick, um sich von den schönen Momenten seiner Vergangenheit zu lösen. »Das war es. Entschuldige, mien Deern, ich war nur eben in der Erinnerung an meine geliebte Monika gefangen. Aber, wissen Sie, das Schöne ist, dass sie mir immer bleiben.«

Irma schluckte trocken, während sich ihr Herz vor Rührung zusammenzog. Die Worte des alten Mannes bewegten sie in ihrem tiefsten Inneren, und sie kämpfte mit einem Mal gegen die Tränen an, die ihr in die Augen stiegen. Schnell blinzelte sie sie fort.

Doch Herr Petersen war ihr Stimmungswechsel nicht verborgen geblieben. Erschrocken sah er sie an. »Oh, hab ich etwas Falsches gesagt?« Behutsam strich er ihr über die Hand. »Ich wollte nicht, dass Sie traurig werden.«

Irma räusperte sich. »Nein, alles gut.« Verlegen winkte sie ab und zwang sich zu einem Lächeln. »Ich finde es nur so schön, wie Sie über Ihre Frau sprechen. Man spürt die Liebe, die Sie für sie empfinden, in jedem Wort, und Ihre Erinnerungen an sie sind so lebendig.«

»Die Jugend lebt von Träumen, das Alter von Erinnerungen, so ist das nun mal.« Ein bittersüßes Lächeln legte sich auf seine Züge, ehe sein Blick wieder zu Irma wanderte. »Wie kann ich Sie denn jetzt aufmuntern? Soll ich vielleicht ein Gedicht aufsagen?«

Irma lachte auf. »Wenn Sie eins auf Lager haben, dann nur raus damit.«

»Ich konnte eins von Wilhelm Busch.« Herr Petersens Augen wanderten an die Decke, so als müsste er sich sammeln.

Während Irma zur Vitrine lief und sich einen Schokoladenweihnachtsmann aus der Glasschale schnappte, begann Herr Petersen mit leuchtenden Augen zu rezitieren:

Sie war ein Blümlein hübsch und fein,
Hell aufgeblüht im Sonnenschein.
Er war ein junger Schmetterling,
Der selig an der Blume hing.

Irma kicherte.

»Wie war noch gleich die zweite Strophe?« Seufzend kratzte Herr Petersen sich am Kopf. »Irgendwas mit Bienlein, aber ich komme nicht drauf. So ist das, wenn man alt wird, man kann sich einfach nichts mehr merken.«

»Macht doch nichts. Trösten Sie sich, ich konnte mir schon als Kind keine Gedichte merken. Sie haben sich zumindest an eine Strophe erinnert, und die hat mir gut gefallen. Vor allem hat sie mich aufgemuntert.« Die Aluminiumfolie knisterte, als Irma voller Vorfreude den Weihnachtsmann auswickelte. »Ich plädiere für Schokolade. Die ist doch immer noch der beste Trost.« Sie hielt ihm den Schokoladenmann entgegen.

Herr Petersen brach ein Stück davon ab und steckte es sich in den Mund. »Ah, jetzt weiß ich wieder die letzte Strophe!«, rief er, nachdem er genüsslich gekaut und geschluckt hatte.

Doch was am meisten ihn entsetzt,
Das Allerschlimmste kam zuletzt.
Ein alter Esel fraß die ganze
Von ihm so heißgeliebte Pflanze.

8

Einen Tag später war es so weit. Irma stand mit weichen Knien und flauen Magen vor dem Haus, in dem Fred wohnte. Ihr Blick wanderte nach oben zu seinem Balkon im zweiten Stock.

Ob die anderen schon da waren? Sie sah auf ihre Armbanduhr. Es war genau acht Uhr. Fred hatte gegen acht gesagt, also war sie genau pünktlich. Ihr war ganz übel vor Aufregung. Aber es half alles nichts, sie musste jetzt da durch, wenn sie ihm näherkommen wollte. Vielleicht bot sich ja auch die Gelegenheit, ein paar Worte mit ihm allein zu wechseln.

Gutgelaunt öffnete Fred die Tür. »Schön, dass du da bist, Irma.« Er gab ihr links und rechts einen Kuss auf die Wange. Dabei stieg ihr der Duft seines Aftershaves in die Nase. Es hatte eine hölzerne Note und roch phantastisch.

Sie hielt ihm eine Flasche Bordeaux entgegen. »Ein kleines Mitbringsel. Ich hoffe, er schmeckt dir.«

»Ah, du hast dich erinnert, dass ich dich nach französischen Rotweinen gefragt habe. Wie aufmerksam!« Er studierte das Etikett. »*Chateau Beaumont, Haut-Médoc*, klingt gut! Ist der aus deinem Sortiment?«

Irma nickte. »Sind die anderen schon da?«

»Noch nicht alle, aber die meisten schon.«

Das klang, als würde sein Wohnzimmer aus allen Nähten platzen. Irmas Aufregung stieg ins Unermessliche.

Fred half ihr aus dem Anorak und hängte ihn an die Garderobe, die vor lauter Mänteln schon gar nicht mehr zu sehen war.

Irma folgte dem Professor durch den Flur.

Lachen, leises Gemurmel und Gläserklirren drangen ihr entgegen. Das Wohnzimmer war in warmen Schein gehüllt. Kerzen flackerten, und im Kaminofen züngelte ein Feuer. Auf dem Couchtisch stand ein üppiger Adventskranz aus Trockenblumen und roten Kerzen, von denen eine brannte. Ihr wurde ganz warm ums Herz. Wie gemütlich er es hier hatte!

In der Sitzgruppe vor dem Kamin saßen fünf Frauen mit Champagnergläsern in den Händen. *Kein einziger Mann weit und breit.* Also war Fred hier der Hahn im Korb. Irma versuchte, sich ihre Verwunderung nicht anmerken zu lassen. Obwohl sie es sich eigentlich hätte denken können. Sie kannte keinen Mann, der sich für Lyrik interessierte – abgesehen von Herrn Petersen. Angesichts der Konkurrenz schien es nahezu unmöglich, vorteilhaft herauszustechen und Freds Gunst zu gewinnen.

Leicht entmutigt lief sie zur Sitzgruppe hinüber, der weiche Teppichboden dämpfte ihre Schritte.

Neugierige Blicke trafen sie, scannten sie von oben bis unten. Unausgesprochene Fragen hallten ihr entgegen: *Wer ist das denn? Was macht die hier?*

»Hallo, ich bin Irma.« Sie bemühte sich um ein entwaffnendes Lächeln.

»Hallo, Irma«, antworteten die Frauen im Chor, dann nannten sie, der Reihe nach, ihre Vornamen.

Kurz kam sie sich vor wie in einer Selbsthilfegruppe. »Ich habe selbstgemachte Lebkuchenpralinen mitgebracht«, sagte sie, um den unangenehmen Moment zu überspielen. Sie holte die Schachtel aus ihrem Jutebeutel, öffnete den Deckel und stellte sie neben den Adventskranz auf den Tisch.

Die fünf Frauen wirkten, als hätte sie soeben eine tickende Zeitbombe vor ihnen platziert. Wie es schien, achteten hier alle auf ihre Figur. Kalorien wurden nur in flüssiger Form zu sich genommen. Irma passte so gut hierher wie eine Frikadelle in ein veganes Ayurveda-Resort.

Eine der Frauen füllte großzügig ein Glas mit der prickelnden Flüssigkeit und reichte es ihr.

Irma prostete den anderen zu und überlegte währenddessen, wo sie Platz nehmen sollte. Es gab nur einen Sessel gegenüber dem Kamin, der war sicherlich Fred vorbehalten. Also quetschte Irma sich zaghaft auf den einzig freien Platz in der Ecke des linksstehenden schwarzen Ledersofas. Andächtig lauschte sie dem Moussieren der Sektperlen und wartete, bis die Schaumkrone verprickelt war. Dann nippte sie an ihrem Champagner, während sie die Frauen unauffällig in Augenschein nahm.

Sie wirkten alle ziemlich herausgeputzt – schick in Abendgarderobe und nicht im Schlabberlook, wie die Leute bei dem Lesezirkel, zu dem Irma eine Zeitlang gegangen war. Sie hatten perfekt aufgetragenes Make-up mit Lidstrich und Lippenstift, der rote Abdrücke an den Rändern der Sektflöten hinterließ.

Der Duft von teurem Parfum lag in der Luft, vermischte sich mit dem aufdringlichen Geruch von Haarspray, der Irma in der Nase kitzelte. Insgeheim war sie erleichtert, dass sie sich dazu entschieden hatte, sich etwas zu schminken. So verblasste sie wenigstens nicht ganz neben den anderen. Sie hatte einen dezenten rosa Lipgloss aufgetragen und ihre braunen Augen mit einem bronzefarbenen Lidschatten zum Leuchten gebracht. Sie trug ihr Lieblingsoutfit – einen dunkelblauen Tellerrock, der sanft um ihre Knie schwang, dazu hohe Stiefel, eine cremefarbene Schluppenbluse und darüber eine hellblaue Strickjacke.

Irma spürte die Blicke auf sich, sah in die Runde und lächelte zur Sicherheit noch einmal. Dann trank sie einen weiteren Schluck Champagner. Erst jetzt nahm sie wahr, wie gut er schmeckte. Sie leerte das Glas bis zur Hälfte. Vielleicht konnte sie so ihre Anspannung loswerden.

Doch schon einen Augenblick später merkte sie, wie ihr der Alkohol zu Kopf stieg. Sie war ihn einfach nicht gewohnt. Um keinen Blödsinn von sich zu geben, nahm sie ein Glas und die Karaffe vom Couchtisch, schenkte sich stilles Wasser ein und trank es in großen Schlucken.

Endlich kam Fred, im Schlepptau hatte er eine hübsche Blondine mit wallender Mähne. Sie trug ein enganliegendes, dunkelrotes Kleid, das ihre Rundungen perfekt in Szene setzte. Die Absätze ihrer Highheels bohrten sich in den weichen Flokati.

Einen Augenblick lang befürchtete Irma, sie würde darin hängenbleiben und ins Straucheln geraten.

Doch nichts dergleichen geschah. Als hätte sie nie etwas anderes getan, stolzierte die junge Frau bis zum Couchtisch und setzte sich dann anstandslos in den Sessel.

Das Gemurmel ebbte ab, eine unbehagliche Stille trat ein. Einige Frauen versuchten sich an einem Lächeln, das auf Irma etwas gekünstelt wirkte. Eine unterschwellige Stutenbissigkeit lag auf einmal in der Luft. Irma hatte eine Antenne für Stimmungen. Geistesgegenwärtig nahm sie die Pralinenschachtel und reichte sie herum.

Jetzt wurde beherzt zugegriffen. Allerdings mehr aus Frustration denn aus Appetit, nahm Irma an, als sie verstohlen die Gesichter der Frauen um sich herum betrachtete. Als jede, außer Fred, eine Praline genommen hatte, steckte sie sich selbst eine von den köstlichen Dingern in den Mund.

»Wir sind vollzählig«, verkündete Fred. »Da wir heute zwei Neue in unserer Runde haben, schlage ich vor, dass wir uns alle einmal vorstellen. Irma, fang doch bitte an.«

Schnell würgte Irma ihre Pralinen herunter, verschluckte sich und musste kurz röcheln. Als sie sich wieder gefangen hatte, hob sie unbeholfen die Hand zum Gruß. »Hi, ich heiße Irma, bin vierunddreißig Jahre alt und betreibe ein Feinkostgeschäft in Ottensen.«

Alle schwiegen und sahen sie an, als würden sie noch weitere Informationen erwarten.

Ein Räuspern half ihr über ihre Verlegenheit hinweg. »Habe ich was vergessen?«

»Na ja, es wäre interessant zu wissen, wer dein Lieblingsdichter ist«, ergriff die Schwarzhaarige, die ihr schräg gegenübersaß, das Wort, »welche Art von Lyrik du gerne liest und welche Inhalte dich ansprechen.« Das streng zurückfrisierte Haar, die hohen Wangenknochen und ihre aufrechte Haltung verliehen ihr eine einschüchternde Ausstrahlung.

Unwillkürlich rutschte Irma ein Stück auf dem Polster nach hinten.

Die dunklen Augen der Schwarzhaarigen funkelten ihr entgegen, und auch die Blicke der anderen waren noch immer abwartend auf sie gerichtet.

Irma spürte, wie ihr das Blut aus dem Gesicht wich. Sie war sich sicher, dass ihr eine schlagfertige und gute Erwiderung einfallen würde, sobald sie zu Hause in ihrem Bett lag, aber eben nicht jetzt. Das Schweigen dehnte sich aus, wurde immer unerträglicher. Da kam Irma Herrn Petersens Ratschlag in den Sinn, und fast schon erleichtert fasste sie sich ein Herz. »Na ja … Ich bin jetzt literarisch nicht so der

Überflieger und verstehe nicht viel von Lyrik«, sagte sie so unbefangen wie möglich. »In der Schule mochte ich am liebsten den Zauberlehrling von Goethe.« Das einzige Gedicht, das ihr gerade in den Sinn kam.

Unterdrücktes Kichern erklang. Die Frau, die sie angesprochen hatte, hingegen betrachtete sie derart geringschätzig, dass ihr jetzt vor Scham ganz heiß wurde. Beherzt nahm Irma noch eine Praline aus der Schachtel, stopfte sie sich in den Mund und spülte dann mit einem ordentlichen Schluck Champagner nach. *Nur keine Blöße geben.*

»Das macht gar nichts«, sprang Fred für sie in die Bresche. »Es ist nie zu spät, sich mit Dichtkunst zu beschäftigen.«

Mein Held. Fred hatte sich schützend vor sie gestellt, und jetzt zwinkerte er ihr sogar noch zu. Wenn das mal nicht ein Zeichen war, dass er sie auch mochte. Irma lächelte verlegen, und in ihrem Magen kribbelte es, als hätte sie eine große Portion Brausepulver geschluckt.

Fred wandte sich an die Schwarzhaarige. »Angélique, stell du dich doch bitte vor.«

»Ich bin Angélique. Mein gegenwärtiges Lieblingsgedicht ist ›Nervus Erotis‹ von Else Lasker-Schüler aus ihrem ersten Gedichtband Styx. Es ist sowohl erotisch gefärbt als auch von Hass durchtränkt und lässt einen Einfluss der vitalistischen Lyrik Nietzsches, Hilles und Dehmels annehmen, findet jedoch zugleich in der Zerrissenheit des sich kundgebenden lyrischen Ichs einen ganz neuen, eigenen Ton.«

Alle um sie herum nickten, als wüssten sie genau, wovon die Schwarzhaarige sprach.

Irma versuchte, nicht ganz so verständnislos dreinzublicken, wie sie sich fühlte. Inzwischen hatte sich der Champagner gnädig wie ein Weichzeichner auf ihr Gemüt gelegt, und sie hatte ihre Nervosität in den Griff gekriegt. Schlimmer als jetzt konnte es sowieso nicht mehr kommen. *Oder doch?*

»Schön«, sagte Fred und wandte sich auffordernd der nächsten Frau zu.

Der Reihe nach stellte sich nun jede einzeln vor, natürlich nicht ohne ihr Lieblingsgedicht zu nennen und zu erläutern. Als letztes kam die hübsche Blondine dran.

»Mein Name ist Susanne, und von Lyrik habe ich keinen blassen Schimmer, ich bin eigentlich nur wegen Fred gekommen.« Sie kicherte und warf ihm einen glühenden Blick zu, während die anderen betroffene Gesichter machten.

Irma gefiel die unbefangene Ehrlichkeit der jungen Frau. Sie schätzte sie auf Mitte zwanzig, und es war nicht zu übersehen, dass sie für alle Anwesenden eine ernstzunehmende Konkurrenz darstellte.

Auch Irma konnte nichts gegen das schreckliche Gefühl der Eifersucht tun, das sie wie eine glühend heiße Welle überrollte, als sie sah, wie Fred Susanne jetzt anlächelte.

Mittlerweile war Irma zu der Erkenntnis gekommen, dass sie nicht die Einzige war, die ein Auge auf den Professor geworfen hatte. Und sie befürchtete, dass Susanne ihr schon einen Schritt voraus war, wenn sie die Blicke zwischen ihr und Fred richtig deutete.

Irma musste eindeutig schärfere Geschütze auffahren.

»Wie gewöhnlich trage ich das erste Gedicht vor«, unterbrach Fred ihren Gedankenstrom. »Da wir heute Rilke zum Thema haben, habe ich mich für ›Die roten Rosen waren nie so rot‹ entschieden.

Irma schmolz dahin, als er unnachahmlich geschmeidig ein Buch vom Kaminsims fischte und die Seite mit dem Lesebändchen aufschlug.

Sein Blick glitt ein letztes Mal über die erwartungsvollen Gesichter, um dann mit zurückgenommenem Tonfall das Gedicht vorzutragen:

Die roten Rosen waren nie so rot
als an dem Abend, der umregnet war.
Ich dachte lange an dein sanftes Haar …
Die roten Rosen waren nie so rot.

Fred legte eine kurze Kunstpause ein, um dann seine Stimme um ein Vielfaches anschwellen zu lassen.

Es dunkelten die Büsche nie so grün
Als an dem Abend in der Regenzeit.
…

Mit größter Leidenschaft rezitierte er das Gedicht, seine Stimme zog Irma in den Bann, mit jeder Pause, die er machte, steigerte er noch ihre Aufmerksamkeit. Er atmete sogar an der perfekten Stelle. Jeder Wimpernschlag war im Einklang mit seinen Worten, wodurch er die Aufmerksamkeit seiner Zuhörerinnen fesselte.

Irma fragte sich, ob Fred vor dem Spiegel übte, um diese eindrucksvolle Wirkung bei seinen Zuschauern zu erzielen.

Während er mit seiner rechten Hand das Buch hielt, aus dem er vorlas, hatte er die linke lässig in die Hosentasche geschoben. Die Ärmel seines weißen Hemds waren hochgekrempelt, so dass seine sehnigen, muskulösen Unterarme zum Vorschein kamen. Die goldene Armbanduhr schmiegte sich perfekt an seine blonden Härchen.

Irma erwischte sich dabei, wie sie auf sein Handgelenk

starrte. Rasch riss sie sich von diesem atemberaubenden Anblick los und schluckte trocken.

Ihre Gedanken drifteten ab, schwebten auf rosa Zuckerwattewölkchen davon. Freds Lippen bewegten sich, Irma starrte wie gebannt darauf, während sie sich vorstellte, wie er sich zu ihr hinabbeugte, kurz vor ihrem Mund verharrte, als wollte er die süße Qual hinauszögern, um schließlich seine weichen Lippen ganz sanft auf ihre zu legen.

Doch plötzlich hörte sie eine höhnische Stimme in ihr rufen: *Dieses Prachtstück von Mann wird niemals an einer langweiligen Frau wie dir Interesse zeigen. Er ist unerreichbar für dich.*

Irma zuckte zusammen und erwachte wie aus einer Trance. Sie sah sich um.

Die anderen Frauen hingen förmlich an Freds Lippen.

Man sah ihm an, wie er es genoss, im Mittelpunkt zu stehen und das Feld zu beherrschen. Er war sich seiner Wirkung mehr als bewusst.

...
So hab ich mich in deinem Aug erkannt ...
Die Wasser spiegelten ein schwarzes Land.

Als Fred endete, herrschte einen Moment lang Stille, nur durchbrochen von Susannes ergriffenem Seufzer.

Danach brach tosender Applaus aus, in den Irma sogleich einfiel. Die Hoffnung schwand mit jeder Minute mehr, dass er sie um ein Date bitten würde. Das würde nie geschehen, Irma musste sich damit abfinden.

»Wunderbar vorgetragen, wie immer«, sagte eine der Frauen. Sie hatte sich als Elke vorgestellt. Ihre Augen glänzten vor Bewunderung.

Einen Moment später entbrannte eine kurze hitzige Diskussion über den Inhalt dieses Gedichts. Jede der Frauen beteiligte sich daran, abgesehen von Susanne, die immer wieder Freds Blick suchte, und Irma, die den Ärmelsaum ihrer Bluse knetete und die leergegessene Pralinenschachtel fixierte. Sie fühlte sich so niedergeschlagen und fehl am Platz wie lange nicht mehr.

Fred sagte nichts, sondern hörte nur zu. Ab und zu nickte er oder hob bedeutungsvoll die Augenbrauen.

Als Nächste trug Barbara ein Gedicht von Rilke vor. Es war ziemlich kurz, doch die dramatische Mimik und Gestik, mit der sie es rezitierte, erinnerte Irma an die einer exaltierten Stummfilmdiva.

Die restlichen Vorträge übten eine ausgesprochen einschläfernde Wirkung auf Irma aus. Fast wären ihr die Augen zugefallen, wenn ihre Blase nicht so gedrückt hätte.

Als die letzte in der Runde endlich ihren Gedichtvortrag beendet hatte, erhob Irma sich so unauffällig wie möglich und schlich sich in den Flur, um nach dem Bad zu suchen.

Schnell wurde sie hinter der ersten Tür links vom Wohnzimmer fündig.

Vor Erstaunen blieb ihr der Mund offen stehen. Sie blickte auf einen langen Waschtisch mit zwei eingelassenen Marmorbecken samt vergoldeten Hähnen, einen riesigen Spiegel, der die halbe Wand bedeckte, und eine ebenerdige Dusche mit verglasten Wänden.

Ihr Blick schweifte über die unzähligen Parfumflaschen, Cremes und Aftershaves, die die gesamte Ablagefläche einnahmen – alle teure Markenprodukte.

Fred musste sehr viel Zeit und Geld für die Pflege seines Körpers aufbringen. Noch nie hatte Irma so viele Beautyprodukte bei einem Mann gesehen.

Während sie sich die Hände abtrocknete, fiel ihr Blick in den Spiegel. Die großen Augen in dem herzförmigen Gesicht, die kleine Nase und die immer geröteten Wangen – war das eine Frau, in die sich ein Mann wie Fred verlieben konnte? So sehr Irma es sich wünschte, so wenig konnte sie es sich vorstellen. Am liebsten wäre sie, ohne sich zu verabschieden, verschwunden und hätte diesem langweiligen Abend in der unbehaglichen Atmosphäre ein Ende gesetzt. Doch sie war noch nicht bereit aufzugeben. Sie wollte Fred und vor allem sich selbst beweisen, dass sie alles andere als langweilig war.

Als sie ins Wohnzimmer zurückkehrte, hatte sich die Stimmung verändert. Sie wirkte gelöster. Es wurde zwanglos geplaudert und Champagner getrunken.

Irma atmete auf. Der formelle Teil des Abends schien überstanden.

Die Sektflöte in der einen Hand, die andere lässig in die Hosentasche geschoben, lehnte Fred am Kaminsims und unterhielt sich mit Angélique.

Wie gerne wäre ich jetzt an ihrer Stelle. Genau in dem Moment, als Irma dieser Gedanke durch den Kopf ging, sah er zu ihr herüber. Als hätte er ihren Blick gespürt.

Er entschuldigte sich bei Angélique und kam auf sie zu. »Alles in Ordnung bei dir?«

»Sicher.« Sie lächelte.

»Gefällt dir der Abend?«

»Ja, du hast es sehr gemütlich hier.«

»Und für die Gedichte konntest du dich nicht begeistern?« Fred hob fragend die Augenbrauen.

»Ich muss mich mehr damit beschäftigen und einlesen, damit ich mir ein Urteil erlauben kann.«

»Das heißt, du würdest gerne wiederkommen?«

»Wenn ich darf?«

»Natürlich, du bist jederzeit willkommen.« Er warf einen Blick auf die Frauen in der Sitzgruppe, bevor er seine Aufmerksamkeit wieder auf Irma richtete. »Und wenn du die anderen besser kennengelernt hast, wirst du feststellen, dass sie gar nicht so schlimm sind, wie sie den Anschein machen.« Fred zwinkerte ihr verschwörerisch zu.

Irma musste kichern. Sie konnte sich kaum losreißen von ihm – von seinen netten Worten und seinem schönen Gesicht. Hätte sie es nicht besser gewusst, hätte sie gedacht, er hätte sie verzaubert.

Plötzlich kam ihr eine Idee, und ein kleiner Hoffnungsschimmer blitzte in ihr auf.

Das wäre doch eigentlich die Gelegenheit, *ihn* zu verzaubern! Mit dem Menü aus Ellis Tagebuch! Warum war sie nicht gleich darauf gekommen? Aber dieser Gedanke war dennoch so aberwitzig, dass sie kurz nach Luft schnappen musste.

Sie spürte einen Blick auf sich und sah hinüber zu den Frauen.

Susanne starrte Irma an und schien sie förmlich mit ihren blauen Augen erdolchen zu wollen, dabei war sie doch gar keine ernstzunehmende Konkurrenz für diese blonde Schönheit. Aber mit dem Liebeszauber wäre das etwas anderes, damit hätte Irma eine echte Chance, Freds Herz zu erobern.

»Wenn du mich kurz entschuldigst, ich glaube, wir brauchen noch Champagner«, sagte Fred und verließ das Wohnzimmer.

Irma sah ihm hinterher, wie er in die Küche verschwand.

Nein, schon beim bloßen Gedanken, ihn zu sich nach Hause einzuladen, beschleunigte sich ihr Herzschlag. Noch nie hatte sie einen Mann nach einem Date gefragt. Und das würde sie auch nicht tun. Nicht, dass sie auf dem Mund gefallen wäre, das nicht. Aber Irma vertrat die altmodische Vorstellung, ein Mann müsste den ersten Schritt machen und nicht die Frau.

Andererseits musste sie sich vielleicht auch mal überwinden und ihre Komfortzone verlassen. In Anbetracht der Tatsache, dass noch etliche Frauen bei Fred Schlange standen und offenbar schon nähere Bekanntschaft mit ihm gemacht hatten, musste Irma handeln. Wann würde sich ihr die Gelegenheit noch einmal so wie jetzt bieten, für einen Moment unter vier Augen mit ihm zu sprechen?

Irmas Entschlossenheit und der Anflug von Mut sanken mit jedem Schritt, mit dem sie sich ihm näherte.

Warum nahm sie bei Paul kein Blatt vor den Mund, während es ihr bei Fred so schwerfiel, offen zu reden? Wenn sie ehrlich war, konnte sie sich die Frage selbst beantworten. Sie wollte Fred gefallen und keinen Fehler machen, bei Paul konnte sie so sein, wie sie war, denn im Prinzip war es ihr egal, was er über sie dachte.

Irma blieb auf der Schwelle zur Küche stehen und beobachtete Fred, wie er eine Flasche Champagner aus dem Kühlschrank holte.

»Kann ich etwas für dich tun?«, fragte er, als er sie bemerkte.

Irma musste wohl einen etwas verlorenen Eindruck machen, denn Fred sah sie aufmunternd an. Er füllte einen Sektkübel mit Eiswürfeln und stellte die Flasche hinein.

»Naja, ich wollte jetzt gleich aufbrechen und mich für den schönen Abend bedanken.« Sie räusperte sich, um Zeit zu gewinnen und all ihren verbliebenen Mut zusammenzunehmen. *Jetzt oder nie.* »Und mich mit einem Abendessen revanchieren.«

Ihre Direktheit schien ihn zu verblüffen. Er wirkte beinah etwas überrumpelt. »Ach, das ist doch nicht nötig.« Kleine Lachfalten tanzten um seine Augen.

»Das ist es vielleicht nicht, aber du würdest mir eine große Freude machen, wenn du die Einladung annimmst«, sagte Irma atemlos. »Ich liebe es zu kochen und lade gerne Freunde zum Essen ein.« So klang das Ganze schon gleich nicht mehr so intim. Eine nette Einladung zu einem Essen unter Freunden schlug man nicht so einfach aus.

Einen Augenblick lang erwiderte er ihren Blick. »Gut, gerne. Warum nicht? Ich kann aber nur am Wochenende.«

»Das passt.« Mit Schrecken fiel Irma auf einmal ein, dass sie sich ja nach den Mondläufen richten musste, so wie sie es in Ellies Tagebuch gelesen hatte. »Wenn du mir deine Nummer gibst, würde ich mich noch mal bei dir melden«, beeilte sie sich deshalb zu sagen.

Einen Moment lang huschte Verwunderung über Freds Gesicht.

Wegen Irmas Direktheit, oder weil sie jetzt doch noch keinen festen Termin ausmachen wollte? Ein Anflug von Stolz regte sich in ihrer Brust. Der Satz war ihr souverän über die Lippen gekommen, und sie hatte sich mutig vorgewagt. Trotz ihrer Angst, eine Abfuhr zu kassieren, hatte sie sich überwunden.

»Ja, sicher, warte, ich schreib sie dir auf.« Er griff nach einem Kugelschreiber und kritzelte seine Nummer auf eine Papierserviette.

Das war alles, was Irma gewollt hatte. »Ich verabschiede mich noch kurz von den anderen«, sagte sie und ging ins Wohnzimmer.

»Ich muss morgen früh raus, macht's gut, vielleicht bis zum nächsten Mal«, rief Irma kurz und winkte in die Runde.

Die anderen winkten zurück.

Fred begleitete sie noch zur Tür. »Auf Wiedersehen, komm gut nach Hause.«

Einen Moment lang sah sie ihm tief in die Augen und hatte Mühe, ihren Blick von seinem zu lösen. »Auf Wiedersehen«, erwiderte sie und drückte ihm einen Kuss auf die Wange.

Als Irma auf die Straße trat, atmete sie erleichtert auf. *Was für ein Abend!* Sie war über sich hinausgewachsen und hatte Fred nach seiner Nummer gefragt. Endlich hatte sie ihre Komfortzone verlassen und etwas getan, was sie sich bisher nie getraut hätte.

9

Irma brachte gerade Frau Giesebrecht zur Tür, als es an die Schaufensterscheibe klopfte.

Wilma winkte ihr gutgelaunt zu. Bei der Kälte, die draußen herrschte, hatte sie ganz gerötete Wangen.

»Wie schön, dass du wieder mal bei mir vorbeischaust«, begrüßte Irma ihre Großmutter und schloss schnell die Tür hinter ihr, denn die Luft, die mit ihr hereinkam, ließ sie frösteln.

Doch Wilma antwortete gar nicht, sie hatte nur Augen für Frau Giesebrecht. »Sind Sie nicht ... Marta Antonius?«

»Ganz recht, die bin ich.« Vor Freude, erkannt worden zu sein, strahlte die alte Dame übers ganze Gesicht.

»Meine Enkelin erzählte mir, dass Sie fast jeden Tag bei ihr im Laden vorbeischauen. So ein Glück, dass ich Sie nicht verpasst habe! Ich wollte Sie immer mal gerne persönlich treffen, denn ich hatte schon des Öfteren die Gelegenheit, Sie im Theater zu bewundern.«

Frau Giesebrecht lachte auf und brachte ihren akkurat geschnittenen roten Pagenkopf in Form. »Ach, das ist aber ganz reizend von Ihnen.«

»Nehmen Sie denn gar keine Rollen mehr an?«, erkundigte sich Wilma. »Ich habe Sie lange nicht mehr spielen sehen.«

Die alte Dame verzog die Lippen zu einem schiefen Lächeln. »Ach, wissen Sie, ich fühle mich einfach zu alt. Zudem hat mein verstorbener Mann mir so viel Geld hinterlassen, dass ich mir die letzten Jahre meines Lebens versüßen kann.«

Wilma sah sie verständnisvoll an. »Das haben Sie sich auch verdient. Aber Sie haben immer so voller Leidenschaft gespielt, da dachte ich …«

»Nein«, fiel ihr Frau Giesebrecht kopfschüttelnd ins Wort. »Ich gehöre nicht zu den Schauspielern, die auf der Bühne sterben wollen. Ja, das Theater hat einmal alles für mich bedeutet. Aber jetzt ist nichts mehr so wie früher. Ich kann mir nicht mehr gut Texte merken, und diese Aufregung und das Lampenfieber sind einfach zu viel für mich geworden.« Sie nickte, als müsste sie sich selbst bestätigen. »Seit mein Berthold nicht mehr lebt, kann ich das tun, was mir gefällt. Mich nicht mehr nach anderen richten zu müssen, genieße ich sehr.«

»Das kann ich gut verstehen, so ging es mir auch, als mein Mann gestorben ist«, pflichtete Wilma ihr bei. »Das ist allerdings schon zehn Jahre her.«

Irma erinnerte sich, dass ihre Großmutter nach einer Zeit der Trauer richtig aufgeblüht war. Sie hatte begonnen, zu Konzerten und ins Theater zu gehen, Dinge zu unternehmen, die sie mit ihrem Mann so gut wie nie gemacht hatte. Die wiedergewonnene Selbstbestimmtheit hatte ihr gutgetan. Obwohl sie charakterlich eine dominante Frau war, hatte sie sich immer ihrem Mann untergeordnet, so wie es für ihre Generation üblich gewesen war.

Frau Giesebrecht seufzte. »Irgendwann gewöhnt man sich daran, dass man alle überlebt und allein zurückbleibt, nicht wahr? Na, wenigstens haben wir ja noch unsere Kinder und Enkel.« Sie bedachte Irma mit einem sanften Lächeln und legte kurz die Hand auf ihre Schulter.

»Mein Sohn lebt leider schon lange nicht mehr«, sagte

Wilma und kramte beiläufig in ihrer Tasche, offenbar setzte ihr das immer noch zu.

Die Augen der alten Dame weiteten sich vor Bestürzung. »Das wusste ich ja gar nicht.« Ihr Blick schweifte zu Irma. »Aber deine Mutter ist doch noch da, oder?«

»Leider nicht.« Irma schluckte trocken. »Meine Eltern sind zusammen bei einem Autounfall ums Leben gekommen.« Nach all der Zeit fiel es auch ihr noch immer schwer, darüber zu reden. »Aber ich habe ja meine Oma«, fügte sie schnell hinzu, um das Thema abzuschließen. Denn Irma sprach ungern über ihr Schicksal. Und auf mitleidige Blicke konnte sie gut verzichten.

Frau Giesebrecht schüttelte den Kopf und stieß einen tiefen Seufzer aus. »Das ist schrecklich und tut mir wirklich sehr leid.« Kurz streifte ihr mitfühlender Blick Irma, ehe sie sich wieder an Wilma wandte. »Es gibt nichts Schlimmeres, als wenn die eigenen Kinder vor einem sterben. Ich habe auch einen Jungen verloren, aber das ist schon fast sechs Jahrzehnte her. Doch die Narbe bleibt. Sie schmerzt zwar nicht beständig wie eine offene Wunde, sondern nur noch gelegentlich, so als wäre sie schlecht verheilt, aber es vergeht dennoch kein Tag, an dem ich nicht an ihn denke. Weihnachten macht es nicht gerade einfacher, nicht wahr?« Ihr Blick driftete ins Leere, fast wirkte es, als spräche sie zu sich selbst. »An den Feiertagen spürt man immer am intensivsten, dass jemand fehlt.« Frau Giesebrecht sah wieder zu Wilma und lächelte tapfer.

So offene Worte war Irma von ihr gar nicht gewohnt. Normalerweise gab Frau Giesebrecht nicht viel von ihrem Leben und vor allem von ihrer Vergangenheit preis. »Verbringen Sie Weihnachten denn nicht mit ihren Kindern?«, wollte Irma wissen.

»Nein, dieses Jahr nicht. Die einen fliegen Weihnachten in die Sonne, die anderen gehen Skifahren. Alle wollen nur weg. Eine meiner Enkelinnen hat angeboten, mich mit zu ihren Schwiegereltern zu nehmen, aber die kann ich nicht ausstehen. Da bleibe ich lieber für mich.« Jetzt kramte sie in ihrer Tasche, gab vor, etwas zu suchen, aber es gelang ihr nicht, ihre Enttäuschung zu überspielen.

Irma konnte sehen, wie ihre vornehme Fassade bröckelte, und darunter kam etwas zum Vorschein, das verloren und einsam wirkte.

»Wenn Sie mich jetzt entschuldigen würden, ich habe noch etwas zu erledigen«, sagte Frau Giesebrecht und hatte es plötzlich eilig, den Laden zu verlassen.

Das Thema Weihnachten schien ein wunder Punkt zu sein. Und ausgerechnet den hatte Irma angesprochen. Sie hätte sich in den Hintern beißen können.

»Aber selbstverständlich.« Wilma hielt ihr die Tür auf. »Wie schön, Sie getroffen zu haben. Einen schönen Tag wünsche ich Ihnen.«

»Ebenfalls, meine Liebe, den wünsche ich Ihnen auch.«

Wilma sah der alten Dame hinterher, bis sie aus ihrem Blickfeld verschwunden war, und sagte dann: »Sie ist genauso wie auf der Bühne – eine wahre Grande Dame.«

»Ja, das ist sie«, stimmte Irma ihrer Oma zu. »Aber irgendwie tut es mir leid, dass ihre Familie sie an Weihnachten einfach im Stich lässt.«

Wilma zuckte seufzend mit den Schultern. »So ist das nun mal, wenn die Kinder groß sind. Jeder führt sein eigenes Leben.«

»Ich würde dich nie allein lassen.«

»Bei uns ist das etwas anderes, wir haben ja nur uns. Aber wir sprechen uns wieder, wenn du eine eigene Familie hast.«

Irma schüttelte verärgert den Kopf. Wie konnte ihre Großmutter ihr zutrauen, sie allein zu lassen? Warum musste sie immer nur so rational sein? Manchmal hätte Irma sich gewünscht, sie würde mehr Emotionen zeigen und sie öfter mal in den Arm nehmen. Aber seit dem Tod ihres Sohnes ließ sie Gefühle einfach nicht mehr zu und verschanzte sich hinter einer eisernen Rüstung aus Disziplin und Pragmatismus. »Das ändert doch nichts, ich werde trotzdem für dich da sein. Ich finde es rücksichtslos und egoistisch, über Weihnachten zu verreisen. Wenigstens den Heiligen Abend kann man doch mit seiner Mutter verbringen.«

»Da hast du vollkommen recht, aber so ist das eben heutzutage. Hast du dir eigentlich schon überlegt, was wir an Heiligabend essen wollen?«, wechselte Wilma übergangslos das Thema.

»Nein, ehrlich gesagt noch nicht. Vielleicht etwas Leichtes, eine Süßkartoffelsuppe und danach etwas Räucherlachs und Krabbensalat?«

Nachdenklich ließ Wilma ihren Blick schweifen. »Ja, das klingt doch gut«, sagte sie schließlich.

»Sag mal, was hältst du davon, wenn wir dieses Jahr bei mir feiern? Dann muss ich Houdini nicht allein lassen.«

»Ohne Baum?«

An der Art, wie sich ihre Lippen kräuselten, erkannte Irma ihre Enttäuschung. »Ich kann doch auch einen bei mir aufstellen«, beeilte sie sich deshalb zu sagen. »Und nächstes Wochenende schmücken wir ihn gemeinsam.«

Das Gesicht ihrer Großmutter erhellte sich. »Einverstanden, so machen wir es.«

Doch plötzlich fiel Irma etwas ein. »O nein, ich hab ja ganz vergessen, dass du gegen Katzen allergisch bist. Dann müssen wir Heiligabend mit Houdini wohl doch abschreiben.«

Wilma winkte ab. »Ach, das geht schon mal für einen Abend.«

Besorgnis regte sich in Irma. »Meinst du wirklich?« Sie sah eine rotnasige, schniefende Wilma vor sich, die ständig nieste und ins Taschentuch schnäuzte.

Doch ihre Großmutter tätschelte ihr beruhigend die Hand. »Ich nehme vorher einfach Antihistaminika, und dann ist der Abend gerettet.«

»Okay, wenn du meinst, dass das geht.« Irma zuckte mit den Schultern. »Magst du einen Tee oder einen Kaffee?«

Wilma winkte ab. »Ich will dich gar nicht lange aufhalten. Eigentlich wollte ich nur mal schauen, wie es mit Houdini so läuft.«

»Für ihn läuft es gut. Ihm werden viel Beachtung und Bewunderung zuteil.«

Wilma hob fragend eine Augenbraue. »Wo ist er denn überhaupt?«

»Guck mal ins Schaufenster.«

Wilmas Blick schweifte in die Auslage, dann lachte sie laut auf. »Ach du liebe Güte! Na, dann hat Houdini doch das bekommen, was er sich gewünscht hat.«

Amüsiert beobachteten sie beide, wie ein kleines Mädchen ihre Mutter an der Hand zog und mit leuchtenden Augen auf Houdini zeigte.

»Gestern kam eine junge Frau eigentlich nur seinetwegen in den Laden, weil sie ihn einmal streicheln wollte«, sagte Irma. »Letztendlich hat sie zwei Gemüsepasten und eine Flasche Olivenöl gekauft.«

Wilma schmunzelte. »Er entwickelt sich also zu einem echten Kassenmagneten. Das freut mich für dich.«

»Dafür kann er aber auch ein echter Tyrann sein, wenn er am Morgen hungrig ist. Er wirft mich regelmäßig um halb sechs aus dem Bett.« Irma seufzte. »Aber ich hab's ja nicht anders gewollt.«

»Oje, du Arme.« Wilma schnaubte belustigt. »Ich hab ihm übrigens etwas mitgebracht.« Sie zog eine Tüte Katzenminze aus ihrer Tasche, gefolgt von einer Packung Spielmäuse.

Irma nahm aus den Augenwinkeln eine Bewegung wahr und schaute zur Eingangstür.

Paul stand draußen vor der Scheibe und zog wilde Grimassen.

Manchmal verhielt er sich wirklich wie ein kleiner Junge, ging es ihr durch den Kopf. »Nicht der schon wieder«, sagte sie mehr zu sich selbst, während sie Wilma die Katzenutensilien aus der Hand nahm. Als Wilma sich auch zur Tür umwandte, hörte Paul auf, Grimassen zu schneiden, und winkte ihnen nun ganz unschuldig zu.

»Ist das nicht der Makrelen-Paule vom Altonaer Markt?« Wilma kniff angestrengt die Brauen zusammen.

Irma seufzte. »Ja, das ist er.«

»Na, bei dir geben sich ja die Hamburger Persönlichkeiten die Klinke in die Hand«, sagte Wilma belustigt und blickte Irma an. »Scheinst ihn aber nicht besonders zu mögen.«

»Er nervt einfach.«

Wilma sah wieder zur Tür, die Paul soeben öffnete. »Weiß gar nicht, was du hast, er scheint doch nett zu sein«, raunte sie schulterzuckend in Irmas Richtung.

»Was machst du denn schon wieder hier?« Irma konnte sich die Frage einfach nicht verkneifen. »Arbeitest du eigentlich nie?«

»Moin, moin, die Damen.« Paul deutete eine galante Verbeugung vor Wilma an und ging dann zum Verkaufstresen, an den er sich lässig lehnte. »Nein, ich lasse arbeiten.«

»Du sprichst jetzt aber nicht von Salami-Günthers Sohn, oder? Der machte mir nämlich nicht den Eindruck, als wäre Marktschreier der geeignete Job für ihn.«

»Der ist richtig aufgeblüht, seitdem ich ihn machen lasse. Du wirst staunen, wenn du ihn siehst.«

»Bin gespannt wie ein Flitzebogen«, murmelte Irma und rollte mit den Augen.

»Ich lasse euch beide jetzt mal allein«, ließ Wilma sie wissen und hatte bereits die Klinke in der Hand.

»Nein!« Irmas Einspruch kam etwas zu schnell und etwas zu laut, aber sie wollte auf keinen Fall wieder Pauls dumme Sprüche über sich ergehen lassen und nach Ausflüchten suchen müssen. »Bleib doch noch ein bisschen«, schob sie rasch hinterher, um nicht ganz so verzweifelt zu wirken. »Wollte dich doch noch fragen, wie es gestern mit der Entrümplung geklappt hat. Ist alles gutgegangen?«

»Die Jungs haben schnell und effizient gearbeitet, jetzt bin ich wenigstens die Sorge los.«

»Na prima, das freut mich!«

Wilma löste die Hand von der Klinke und machte ein Gesicht, als wäre ihr gerade etwas eingefallen. »Ach ja, und wie war der Gedichtabend bei dem Professor?«

»Etwas steif, aber ich hab's überlebt.« Irma lächelte schief.

»Das heißt, du wirst ihn nicht wiedersehen?« Wilma klang enttäuscht.

»Doch, ich hab ihn zum Essen eingeladen«, sagte Irma. Noch am gestrigen Abend hatte sie Fred geschrieben. Genau an diesem Wochenende war zunehmender Mond – besser hätte es nicht passen können. Es kam also nur der Freitag in

Frage. Im Notfall auch der Samstag, aber da sie am nächsten Morgen so früh auf den Markt musste, hatte sie erst mal nur den Freitagabend vorgeschlagen. Irma konnte nur hoffen, dass er so kurzfristig Zeit hatte, denn bisher ließ seine Antwort noch auf sich warten. »Damit wir endlich mal unter uns sind und uns näher kennenlernen können.« Unauffällig linste sie hinüber zu Paul. Sie wollte sehen, wie er reagierte. Vielleicht würde er ja endlich einsehen, dass er bei ihr auf Granit biss, und aufgeben, wenn sie in seinem Beisein von einem anderen Mann sprach.

Doch Paul machte ein Pokerface und tat so, als wäre er in die Betrachtung der Auslage vertieft.

Wilmas Gesicht erhellte sich. »Das klingt ja wunderbar. Ich bin gespannt, was daraus wird.« Nach einer kurzen Umarmung verließ sie den Laden.

Seufzend sah Irma ihr hinterher. Jetzt musste sie nur noch den Quälgeist hinter sich loswerden.

»Ein Professor also«, sagte Paul, kaum dass Wilma aus der Tür war. »Hätte ich gewusst, dass du auf intellektuelle Akademiker stehst, hätte ich mir bei der Auswahl der Gesprächsthemen mehr Mühe gegeben.«

Irma drehte sich ruckartig um und bedachte Paul mit einem finsteren Blick, den er mit einem amüsierten Lächeln quittierte.

»Politik, Wirtschaft, was immer dir genehm ist. Hättest nur was sagen brauchen. Smalltalk beherrsche ich genauso wie geistreiche Konversation und kann mich schnell den Gepflogenheiten einer bildungsorientierten Gesellschaft anpassen. Ich bin der Eisbrecher schlechthin und mache mir jedes Thema schnell zu eigen.« Er setzte einen selbstzufriedenen Gesichtsausdruck auf und betrachtete wie nebenbei seine Fingernägel.

»Ach, sag bloß.« Nur mit größter Anstrengung konnte Irma sich ein Grinsen verkneifen. Heute zog Paul ja wirklich alle Register. Dass er schlagfertig war und sicherlich einige unterhaltsame Anekdoten parat hatte, davon war sie überzeugt. Langweilig wurde es sicher nicht mit ihm. Aber dass man auch gehobene Konversation mit ihm betreiben konnte, war ihr neu. Gut, wenn sie ehrlich war, hatte sie sich darüber auch noch nie Gedanken gemacht.

»Tja, ich bin es gewohnt, unterschätzt zu werden.« Ein kleines, selbstgefälliges Grinsen nistete sich in seinem rechten Mundwinkel ein.

Irma bedachte ihn mit einem Augenrollen, das sich gewaschen hatte. »Vor allem kannst du dich gut verkaufen.«

Geschmeidig schlängelte Houdini sich durch das Schaufenster und hopste in den Laden, ohne ihnen Beachtung zu schenken.

»Wer kommt denn da?« Paul beugte sich zum Kater hinab. »Hey, Houdini, mein kleiner Freund!«

Der Kater blieb stehen und beschnupperte seine Hand.

Paul kraulte ihn am Hals und klopfte ihn dann sanft durch.

Houdini schien es zu gefallen. Mit erhobenem Schwanz schmiegte er sich an Pauls Schienbein.

»Wenigstens dein Partner mag mich.«

»Ne, der hat nur Hunger«, erwiderte Irma trocken.

»Sei nicht immer so kratzbürstig zu mir, sonst glaub ich noch, du stehst auf mich.«

»Eher gefriert die Hölle«, murmelte Irma.

»Werden wir noch sehen«, erwiderte Paul ebenfalls leise und richtete sich wieder auf.

Offenbar war er immer noch der Ansicht, dass er Irma irgendwann rumkriegen würde. »Du gibst wohl nie auf, was?«

»Wenn die Frau es wert ist, dann nicht.« Kurz ruhte sein Blick auf ihr, in ihm lag eine Ernsthaftigkeit, die Irma von ihm gar nicht gewohnt war.

Ein merkwürdiges Gefühl erfasste sie.

Doch schon einen Moment später wanderte sein Blick weiter und blieb am Verkaufstisch mit den Weihnachtskörben hängen. »Du hast Dominosteine!«, rief er völlig aus dem Häuschen. »Die hab ich schon als Kind so gerne gegessen.«

»Ich schenke dir eine Packung.« Und nach einer kurzen Pause fügte Irma hinzu: »Wenn du mir nicht weiter auf die Nerven fällst.«

Paul schnaubte belustigt. »Das ist Bestechung.«

»Na und? Gehst du drauf ein?«

Paul seufzte ergeben. »Meinetwegen.«

Irma hielt ihm die Dominosteine entgegen und blickte auffordernd zur Tür.

»Aber nur, weil du es bist«, sagte er, ehe ein breites Grinsen seine Mundwinkel emporkletterte. »Keine Sorge, so lange musst du ja nicht ohne mich auskommen, am Sonntag sehen wir uns ja schon wieder.«

Irma sah ihm kopfschüttelnd hinterher. Die Selbstsicherheit, die er trotz Abfuhr immer wieder an den Tag legte, war wirklich bemerkenswert.

❄ ❄ ❄

Nachdem Irma abends den Laden geschlossen hatte, warf sie zum gefühlt tausendsten Mal an diesem Tag einen Blick auf ihr Handy.

Fred hatte immer noch nicht geantwortet. Niedergeschlagen biss sie in einen der selbstgemachten Zimtsterne, die ihr heute wunderbar als Seelenfutter dienten. Irgendwie hatte sie das ungute Gefühl, dass Fred es sich anders überlegt hatte und sie gar nicht mehr treffen wollte. Oder hatte er das von Anfang an nicht beabsichtigt und war nur zu feige gewesen, ihr das direkt zu sagen?

In dieser Nacht fand Irma keinen Schlaf. Immer wieder tauchte das schöne, ebenmäßige Gesicht des Professors vor ihrem inneren Auge auf. Sein Lächeln, seine warme Stimme ... Und im nächsten Moment schob sich das Antlitz von Susanne davor, und Irma sah, wie er ihren glühenden Blick erwiderte.

Irma hätte alles dafür gegeben, dass er sie auch einmal so ansah. Sie verzehrte sich nach Fred. Ihr Herz badete in wohliger Wärme beim Gedanken an ihn, so fühlte es sich an.

Irma musste über sich selbst grinsen, während sie sich von einer Seite auf die andere wälzte. Noch kitschiger ging es ja wohl nicht. Das konnte nur mit Ellis und Henris Liebesgeschichte zusammenhängen, die hatte sie völlig gefühlsduselig werden lassen. Und genau wie ihre Tante damals bei Henri glaubte sie jetzt, dass Fred der Richtige für sie war.

10

Freds Antwort kam erst am Donnerstagnachmittag, als Irma schon nicht mehr damit rechnete.

Während sie den Preis von zwei Flaschen Glühwein und einem Christstollen in die Kasse eintippte, ploppte eine Textnachricht auf dem Sperrbildschirm ihres Handys auf und ließ ihr Herz schneller schlagen.

Am Freitagabend passt es mir. Wann soll ich da sein?

Irma quietschte vor Freude auf.

Houdini sah verschlafen zu ihr herüber und spitzte die Ohren. Dann streckte er sich ausgiebig und räkelte sich in der Ecke der Schaufensterauslage, die Irma für ihn leergeräumt hatte.

Ihr Kunde, ein älterer Herr mit Schiebermütze, blickte von seinem Portemonnaie auf. Eine Mischung aus Überraschung und Belustigung huschte über seine Züge. »Gute Nachricht bekommen?«

Irma nickte, während ein breites Lächeln ihr Gesicht eroberte. »Der Tag ist gerettet.« Ihr Herz hüpfte vor Freude. Endlich bekam sie die Möglichkeit, das magische Menü zu kochen und Freds Liebe zu gewinnen.

»Das freut mich für Sie«, sagte der Kunde und reichte ihr einen Zwanzigeuroschein.

Sobald er den Laden verlassen hatte und Irma alleine war,

kam mit der Euphorie zugleich die Angst. *Und wenn etwas schiefgeht?* Irma nagte an ihrer Unterlippe. *Und wenn schon.* Das Schlimmste, was passieren konnte, war doch nur, dass der Zauber nicht wirkte und das Essen nicht schmeckte. Im besten Fall würde sie schon ganz bald den Mann ihrer Träume an ihrer Seite haben und mit ihm im siebten Himmel schweben. Rasch schrieb Irma zurück.

Um acht Uhr und bring viel Appetit mit.

Den Abend verbrachte Irma mit Einkäufen. Sie merkte schnell, dass es gar nicht so einfach war, die Zutaten für das Liebesmenü zu beschaffen. Manche davon zu finden stellte eine echte Herausforderung dar. Sie stattete mehreren Gemüseläden, zwei Supermärkten und einem Kräuterladen einen Besuch ab, kaufte Rosen bei ihrem Lieblingsfloristen und besorgte Fleisch beim Metzger ihres Vertrauens. Als sie am Abend nach Hause kam, taten ihr die Füße weh, und die Arme schmerzten vom Taschentragen. Schon bald fiel sie erschöpft ins Bett.

❄ ❄ ❄

Am nächsten Tag schloss Irma den Laden schon um siebzehn Uhr, zwei Stunden früher als gewöhnlich, damit sie genügend Zeit hatte, das Menü vorzubereiten.

Irma band sich ihre Kochschürze um und ließ romantische Weihnachtssongs im Hintergrund laufen, um sich auf den Abend einzustimmen. Als Erstes nahm sie sich die Zutatenliste zur Hand und suchte alles zusammen, was sie brauchte, dann widmete sie sich der Essensvorbereitung.

Houdini hatte auf einem Stuhl am Küchentisch Platz genommen und beobachtete jeden ihrer Handgriffe genau. Als

Irma das Fleisch aus dem Kühlschrank holte, hielt er schnüffelnd die Nase in die Luft.

Irma schmunzelte und wickelte die Lammkeule aus dem Papier.

Houdini sprang sofort vom Stuhl und stellte sich erwartungsvoll neben sie.

Irma schnitt ein kleines Stückchen von der Keule ab. Houdini sollte natürlich auch etwas davon abbekommen.

Doch dem Kater ging das wohl alles nicht schnell genug. Während er sich übers Maul schleckte, stellte er sich auf die Hinterpfoten und stemmte sich mit den Vorderpfoten gegen Irmas Bein, um auf sich aufmerksam zu machen.

Irma sah zu ihm hinab und schüttelte den Kopf. »Du kannst es wohl nicht abwarten, was?« Kichernd hielt sie einen dünnen Streifen Fleisch in die Luft.

Sofort reckte Houdini sich in die Höhe.

Doch Irma hielt den Leckerbissen so hoch, dass er ihn nicht erreichen konnte. »Nicht so stürmisch, mein Kleiner!« Zärtlich tätschelte sie sein Köpfchen und legte ihm das Fleisch in den Fressnapf.

Schmatzend machte der Kater sich darüber her und hatte es in nur wenigen Sekunden verschlungen. Jetzt sah er zu Irma auf und bedachte sie mit einem War-das-etwa-schon-alles-Blick.

Irma lachte. »Na gut, ich will mal nicht so sein. Ein Stück noch, aber dann ist es genug.«

Nachdem sie für Houdini noch einen Streifen abgeschnitten hatte, briet sie das Fleisch von allen Seiten goldbraun an. Später würde es dann langsam im Ofen gar werden. In derselben Pfanne dünstete sie anschließend das Gemüse, würzte es und goss es mit Rotwein auf. Als sie die Auflaufform mit der Lammkeule, dem Gemüse zusammen mit dem Knoblauch und den frischen Kräutern in den Ofen geschoben hatte, machte Irma sich an die Zubereitung der Suppe für die Vorspeise. Sie bestand aus Kartoffeln und Roter Bete, dazu kamen Ingwer, Safran und Ginseng. Während sie die Weihnachtslieder mitsummte, zupfte und zerkleinerte sie, brühte auf und pürierte, bis eine köstlich sämige Suppe entstanden war.

Sie las noch einmal den Text unter dem Rezept aus Ellis Tagebuch, das aufgeklappt auf der Arbeitsfläche lag.

Mit ihren aphrodisierenden Zutaten öffnet die Suppe das Herz und den Verstand des Mannes und macht sie empfänglich für die verzaubernde Wirkung des Hauptgangs.

Perfekt! Irma rieb die Hände aneinander, ein Teil des Menüs war schon mal fertig.

Die Zubereitung des Suds für den Hauptgang stellte sich als am aufwendigsten heraus. Er war das Essentielle des Menüs, deshalb nahm Irma sich besonders viel Zeit dafür. Sie musste die einzelnen Bestandteile mit größter Sorgfalt zusammenmischen, und beim Abmessen der Mengen durfte ihr kein Fehler unterlaufen. Erneut warf Irma einen Blick auf die Zutatenliste:

5 frische Rosenblütenblätter
1 Messerspitze Rosmarin
1 Messerspitze Thymian
3 Messerspitzen Muskatnuss
3 g Apfelschalen
2 g fein geschnittener Ginseng

Als sie alle Zutaten abgewogen und in einer Keramikschale vermengt hatte, zerdrückte sie die Mischung leicht mit einem Mörser, übergoss sie mit hundert Milliliter heißem, aber nicht kochendem Wasser und ließ das Ganze genau sechseinhalb Minuten ziehen.

Den so gewonnenen Sud musste sie nun durch ein feines Sieb abgießen und dann in die Rotweinsauce mischen.

Irma tunkte einen kleinen Löffel hinein und probierte davon. Wirklich köstlich, und der essentielle Sud gab der Sauce nur eine dezente Note.

Als Nächstes schnippelte Irma die grünen Bohnen und stellte sie in einer kleinen Schale beiseite, die würde sie später nur noch in Wasser kochen müssen.

Damit Irma nicht in Zeitnot geriet, hatte sie das Dessert bereits am frühen Morgen zubereitet.

Ein letztes Mal begutachtete sie den eingedeckten Tisch mit der weißen Tischdecke, dem Kerzenleuchter, den Weingläsern und dem zartrosa Porzellangeschirr. Zufrieden atmete sie durch.

Es war bereits Viertel vor acht, als Irma unter die Dusche stieg. Sie hatte nicht vor, großen Aufwand mit ihrem Äußeren zu betreiben. Wenn der Zauber wirkte, würde Fred sie so begehren, wie sie war.

Nachdem sie die geschälten Kartoffeln zu dem Lammfilet in die Auflaufform gelegt hatte, ertönte auch schon die Klingel.

Acht Uhr – auf die Minute. Pünktlich war er schon mal. Irmas Herz geriet ins Stolpern, und eine kribblige Aufregung erfasste ihren Körper. Rasch band sie sich die Schürze ab, wie ein Hausmütterchen wollte sie nun doch nicht aussehen. Ein tiefer Atemzug vertrieb ihre Anspannung, dann war sie bereit, die Tür zu öffnen.

Fred sah atemberaubend aus. Er trug einen beigefarbenen Anzug und ein weißes T-Shirt darunter. Er hielt eine Flasche Wein in der Hand, die er Irma bei der Begrüßung überreichte.

Sie warf einen Blick aufs Etikett. Es war ein billiger Burgunder aus dem Discounter. Von Wein verstand er schon mal nichts. Aber das machte nichts, sie würde ihm das Wichtigste schon beibringen, dachte sie und grinste in sich hinein.

»Gut siehst du aus.« Er zeigte ihr sein charmantes Lächeln. Schnuppernd zog er die Luft ein. »Und wie das hier duftet.«

Irma musste ihm recht geben. Der Geruch nach frischem Rosmarin, Knoblauch und dem gebratenen Lammfleisch drang aus der Küche und war köstlich.

Fred folgte Irma ins Wohnzimmer.

»Da ist ja Ellis Katze«, sagte Fred und ging auf die cremefarbene Couch zu, auf der Houdini lümmelte. »Wie heißt sie noch gleich?«

»Houdini. Es ist ein Kater.« Hatte Irma das nicht schon bei ihrer ersten Begegnung erwähnt?

Fred strich ihm über den Rücken, worauf Houdini mit angelegten Ohren ein leises Fauchen von sich gab, aufsprang und das Zimmer verließ.

Irma hatte sogleich das Gefühl, sich entschuldigen zu müssen. »Oh, das tut mir leid. Das kenne ich gar nicht von ihm.«

Verwundert blickte sie ihrem Kater hinterher. Anscheinend mochte er keinen Herrenbesuch. Mit einem Mal kamen ihr Wilmas Worte in den Sinn, die gesagt hatte, dass der Name Houdini so gut zu ihm passte, weil er nach Ellies Aussagen aus Eifersucht auf jeden nur möglichen Konkurrenten beleidigt verschwand.

»Aber ich kenne das schon«, sagte Fred, der seine Hände jetzt in die Hosentaschen gesteckt hatte. »Als deine Großtante noch lebte, hat er mich auch immer angefaucht, wenn ich ihn streicheln wollte.«

Ups. Dann lag es wohl an Fred. Houdini konnte ihn nicht leiden – aus welchen Gründen auch immer. Ob er spürte, dass Irma den Professor gern hatte? Dann lag die Vermutung nah, dass er tatsächlich eifersüchtig war.

Das würde sich schon ändern, wenn Fred hier bald ein und aus ging.

»Wenn du ihn mit Leckerlis fütterst, wirst du sicher sein Herz im Sturm erobern«, sagte Irma so heiter wie möglich, um die abgeflaute Stimmung zu heben. »Wollen wir uns setzen und schon mal einen Schluck Wein trinken?«

Fred nickte und nahm wie selbstverständlich an der Stirnseite des Tisches Platz.

Irma füllte die Weingläser. Das Kerzenlicht zauberte funkelnde Reflexe in die rubinrote Flüssigkeit.

»Schön, dass du gekommen bist.« Feierlich erhob sie ihr Glas.

»Danke für die Einladung.« Lächelnd prostete er ihr zu, und sie stießen klirrend die Gläser aneinander.

Irma trank einen Schluck und beobachtete Fred, der den Blick durch den Raum schweifen ließ. Seine Augen glitten über das kleine Bücherregal aus Mahagoni und weiter über das Wandtattoo mit dem Kirschbaum, der in voller Blüte stand. »Gemütlich hast du es hier.«

»Danke. Freut mich, dass es dir gefällt.«

Als Fred erneut das Glas ansetzte, fiel sein Blick auf den Adventskranz, der auf dem niedrigen Couchtisch stand und auf dem eine Kerze brannte. »Unglaublich wie die Zeit vergeht. Bald ist schon wieder Weihnachten.«

»Ja, absolut«, sagte Irma gedankenverloren. »Man sollte sich viel mehr Zeit nehmen für die Dinge, die einen glücklich machen.«

Fred nickte und trank einen Schluck, ohne näher darauf einzugehen.

Doch Irma wollte das Thema vertiefen. »Was macht dich glücklich?«

Fred stellte sein Glas auf dem Tisch ab und lehnte sich nachdenklich zurück. »Mein Beruf. Den jungen Leuten Literatur zu vermitteln. An einem freien Tag auszuschlafen. Zu reisen und meinen Hobbys nachzugehen …«

Irma stützte ihren Ellbogen auf den Tisch und lehnte sich interessiert zu ihm hinüber. »Und, was sind das für Hobbys?«

Fred schlug ein Bein übers andere. »Ich spiele Tennis, ein bisschen Golf und lese natürlich viel. Zum Ausgleich mache ich Kraftsport.«

Irma versuchte, sich ihre Verwunderung nicht anmerken zu lassen. »Da bleibt ja gar keine Zeit mehr für eine Frau in deinem Leben«, sagte sie so unbekümmert wie möglich.

»Die kann ich schon noch aufbringen. Aber meine Freizeit ist mir wichtig.« Der Professor nahm noch einen Schluck aus seinem Glas. Zu Irmas Bedauern erkundigte er sich nicht danach, wie sie am liebsten ihre Freizeit verbrachte. Ein bisschen mehr Interesse hätte er schon an ihr zeigen können. *Aber was nicht ist, das wird schon noch werden.* Irma spürte die Vorfreude in sich aufwallen.

Und da war noch etwas, das sie beschäftigte. Sie räusperte sich, um dezent einen Themenwechsel anzudeuten. »Woher kennst du eigentlich all die Frauen von dem Gedichtabend?«

Fred lachte leise, während er den Wein in seinem Glas

schwenkte. »Ach, ich lerne ständig Frauen kennen. Sie sprechen mich an, im Supermarkt, beim Sport und sogar auf der Straße. Ich scheine irgendetwas an mir zu haben.«

Allerdings, das muss wohl so sein. Im Kerzenschein wirkten seine Augen noch faszinierender. Nur schwer konnte Irma sich seinem Charme entziehen.

»Und Susanne?«, fragte sie mit flatterndem Herzen. »Ihr scheint euch nahezustehen.« Sie musste es einfach wissen.

»Wir kennen uns noch nicht lange, aber sie scheint einen Narren an mir gefressen zu haben.« Sein leises Auflachen löste ein Prickeln in ihr aus. Er sah einfach zum Dahinschmelzen aus.

Für einen Moment spürte Irma Befangenheit. Sie nahm ihr Glas in die Hand und beobachtete, wie sich das Licht der Kerzen in der roten Flüssigkeit brach, dabei überlegte sie krampfhaft, was sie sagen konnte. Bisher hatte sie das Gespräch bestritten, Fred hatte immer nur recht knapp geantwortet. Die Unterhaltung kam nur schleppend in Gang, da er ihr keine Fragen stellte.

»Ich werde mal nach der Vorspeise schauen«, sagte sie resigniert, nachdem einige Zeit verstrichen war.

Irma nahm die Lammkeule aus dem Ofen und wickelte sie in Alufolie, um sie noch ein wenig ruhen zu lassen. Das Gemüse passierte sie durch ein Sieb, und die Kartoffeln ließ sie im Ofen, um sie warmzuhalten.

Nachdem sie die grünen Bohnen in kochendes Salzwasser geworfen hatte, hob sie den Deckel des Suppentopfs an. Heißer, nach Kräutern duftender Dampf schlug ihr entgegen. Sie rührte ein letztes Mal die Suppe um und füllte dann die tiefen Teller mit der sämigen Flüssigkeit. Mit zittrigen Händen servierte sie den ersten Gang.

Die Suppe leuchtete in einem satten Rot, als Dekoration

hatte Irma ein paar Stängel Schnittlauch quer über den Tellerrand gelegt. Sie hatte darauf geachtet, das Menü nach Komplementärfarben anzurichten. Das tat sie immer – Ästhetik war ihr einfach sehr wichtig. Paul hätte das bestimmt wieder als Tick bezeichnet, aber Fred schien es gar nicht aufzufallen.

Gebannt sah sie zu, wie er mit großem Appetit und glänzenden Augen Löffel um Löffel der Suppe in seinen Mund verschwinden ließ.

»Schmeckt es dir?« Erwartungsvoll sah sie ihn an.

»Interessant. Ein sehr intensiver Geschmack.«

»Ich nehme es mal als Kompliment.« Irma lächelte und fragte sich im selben Moment, wie lange es wohl dauern würde, bis sich dieser Zauber entfaltete. Bisher war davon jedenfalls noch nichts zu spüren. Fred benahm sich charmant, jedoch unverbindlich wie immer. Würde der Zauber schon gleich nach den drei Gängen seine Wirkung zeigen? Oder musste erst eine Nacht vergehen?

Irma unterdrückte ein Seufzen. Hätte sie doch nur weitergelesen, dann wüsste sie es und müsste sich nicht unnötig verrückt machen.

Schon nach wenigen Löffeln schob sie ihren Teller von sich. Mehr bekam sie vor Aufregung einfach nicht herunter. »Ich backe für mein Leben gerne und spiele in meiner Freizeit gerne Brettspiele«, sagte sie, um das Thema am Leben zu halten. »Am liebsten Backgammon.«

Ein Hauch von Desinteresse legte sich auf Freds Gesicht. »Ach ja? Ich bin lieber an der frischen Luft, das ist auch besser für den Teint.« Er stieß ein kurzes Lachen aus und nahm dann noch einen Schluck Wein.

Irma stimmte höflich in sein Lachen mit ein, wurde dann aber schnell wieder ernst. Ihr fiel nun auch nichts mehr ein, um das Gespräch in Gang zu bringen. Es wurde Zeit, den Hauptgang zu servieren.

Musste das Objekt der Begierde den ganzen Teller leeressen oder reichten schon ein paar Bissen, damit der Zauber wirkte, fragte Irma sich, während sie verstohlen beobachtete, wie Fred das Fleisch mit der Gabel aufspießte und sich genüsslich in den Mund steckte. Die Sauce musste ihm wohl besonders gut schmecken, denn er griff nach der Sauciere und goss sich den gesamten Inhalt über sein Fleisch. Irma hätte es nicht gewundert, wenn er später noch seinen Teller abgeleckt hätte.

Erleichtert atmete sie durch, als der Professor alles aufgegessen hatte und sich die Lippen mit der Stoffserviette abtupfte. Endlich konnte sie das Dessert servieren. Der ganze Abend verlief so verkrampft! Irma war sich sicher, dass es nur an ihr lag – kein Wunder, wenn sie die ganze Zeit auch so darauf fixiert war, dass das Menü seine Wirkung zeigte.

»Du bist eine gute Köchin, Irma«, sagte Fred, während er sein Schokoladen-Parfait mit Orangen-Aprikosen-Sauce löffelte. »Du kannst gerne öfter für mich kochen.«

»Ach, wirklich?« Unsicher sah sie ihn an. »Ich liebe es, für Leute zu kochen, die mein Essen zu schätzen wissen.«

Fred schwieg für einen Moment und betrachtete sie eindringlich. Seine Augen hatten einen fiebrigen Glanz angenommen.

Es ist so weit. Irmas Herz verfiel in einen schnelleren Rhythmus.

»Du bist wunderschön.« Plötzlich lag eine Wärme in Freds Stimme, die sie vorher noch nie bei ihm bemerkt hatte.

Irma musste schlucken und spürte dem Gefühl nach, das seine Worte bei ihr auslösten.

Doch da war eigentlich … nichts.

Fred warf ihr jetzt einen derart intensiven Blick aus seinen blauen Augen zu, dass ihr ein Schauer den Rücken herabrieselte. Hin und her gerissen zwischen Euphorie und dem nagenden Gefühl eines Zweifels, das sich immer heftiger in ihre Brust bohrte, schenkte Irma schnell noch mal Rotwein nach.

»Ich habe schon immer so eine Frau wie dich gesucht«, säuselte Fred. »Du bist so anders. Liebenswürdig und bescheiden.« Er griff nach ihrem Unterarm, streichelte zärtlich über ihren Handrücken.

Irma versuchte, ein kleines Glücksgefühl heraufzubeschwören, aber es wollte ihr nicht so recht gelingen. Vorher hatte sie sich so nach Fred verzehrt und nach nichts mehr gesehnt, als von ihm begehrt zu werden, doch jetzt empfand sie bei seinen schmeichelnden Worten – nichts? Wie konnte das sein?

Unzählige Gefühle blitzten in Freds Augen auf, bis nur noch Verlangen darin glühte.

Noch nie in ihrem Leben hatte ein Mann sie so angesehen.

Langsam beugte er sich zu ihr hinüber. Sein Blick wanderte hinab zu ihren Lippen.

Wollte sie das wirklich?

Die ehrliche Antwort war nein. Nichtsdestotrotz musste sie es ausprobieren. Anders würde sie nie erfahren, ob er nicht doch der Richtige für sie war.

Fred überwand die letzte Distanz, die zwischen ihnen lag, und küsste sie.

Sein Kuss schmeckte feucht. Und nach Rotwein. Irma horchte in sich hinein. Eigentlich hätte sie doch ein Kribbeln in der Magengegend spüren müssen. Oder zumindest ein sanftes Pulsieren in ihren Adern.

Vielleicht musste sie versuchen, sich fallen zu lassen, an nichts anderes mehr zu denken. Also gab sie sich Mühe, ihre ganze Konzentration nur auf diesen Kuss zu richten.

Am nächsten Morgen musste sie dringend die Vanillekipferl backen. Außerdem wollte sie Lea noch zu einem Kaffee einladen, das hatten sie sich schon so lange vorgenommen, doch immer war etwas dazwischengekommen. Und dann wurde es auch Zeit, Houdinis Katzenklo zu reinigen.

Funktioniert ja prächtig. Rasch löste Irma ihre Lippen von seinen und beendete den Kuss.

Fred sah sie mit verklärtem Blick an. »Was ist?«, fragte er und streichelte ihr über die Wange. »Hat es dir nicht gefallen?«

»Doch!« Irma versuchte einen glaubhaften Gesichtsausdruck aufzusetzen, aber es gelang ihr nicht. Alles in ihr sträubte sich auf einmal gegen Fred, und sie sah ihn mit anderen Augen. Sie hatte sich in ihm getäuscht, war auf sein ganzes Gehabe reingefallen. Sein Geruch – eindeutig zu viel Aftershave –, sein vorheriges Desinteresse an ihr und ihrem Leben, seine Geltungssucht – das alles störte sie, wurde ihr mit einem Mal bewusst.

Irma setzte ihr Rotweinglas an die Lippen und nahm einen großen Schluck.

Fred fuhr sich schon nicht mehr ganz so selbstsicher durchs Haar.

Irgendetwas war falsch gelaufen. Das Schicksal musste sich vertan haben. Das Menü hatte offenbar ihrer beider Gefühle vertauscht.

Etwas verwirrt von dieser Erkenntnis erhob sich Irma von ihrem Stuhl. Hatte sie womöglich eine der Zutaten doch falsch dosiert? Und konnte das eine solche Auswirkung auf den Zauber haben? Grübelnd griff sie nach den Desserttellern, um sie in die Küche zu bringen.

»Wo willst du denn hin? Jetzt wird es doch gerade erst schön«, säuselte Fred und hielt sie am Arm zurück. Er lächelte sein typisches Lächeln, was Irma jetzt aber nicht mehr als charmant, sondern als gekünstelt und unangenehm empfand. Seine hypnotisierende Wirkung auf sie war verflogen.

»Ich ... räume nur kurz den Tisch ab, dann komme ich wieder.« Sie brauchte einen Moment für sich, um darüber nachzudenken, wie sie Fred nun wieder loswerden konnte.

Mit einem Stück Küchenkrepp wischte sie den Rest ihres Schokoladen-Parfaits vom Teller und warf ihn in den Mülleimer.

»Läufst du etwa vor mir weg?«

Irma zuckte zusammen, als sie Freds Atem in ihrem Nacken spürte. Sanft legte er seine Lippen auf ihren Hals und zog eine feuchte Spur zu ihrem Ohr hinauf, was Irma erschaudern ließ. Das war nämlich eine äußerst empfindliche Stelle. »Lass das.«

»Wieso zierst du dich so?«, raunte er. »Ich dachte, es gefällt dir, wenn ich dich küsse.«

Irma brauchte einen Moment, um die richtigen Worte zu finden. Dann drehte sie sich ruckartig um.

Fred stand so nah vor ihr, dass sich beinahe ihre Nasenspitzen berührten.

Die Hüfte an die Küchenzeile gedrückt, versuchte Irma so weit wie möglich auf Abstand zu gehen. Sie hätte nie für möglich gehalten, dass seine Nähe ihr einmal unangenehm sein könnte. »Ich habe das Gefühl, zwischen uns stimmt die Chemie nicht«, platzte es aus ihr heraus.

»Ach ja? Wie kommst du darauf?« Ein trotziges Funkeln lag in seinen Augen. Mit solch einer Aussage musste er offenbar erst mal klarkommen. Sicherlich war es im Leben des Professors nicht oft passiert, dass ihm eine Frau eine Abfuhr erteilt hatte.

Irma hatte Mühe, nicht loszukichern. Was sie vorher an ihm als anbetungswürdig und charmant empfunden hatte, hatte sich jetzt ins Gegenteil gekehrt. Sie konnte ihn nicht mehr ernst nehmen. Er war nicht der Feingeist, für den sie ihn gehalten hatte, sondern nur ein Blender und selbstverliebter Egoist, der es genoss, angehimmelt zu werden. »Na ja ... Du hast die meiste Zeit von dir erzählt und nicht einmal nachgefragt, was ich so mache.«

»Habe ich nicht?« Freds Blick schweifte im Raum umher, als konnte er sich an ihr vorheriges Gespräch gar nicht erinnern. »Aber ... das stimmt nicht. Mich interessiert alles, was dich betrifft.« Er blickte ihr eindringlich in die Augen und umfasste ihre Hände. »Erzähl mir von dir.«

Irma biss sich auf die Unterlippe und senkte den Blick. Das hier fiel ihr nicht gerade leicht. Sie wusste nur zu gut, wie es sich anfühlte, abgewiesen zu werden. Aber sie wusste auch, dass kein Weg dran vorbeiführte, ihm jetzt klarzumachen, wie es um sie stand. »Das ist aber noch nicht alles«, sagte sie leise und hob den Blick, um ihm in die Augen zu sehen. »Bei unserem Kuss, da habe ich nichts empfunden. Tut mir leid, Fred, du bist einfach nicht der Richtige für mich.« Sie befreite sich aus seinem Griff und trat einen Schritt zur Seite, um ihren Worten Nachdruck zu verleihen. *Bitte, geh doch endlich!*

»Das kann ich nicht glauben.« Er fuhr sich durchs Haar und schüttelte den Kopf, schien jetzt richtig verzweifelt zu sein. »Lass es mich noch einmal versuchen. Ich kann es besser, ganz bestimmt.« Offenbar wollte er ihre Abfuhr nicht auf sich sitzen lassen.

Aber Irma verspürte nicht den geringsten Drang, ihn noch ein weiteres Mal zu küssen. Sosehr sie es sich auch gewünscht hatte, sie musste den Tatsachen ins Auge sehen – das mit ihr und Fred würde nie etwas werden.

Nachdrücklich schüttelte Irma den Kopf. »Nein, Fred, es tut mir leid.«

Sein Adamsapfel hüpfte auf und ab, als er ein paar Mal hintereinander trocken schluckte. »Gib mir doch wenigstens noch eine Chance.«

Der flehende Unterton in seiner Stimme konnte Irma auch nicht mehr umstimmen, er nervte sie einfach nur noch. »Fred, ich muss morgen früh aufstehen, bitte geh jetzt.«

Resigniert nickend drehte er sich um und verließ, ohne sich zu verabschieden, die Wohnung.

Sobald die Tür hinter ihm ins Schloss gefallen war, lehnte Irma sich mit dem Rücken gegen das kühle Holz, schloss für einen Moment die Augen und atmete erleichtert aus.

11

Um zehn Uhr am nächsten Morgen stand Fred bei Irma im Laden.

»Einen Kaffee zu trinken wird ja wohl noch erlaubt sein, oder?«, sagte er beim Eintreten, als er ihre schlechtgelaunte Miene bemerkte.

Und das muss ausgerechnet hier bei mir sein? Irma verkniff es sich, die Frage laut auszusprechen. Die Arme vor der Brust verschränkt, hob sie höflichkeitshalber einen Mundwinkel. »Selbstverständlich, bitte schön.« Sie bemühte sich, ihre Stimme nicht ganz so genervt klingen zu lassen, wie sie sich fühlte.

»Ich wollte mich mal bei dir umsehen.« Demonstrativ ließ Fred seinen Blick durch den Raum wandern, ehe er einen Espresso bei ihr bestellte.

Zu Irmas Erleichterung war Fred nicht der einzige Kunde im Laden, weshalb er sich recht unauffällig verhielt. Während er an seiner dampfenden Tasse nippte, las er in einem Buch, das er mitgebracht hatte.

Mit zusammengekniffenen Augen entzifferte Irma den Titel auf der Vorderseite: *Apologie des Sokrates.*

Fred schien in den Text versunken und setzte beim Lesen eine hochkonzentrierte Miene auf, die Irma aber nicht täuschen konnte. Während sie mit Frau Giesebrecht beschäftigt war, wanderte sein Blick immer wieder verstohlen zu ihr herüber.

Jetzt hatte sie den Salat. Alles war schiefgelaufen. Anstatt die große Liebe zu finden, hatte sie nun sogar zwei lästige Verehrer an der Backe. Wenigstens blieb sie heute von Paul verschont. Es reichte schon, dass er ihr morgen wieder auf die Nerven ging.

Lea und Oskar flitzten am Schaufenster vorbei. Die Finger ineinander verflochten, schwangen sie ausgelassen die Arme und lachten dabei.

Irma musste lächeln. Wie süß die beiden zusammen waren, sie hatten wirklich nur Augen füreinander. Und das, obwohl sie schon so lange zusammen waren.

Als hätte Lea ihre Gedanken gelesen, blickte sie zu ihr herüber und warf ihr einen Handkuss zu. Kaum waren die beiden aus ihrem Sichtfeld verschwunden, seufzte Irma aus tiefster Seele. Manchmal wünschte sie sich, so unbeschwert zu sein wie ihre Freundin.

»Was ist denn heute mit Ihnen los, mein Kind?«, erkundigte sich Frau Giesebrecht besorgt. »Sie wirken so niedergeschlagen, ist was passiert?«

»Nein, nichts weiter«, sagte Irma. *Nur, dass es in meinem Leben nun gar keine Aussicht mehr auf eine eigene Familie gibt*, ergänzte sie in Gedanken. »Der Temperaturumschwung macht mir irgendwie zu schaffen.« Sie warf einen demonstrativen Blick aus dem Fenster. Das Wetter hatte sich ihrem Gemütszustand angepasst. Der Himmel war grau, der Schnee taute und bildete matschige Pfützen auf dem Bürgersteig. Dahingeschmolzen wie Irmas Traum von einer Beziehung mit einem tollen Mann. Selbst das magische Menü hatte ihr nicht helfen können, sondern womöglich alles nur noch schlimmer gemacht. Sie war wirklich ein hoffnungsloser Fall.

»Nun lassen Sie den Kopf nicht hängen, der kalendarische Winter hat doch noch nicht einmal angefangen.« Beschwichtigend tätschelte Frau Giesebrecht ihre Hand. »Es kommen auch wieder bessere Tage.«

Irma blickte die alte Dame an.

Die sah ihr wissend in die Augen, ehe sie sich vertraulich zu ihr über den Verkaufstresen beugte. »Sagen Sie mal, diesen Mann dort drüben, kennen Sie den näher? Immer wenn Sie gerade beschäftigt sind, linst er zu Ihnen hinüber. Und das nicht gerade unauffällig, das ist mir nicht entgangen.«

Irma seufzte tief. »Ja, mir auch nicht. Aber was soll ich machen? Ihn rausschmeißen?«

Frau Giesebrecht schnalzte mit der Zunge. »Aber nicht doch! Er ist doch ein ansehnlicher junger Kerl.« Mit geschürzten Lippen besah sie sich ihn genauer. »Sogar ein sehr ansehnlicher junger Mann, eine richtige Sahneschnitte.« Sie kicherte wie ein junges Mädchen, während sie ihn taxierte. »Also wenn ich an ihrer Stelle wäre, würde ich nicht lang zögern.« Sie zwinkerte Irma zu. »Ich lasse Sie jetzt allein, sonst wird das ja nie etwas mit Ihnen beiden.« Den letzten Satz hatte sie so laut ausgesprochen, dass Fred aufblickte und sichtlich gegen ein Grinsen ankämpfte.

Frau Giesebrecht wandte sich um und machte Anstalten zu gehen.

Irma war neben sie getreten und raunte ihr zu: »Das können Sie mir doch nicht antun!« Sie bemerkte selbst den weinerlichen Klang ihrer Stimme.

»Ich komm später noch mal vorbei«, flüsterte die alte Dame ihr hinter vorgehaltener Hand und mit einem weiteren Zwinkern zu.

Irma seufzte. *Immer diese miesen Verkupplungsversuche.* Warum wollten sie alle an den Mann bringen? Und dann noch an die Falschen. Sie musste schon einen sehr bemitleidenswerten Eindruck abgeben.

Kaum hatte Frau Giesebrecht die Tür hinter sich geschlossen und Irma mit Fred allein zurückgelassen, pirschte er sich auch schon an sie heran – in etwa so unauffällig wie ein paarungsfreudiger Orang-Utan während der Brunftzeit. »Du hast eine wirklich gute Auswahl an Feinkost«, sagte er und lehnte sich an die Glasvitrine.

»Ach ja? Wie willst du das wissen? Du hast dich doch noch gar nicht richtig umgeschaut.«

»Das fällt doch auf, sobald man den Laden betritt.« Seine Lippen umspielte ein Lächeln, das ihr Herz noch vor kurzem zum Flattern gebracht hätte. Jetzt lag ihr ein bissiger Kommentar auf der Zunge, dass er lieber aufpassen sollte, nicht auf seiner Schleimspur auszurutschen. »Aha, ist das so?«

Fred überging ihre ironische Frage geflissentlich. Stattdessen trat er einen Schritt auf sie zu und legte seine Hand sanft auf ihren Unterarm. »Sag mal, du schließt doch heute schon um halb drei. Wollen wir dann nicht etwas gemeinsam unternehmen?«

Offenbar war er der Meinung, er würde immer noch eine unwiderstehliche Anziehung auf sie ausüben. *Klarer Fall von Selbstüberschätzung.* Irma empfand seine Berührung alles andere als elektrisierend, eher aufdringlich und unangenehm. Ihr Blick wanderte hinab zu ihrem Unterarm, den er noch immer umfasste, und hob eine Augenbraue, was er hoffentlich als Aufforderung interpretierte, sie loszulassen.

Doch weit gefehlt. Fred kapierte den Wink mit dem Zaunpfahl nicht und setzte sogar noch eins drauf, indem er ihr in einer zärtlichen Geste eine verirrte Haarsträhne hinters Ohr strich. Mit seinem Blick tastete er dabei jeden Zentimeter ihres Gesichts ab.

Irma balancierte am Rande der Selbstbeherrschung. Sie

konnte es gar nicht leiden, wenn jemand ungebeten in ihre persönliche Distanzzone eindrang. Sie entzog sich seiner Hand, die jetzt auf ihrer Wange lag, und trat einen Schritt zurück. *So ein verdammter Schleimer.*

Wie viele Frauen hatte er mit dieser Masche wohl schon rumgekriegt? So einstudiert wie es wirkte, sicherlich schon unzählige. Nur bei ihr würde er damit nicht landen.

Irma brachte ausreichend Abstand zwischen sich und Fred. »Lass das, das zieht bei mir nicht.«

»Was?«, stellte er sich dumm. Seine Stimme hatte einen zärtlichen Klang angenommen.

Irma stieß die Luft aus aufgeblasenen Wangen aus. Langsam wurde es ihr wirklich zu bunt. »Fred, habe ich dir gestern nicht klipp und klar gesagt, dass das mit uns beiden nichts wird?«

»Ich finde, ich habe noch eine Chance verdient.«

Irma entwich ein fassungsloses Schnauben. »Da bin ich anderer Meinung. Du hattest deine Chance.« Hätte man ihr erst noch vor wenigen Tagen vorausgesagt, wie sich das Blatt wenden würde, hätte sie nur ungläubig gelacht. Nie wäre ihr in den Sinn gekommen, dass sie sich darüber Gedanken machen würde, wie sie den Professor wieder loswerden konnte.

Außerdem hätte sie nie gedacht, dass sie sich jemals über Pauls Erscheinen freuen würde. Doch genau das tat sie jetzt.

»Hummel, Hummel! Da bin ich wieder.«

»Mors, Mors! Dich schickt der Himmel!« Verdammt, das war Irma nur vor Erleichterung so rausgerutscht. Unter anderen Umständen hätte sie ihn augenrollend gefragt, was er denn schon wieder hier wollte, wo sie sich doch schon morgen auf den Fischmarkt wiedersehen würden. Allerdings … Wenn sie genauer darüber nachdachte, war Paul im Vergleich zu Fred das kleinere Übel.

»Ach ja?« Paul machte einen Gesichtsausdruck, als glaubte er, sich verhört zu haben, während Freds Blick alarmiert zwischen ihm und Irma hin- und hersprang.

Jetzt war Improvisation gefragt. Schnell wandte Irma sich mit dem Rücken zu Fred. »Klar, wir sind doch heute Nachmittag verabredet«, bedeutete sie Paul mit beschwörendem Blick und hoffte, er würde mitspielen. »Du könntest schon mal die Kinokarten für uns besorgen, bevor die ausverkauft sind.«

Begriffsstutzig fuhr Paul sich über die Stirn. »Ja, könnte ich, aber ...«

»Wir wollten diesen Agentenfilm gucken, schon vergessen?«, half Irma ihm auf die Sprünge.

Offenbar verärgert, dass Paul ihm die Tour vermasselt hatte, zog Fred seine Brieftasche hervor und legte einen Fünfeuroschein auf den Tresen. »Stimmt so«, sagte er und bedachte Irma dabei mit einem durchdringenden Blick. »Bis ein andermal.«

Gott bewahre! Eine Welle der Erleichterung brandete in Irma auf. Sie sah Fred hinterher. *Seltsam, dass er die Flinte so schnell ins Korn wirft*, wunderte sie sich. Das passte eigentlich gar nicht zu ihm. Vielmehr hatte sie befürchtet, einen Hahnenkampf zwischen den beiden auszulösen. So selbstgefällig wie Fred sonst auftrat, konnte nur Kalkül hinter seinem Verhalten stecken. Bestimmt war sein Jagdinstinkt geweckt. Er würde sicher nicht gleich aufgeben, sondern das nächste Mal schwerere Geschütze auffahren. Ja, damit war zu rechnen.

»Was war das denn eben?«, fragte Paul stirnrunzelnd, kaum dass Fred aus der Tür war. »Willst du wirklich mit mir ins Kino gehen, oder hast du mich gerade etwa als Mittel zum Zweck benutzt?«

»Was glaubst du denn?« Irma nahm die benutzte Espressotasse vom Tresen und spülte sie kurz aus.

»Also nur als Mittel zum Zweck.«

»Blitzmerker«, rutschte es ihr heraus. Doch im nächsten Moment tat es ihr leid, und sie sah Paul reuevoll an.

»Dann habe ich ja meine Schuldigkeit getan und kann wieder gehen.«

Angesichts seines zerknitterten Gesichtsausdrucks musste Irma schmunzeln.

»Wer war das denn? Etwa dieser Professor, mit dem du ein Date hattest?«, wollte Paul jetzt doch wissen.

»Nein ... ähm.« *Ach, was soll's.* »Ja.« Irma stieß einen resignierten Seufzer aus. Es war nicht nötig, Paul etwas vorzumachen. Jetzt, wo die beiden sich über den Weg gelaufen waren, konnte sie Fred auch nicht mehr als ihren neuen Freund ausgeben.

»Und da benutzt du ausgerechnet mich, um diesen Lyrik-Heini loszuwerden?« Misstrauisch kniff er die Brauen zusammen.

Irma zuckte mit den Schultern. »War ja kein anderer da. Und du kamst gerade recht.«

»Verstehe.« Paul grinste.

Sieht aber nicht danach aus. Offensichtlich nahm er es als Kompliment. Irma räusperte sich. »Ehrlich gesagt, hatte ich die Wahl zwischen Pest und Cholera. Und ich habe mich für Cholera entschieden.«

»Charmant.« Sein Grinsen vertiefte sich. »Wie es aussieht, ist das Abendessen mit dem Lyrik-Heini ja nicht so gelaufen, wie du dir das vorgestellt hast.«

Irma zog es vor zu schweigen.

»Mich hast du noch nie zum Abendessen eingeladen.« Ein leiser Vorwurf schwang in seiner Stimme mit. Doch ehe

Irma darauf reagieren konnte, fand er sogleich wieder zu seiner gewohnt flapsigen Art zurück. »Wenn du willst, würde ich mich bereit erklären, mich von dir bekochen zu lassen.« Herausfordernd wackelte er mit den Brauen.

Irma verdrehte die Augen. Lieber würde sie eine Woche lang auf Plätzchen verzichten, als Paul zu bekochen. Womöglich würde er dann noch anhänglicher werden, als er es eh schon war. »Ich glaube, ich habe jetzt erst mal genug von Dates. Aber danke für dein selbstloses Angebot.«

»Wie du meinst. Aber gib den Schlüssel zu deinem Glück nicht wieder in die falschen Hände«, sagte er, und das neckende Funkeln in seinen Augen wich mit einem Mal einer Ernsthaftigkeit, die Irma nicht zu deuten wusste.

12

Gesa war bereits am Stand. Sie hatte sogar schon den Verkaufstisch mit ihrem Käse bestückt. Dass sie so früh dran war, war ungewöhnlich. Sonst bereitete sie doch morgens immer noch ausgiebig ein Care-Paket vor, das mehrere belegte Brötchen und Tee beinhaltete, so als würde ihnen eine Polarexpedition bevorstehen.

»Moin!« Irma platzierte zwei ihrer Weihnachtskörbe vorne auf den Tisch.

»Moin«, grummelte Gesa.

Irgendwas stimmte nicht mit ihr. So wortkarg, wie sie sich gab, musste ihr eine dicke Laus über die Leber gelaufen sein.

»Was sagt der Wetterbericht für heute?«, tastete Irma sich langsam vor. Wenn Gesa irgendwas auf dem Herzen lag, würde sie schon früher oder später damit rausrücken. Sie war eher der Typ, der sich den Ärger von der Seele redete, als dass sie alles mit sich selbst ausmachte. »Soll es wieder kälter werden?«

»Keine Ahnung.« Gesa war kaum zu verstehen.

»Warst du nicht diejenige, die behauptet hat, sie hätte einen guten Draht zu Petrus?« Irma zwinkerte herausfordernd. Etwas Humor als Eisbrecher konnte nie schaden.

Gesa brachte nur ein kleines Lächeln zustande. Betrübt dreinblickend half sie Irma die Ware auszuladen und auf dem Tisch anzuordnen.

So hatte Irma ihre Freundin noch nie erlebt. Normalerweise redete sie ohne Punkt und Komma und brachte sie zum Lachen. Vielleicht sollte sie ihr etwas Zeit geben, irgendwann würde sie sicher von selbst auf sie zukommen. Da Gesa Plätzchen genauso wenig widerstehen konnte wie sie selbst, bot Irma ihr einen der in Zellophan eingepackten Zimtsterne an. Doch auch den lehnte Gesa ab. Was war nur los mit ihr?

»Du bist heute so schweigsam, so kenne ich dich gar nicht«, startete Irma jetzt doch einen Versuch. »Ist irgendwas passiert?«

Gesas Gesichtsausdruck verfinsterte sich, und ihre Augen versprühten ein aufgebrachtes Funkeln, als wäre eine schwelende Wut in ihr gerade wieder aufgeflammt. »Ich hatte gestern wieder mal ein Treffen der besonderen Art. Mit einem Typen, der mich als männerverachtende Feministin beschimpft hat, nur weil ich nicht in sein patriarchalisches Weltbild passe.«

»Was? Wieso denn das?« Irma sah sie mit gerunzelter Stirn an. Gesa ließ sich sicher nicht von einem Mann über den Mund fahren oder einschüchtern, aber männerverachtend war sie beileibe nicht.

»Wir haben uns in einem Restaurant getroffen, und ich musste mir die ganze Zeit anhören, was er doch bisher für ein Pech mit den ›Weibern‹ hatte.«

Irma sah sie ungläubig an. »Hat er wirklich ›Weiber‹ gesagt?«

»Nicht zu fassen, oder? Da hat sich bei mir innerlich schon alles zusammengezogen. Kennst du das, wenn jemand mit dem Fingernagel über eine Tafel fährt?«

Irma nickte. Sie konnte das unangenehme Kratzen förmlich hören und verzog schmerzhaft das Gesicht. »Da rollen sich mir die Fußnägel hoch.«

»Genauso war es bei mir. Aber ich hab gedacht, ich lass ihn einfach reden, und hab den Abend schon unter ›Begegnungen, die keiner braucht‹ verbucht und abgehakt. Aber dann hat er noch eine Schippe draufgelegt und hat in aller Ernsthaftigkeit für die Vorherrschaft der Männer plädiert, weil die ja nicht ohne Grund den Frauen körperlich überlegen seien, so seine Worte.«

Irma lachte auf. »Klarer Fall von Profilneurose. Offenbar ist er in der falschen Zeit geboren, im tiefsten Mittelalter wäre er bestimmt genau richtig gewesen. Der hat doch ganz offenbar ein ernsthaftes Problem mit starken, unabhängigen Frauen.«

»Das nehme ich auch an. Aber ein Mammut erlegen muss ich nicht, und mein Gurkenglas und meine Weinflasche kann ich auch allein aufmachen. Ich verstehe bloß nicht, warum das bei uns ein Match war. Dabei war mein Text doch eindeutig formuliert. ›Ich brauche keinen Mann, der für mich Spinnen und Drachen tötet, ich brauche nur einen, der mich liebt, wenn ich spinne und vor allem wenn ich ein Drache bin.‹«

Irma kicherte. Das war so typisch Gesa. »Wahrscheinlich wollte er den Punkt ›sich einmal in Gefahr begeben‹ auf seiner Liste abhaken oder hat mal wieder einen Adrenalinkick gebraucht. Aber irgendwas musst du in seinem Profiltext doch auch falsch verstanden haben. Was hat er denn geschrieben?«

»›Suche Freundin, um den Mindestbestellwert beim Lieferservice zu erreichen.‹«

Ein verblüffter Laut entwich Irmas Kehle, halb lachend, halb schnaubend. »Nicht dein Ernst!«

»Mein voller! Da hat er echt Humor bewiesen. Dachte ich zumindest. Konnte ja nicht wissen, dass er das ernst meint.

Denn Humor scheint nun wirklich ein Fremdwort für ihn zu sein.«

»Dann doch lieber einen, mit dem man rumalbern kann«, sagte Irma kopfschüttelnd. Aus unerfindlichen Gründen musste sie plötzlich an Paul denken. Gut, Humor war auch nicht alles. Ein bisschen Ernsthaftigkeit und Tiefgang konnten ebenfalls nicht schaden. Irma seufzte aus tiefster Seele.

»Wo bist du denn gerade mit deinen Gedanken?«, brachte Gesa sie wieder in die Gegenwart zurück und musterte sie schmunzelnd. »Na ja, jedenfalls habe ich sein Dummgequatsche nicht länger ausgehalten und ihm mitgeteilt, dass ich gehen will«, nahm Gesa den Faden wieder auf. »Wir hatten gerade erst die Vorspeise serviert bekommen, aber das war mir egal. Natürlich hätte ich mir auch eine Notlüge einfallen lassen können, aber ich war der Meinung, selbst die hätte er nicht verdient.«

»Seinen Beschwerden über die ›Weiber‹ nach zu urteilen, war das ja auch nicht seine erste Abfuhr«, warf Irma belustigt ein. »Irgendwann muss man sich eben ein dickes Fell zulegen. Oder sich ein neues Gehirn einpflanzen lassen, dann klappt's vielleicht auch mit den Frauen.«

Gesa knuffte Irma in den Oberarm, wie sie es meist tat, wenn jemand sie zum Lachen brachte. Endlich war sie wieder die Alte. Ein wenig Dampf abzulassen hatte ihr offensichtlich gutgetan.

»Pass auf, das war ja noch nicht alles. Als ich dann nach der Rechnung verlangt habe und mein Essen selbst bezahlen wollte, ist er richtig unverschämt geworden.«

Irma schnalzte mit der Zunge. »In einer Welt voller stereotyper Rollenbilder geht das natürlich nicht«, sagte sie gespielt empört.

Gesa schüttelte resigniert den Kopf. »Ich verstehe nicht,

warum es so schwer ist, einen netten Kerl kennenzulernen. Es ist alles so ernüchternd. Dabei sehne ich mich doch nur nach einem Mann, der mir zuhört, der mich zum Lachen bringt und mir abends die Füße massiert.«

Irma kicherte, wurde aber schnell wieder ernst, als sie sah, dass Gesa weiterhin niedergeschlagen wirkte. Ständig an den Falschen zu geraten machte ihr sichtlich zu schaffen. »Ich weiß genau, was du meinst, wirklich.« Mitfühlend strich Irma ihr über die Schulter. »Es ist auch definitiv nicht einfach, den Richtigen zu finden.« Das klang jetzt bedeutungsvoller, als sie beabsichtigt hatte.

Zum ersten Mal an diesem Morgen sah Gesa ihr in die Augen. »Was ist passiert?«

»Dir kann man auch nichts vormachen, was?« Irma fing an, ein paar Marmeladengläschen umzuräumen. Eine sinnlose Aktion, jedoch wollte sie Zeit schinden, um sich zu sammeln. Sollte sie Gesa wirklich von dem Abend mit Fred und dem damit verbundenen magischen Menü erzählen?

»Du jedenfalls nicht. Man kann in dir lesen wie in einem Buch. Und nun Butter bei die Fische.«

Was soll's. Sie konnte den Teil mit der Magie ja auch einfach aussparen. »Nach einer ewig langen Zeit hat mir endlich mal wieder ein Mann gefallen.«

»Ach, wirklich? Und was soll daran so schlimm sein?«

»Der Prinz hat sich als Frosch entpuppt.«

Gesas Augen weiteten sich. »Ihr habt euch geküsst?«

Irma nickte. »Ja, aber der Kuss war nicht das Ausschlaggebende. Die rosarote Brille hat er mir schon während des Essens abgesetzt. Seine feuchte Zunge hat mich dann nur zusätzlich auf den Boden der Tatsachen katapultiert.«

»Wer war das denn? Ich kann mich nicht erinnern, dass du mir von einem Date erzählt hast.«

Irma schraubte ihre Thermoskanne auf und füllte den Becher bis zur Hälfte mit Pfefferminztee. »Hab ich auch nicht.« Sie trank einen Schluck. »Ich hab ihn erst vor einer Woche vor der Wohnungstür meiner verstorbenen Großtante kennengelernt. Er war ihr Nachbar. Am Mittwochabend war ich bei ihm zu einem Gedichtabend eingeladen. Er ist Professor für Literatur an der Uni.«

Gesa blickte sie, halb belustigt, halb ungläubig, über den Rand ihrer Lesebrille an. »Auf solche Männer stehst du also.«

»Ich hab keinen bestimmten Typ. Aber er hatte es mir irgendwie gleich angetan. Gutaussehend, charmant, belesen, ein richtiger Feingeist. Dachte ich. Ich hätte alles dafür getan, damit er Interesse an mir zeigt.«

»Und, hat er?«

»Anfangs nicht. Er schien unerreichbar für mich. Aber dann hab ich gedacht, bevor eine andere mir zuvorkommt und ihn mir wegschnappt, muss ich irgendetwas tun und hab ihn zu einem Abendessen zu mir nach Hause eingeladen.«

»Ich hätte dir gar nicht zugetraut, dass du so rangehst.«

Irma las Anerkennung in ihrem Blick und musste schmunzeln. »Ich mir auch nicht. Es hat aber gutgetan, mal über sich hinauszuwachsen.«

»Und was genau ist dann vorgefallen?« Gesa schien jetzt ganz bei der Sache, ihr eigenes Problem mit den Männern schien fürs Erste vergessen.

»Er hat nur von sich geredet und sich kein bisschen für mein Leben interessiert.«

»Ha!« Gesa winkte ab. »Die Sorte Mann kenne ich zur Genüge.« Sie zog eine Packung Tic-Tacs aus ihrer Jackentasche. »Das schreit nach einem Stimmungsaufheller.«

Irma ließ sich zu einem Lächeln hinreißen und hielt ihr die offene Hand hin.

Gleich fünf Tic-Tacs landeten auf ihrer Handfläche, die sie sich alle auf einmal in den Mund steckte. »Eigentlich hätte es mir schon viel früher auffallen müssen«, knüpfte sie wieder ans Thema an. »Bei diesem Gedichtabend, den Fred einmal die Woche veranstaltet, schart er ausnahmslos Frauen um sich, die ihm bewundernd an den Lippen hängen. Er ist ein Blender, weiter nichts. Und du hättest mal sein Bad sehen sollen. Ich habe noch nie einen Mann getroffen, der so viele Pflegeprodukte benutzt.«

»Ein eitler Pfau also. Aber warum ist dir das nicht gleich aufgefallen?«

Irma überlegte. Konnte sie Gesa wirklich von dem magischen Menü erzählen, oder würde ihre Freundin sie für verrückt erklären? Zu gerne hätte sie sich ihr anvertraut und gewusst, was sie davon hielt. »Vermutlich wäre es mir nie aufgefallen, wenn der Liebeszauber nicht das Gegenteil bewirkt und mir die Augen geöffnet hätte«, sagte sie schließlich, ohne sich länger den Kopf über Gesas Reaktion zu zerbrechen.

»Liebeszauber?« Gesa guckte verdutzt. »Wovon sprichst du? Ich komm nicht mehr mit.«

»Ich habe das noch niemandem erzählt ... In der Wohnung von Tante Elli habe ich ihr Tagebuch gefunden und daraus erfahren, dass sie meinem Onkel seinerzeit ein magisches Liebesmenü gekocht hat, das offensichtlich seinen Zweck erfüllt hat.«

Gesa nahm ihre Brille ab und kniff die Augen zusammen, als könnte sie Irma so an der Nasenspitze ablesen, ob sie sie gerade auf den Arm nahm.

»Sie waren viele Jahre glücklich miteinander«, beeilte sich

Irma zu sagen, und es klang fast wie eine Rechtfertigung. Als müsste sie sich selbst davon überzeugen, dass es in Ordnung war, so etwas zu tun.

Der erstaunte Blick ihrer Freundin traf sie. »Jetzt sag nicht, du hast dieses Menü nachgekocht?«

Irma hob einen Mundwinkel und nickte. »Genau das hab ich getan. In der verwegenen Hoffnung, dass es bei mir und Fred genauso klappt.«

Gesa lachte auf. »Wer jemals im Leben hoffnungslos verliebt war, weiß, dass man auf die seltsamsten Ideen kommt, wenn man glaubt, damit sein Glück zu bekommen.« Nachdenklich senkte sie den Blick. »Vermutlich hätte ich es auch ausprobiert. Schon aus reiner Neugier.«

Irma fiel ein zentnerschwerer Stein vom Herzen. Gesa hatte Verständnis und hielt sie nicht für eine abgedrehte Spinnerin. Es tat gut, mit ihr darüber zu reden und in ihr eine Vertraute gefunden zu haben.

»Aber mit Magie ist nicht zu spaßen«, gab Gesa jetzt mit mahnendem Zeigefinger zu bedenken.

»Bei einem einfachen Liebeszauber kann doch niemand zu Schaden kommen. Es war ja keine böse Absicht dahinter. Ich habe weder kleine Puppen verbrannt noch Tieropfer gebracht. Glaubst du an so was wie Voodoo-Magie?«

Gesa zuckte mit den Schultern. »Mit Gedankenkraft kann man einiges bewirken. Es ist so eine Art selbsterfüllende Prophezeiung.« Sie sah Irma einen Moment schweigend an. »So was kann auch nach hinten losgehen.«

»Na ja, ist es ja auch irgendwie.«

»Aber eigentlich kannst du doch froh sein, dass sich der Zauber umgekehrt hat und du diesen Fred jetzt siehst, wie er wirklich ist. Besser als unglücklich verliebt zu sein, oder?«

»Schon. Aber jetzt ist *er* in Liebe zu mir entbrannt.«

Gesa sah sie ungläubig an.

»Na ja, irgendwie muss das magische Menü alles verdreht haben. Obwohl ich ihm klargemacht habe, dass das mit uns nie was werden wird, schreibt er mir dauernd Nachrichten und stellt mir nach.«

Gesas Augen weiteten sich. »Er tut was?«

»Gestern ist er zu mir in den Laden gekommen und hat mich die ganze Zeit verstohlen beobachtet. Das ist sogar einer meiner Stammkundinnen aufgefallen. Und nach Feierabend, als ich noch kurz bei meiner Freundin im Friseursalon vorbeischauen wollte, hat er mich vor meinem Laden abgepasst, um mich noch mal in ein Gespräch zu verwickeln.«

»Ach, du meine Güte! So was kann man in etwa so gut gebrauchen wie Hämorrhoiden.«

Irma schnaubte belustigt. »Du sagst es. Meine Zurückweisung kann er anscheinend nicht akzeptieren, damit kommt er einfach nicht klar. Ich habe keine Ahnung, wie ich ihn jetzt wieder loswerde.«

»Sag ihm, du hast jemanden kennengelernt.« Gesa biss herzhaft in einen Müsliriegel. »Das müsste klappen.«

»Das hab ich schon probiert, funktioniert leider auch nicht.« In dem Moment wurde die Öffnung des Marktes verkündet.

»Ach wirklich?«, schrie Gesa gegen die Lautsprecheransage an. »Welchen Traummann hast du dir denn da zurechtgeschnitzt?«

»Na ja … Traummann kann man ihn jetzt nicht gerade nennen.« Irma lächelte schief und gab sich dann einen Ruck. »Paul war gerade zur rechten Zeit am rechten Ort, und ich hab einfach so getan, als wenn wir verabredet wären. Aber trotzdem hat Fred danach wieder die Nähe zu mir gesucht.«

Irma traute sich nicht, Gesa ins Gesicht zu sehen. Im Nachhinein wusste sie selbst, dass sie einen Fehler gemacht hatte, und ihr schlechtes Gewissen meldete sich mit aller Macht zurück.

Gesa sah sie von der Seite an. »Und dafür musstest du dir ausgerechnet Paul aussuchen?«

Irma seufzte. »Ja, ich weiß, war keine gute Idee. Aber ich hab mir nicht anders zu helfen gewusst, und er war gerade da …«

»Das war wirklich nicht sehr schlau. Damit hast du ihm nur Hoffnung gemacht.«

Auch wenn Irma die ehrliche Offenheit ihrer Freundin schätzte, Vorwürfe brachten sie jetzt auch nicht weiter. Sie konnte es nun mal nicht mehr ungeschehen machen. »Ich weiß, das war wirklich dumm von mir. Ich könnte mir jetzt noch in den Hintern beißen.«

Gesa seufzte. »Jetzt hast du also zwei Typen an der Backe.«

Irma lächelte schief. »So könnte man es ausdrücken.«

»Sieh es mal so, manche wären schon glücklich, wenn sie wenigstens einen hätten.« Gesa knuffte ihr den Ellbogen in die Seite und lachte schallend.

Ein älteres Pärchen schlenderte auf ihren Stand zu. Der Mann hielt eine Videokamera auf sie gerichtet. »Schon am frühen Morgen sieht man hier gutgelaunte Gesichter«, verkündete er im Tonfall eines Sportreporters. »Was haben wir denn hier Schönes?«

Gesa streckte den Arm vor und hielt abwehrend eine Hand vor die Linse. »Filmen darf nur der, der auch kauft«, sagte sie, ohne eine Miene zu verziehen.

Der Mann ließ seine Kamera sinken. Für einen Moment herrschte Schweigen. Betroffene Gesichter blickten ihnen entgegen und entlockten Irma ein prustendes Lachen.

»Scherz«, bekräftigte Gesa mit einem Zwinkern. »Aber wenn ich ins Fernsehen komme, will ich vorher davon erfahren.«

Diesmal ging ihr keiner auf den Leim, und die Lacher waren auf ihrer Seite.

Plötzlich wanderte der Blick des Mannes nach oben in den Himmel. »Oh! Ich glaub, ich hab gerade einen Tropfen abbekommen.«

»So ein Schietwetter!«, entfuhr es Irma. »Weiße Weihnachten können wir wohl vergessen. Wäre ja auch zu schön gewesen.«

»Bisher nieselt es nur, Regen ist erst, wenn die Heringe auf Augenhöhe vorbeischwimmen«, gab Gesa einen der typischen Hamburger Sprüche zum Besten. »Und Weihnachten ist erst in zwei Wochen. Durch so ein bisschen feuchte Luft lassen wir uns doch nicht unsere Laune verderben, nicht wahr?« Sie hielt den beiden potenziellen Kunden ihren Käseprobierteller entgegen. »Hier, greifen Sie zu.«

Fünf Minuten später und um zehn Euro reicher, wandte sich Gesa wieder an Irma. »Noch mal um auf das Thema mit dem anhänglichen Professor zurückzukommen, du könntest den Spieß doch einfach umdrehen und dich wie ein Klammeräffchen verhalten. Erzähle ihm, wie wichtig es für dich ist, zu heiraten, und dass du dann gleich einen ganzen Stall voller Kinder haben willst. Das schreckt doch so gut wie alle Männer ab.«

»Meinst du, das nützt was? Dieser Zauber hat ja nichts mit Freds wahren Gefühlen zu tun.«

»Irgendwie kann er einem schon wieder leidtun. Stell dir vor, er ist sein ganzes Leben lang unglücklich in dich verliebt.«

»… und hängt mir wie ein Klotz am Bein. Das möchte ich

mir lieber nicht vorstellen. Ich kann nur hoffen, dass der Zauber irgendwann seine Wirkung verliert.«

»Vielleicht gibt es ja einen Gegenzauber«, erwiderte Gesa nachdenklich und reichte Irma in Frischhaltefolie eingepackte Tramezzini. »Wir sollten uns mal schlaumachen.«

»Etwa mit Thunfisch und Kapern?«

Gesa nickte. »Und mit Oliven und Frischkäse, wenn du es genau wissen willst.«

»Köstlich!« Natürlich konnte Irma nicht widerstehen. Voller Vorfreude befreite sie eines der italienischen Sandwiches aus der Folie und machte sich mit großem Appetit darüber her.

Andächtig lauschten sie dem steten Tröpfeln des Regens auf die Überdachung ihres Standes und aßen dabei genüsslich, bis Gesa plötzlich einen erfreuten Laut ausstieß. »Mir ist gerade eine Idee gekommen! Wenn der Liebeszauber alles verdreht hat, dann könnte es bei Paul doch auch funktionieren.«

Ihre Stirn in Falten gelegt, hielt Irma im Kauen inne. »Was meinst du?«

»Na ja, Paul steht auf dich, das sieht doch jeder, und dich nervt es, dass er ständig bei dir aufschlägt und dir dumme Sprüche an den Kopp haut. Wenn du ihm nun das Liebesmenü kochst, könnte es doch bewirken, dass seine Gefühle für dich abflauen und er kein Interesse mehr an dir zeigt, genauso wie es dir mit dem Professor ergangen ist.«

»Und wenn nicht?«, fragte Irma kauend.

Gesa zuckte mit den Schultern. »Dann bleibt alles, wie es ist, und du musst weiterhin mit seiner Hartnäckigkeit klarkommen. Aber du hast es zumindest probiert.«

Irma sah sie nachdenklich an.

»Einen Versuch ist es wert, findest du nicht?«

»Dann bräuchte ich auch keine Gewissensbisse mehr zu haben, ihn als Mittel zum Zweck benutzt zu haben«, sprach Irma ihre Gedanken laut aus. »Ich könnte ihm die Einladung als indirekte Entschuldigung verkaufen.« Sie sah Gesa an. »Ein genialer Einfall von dir.«

»Ich habe nur geniale Einfälle, wusstest du das nicht?«

13

Schau mal, wer da kommt«, brachte Gesa zwischen zusammengepressten Zähnen kaum verständlich hervor.

Die Hände in die Jackentaschen geschoben, lief Paul im Schlenderschritt auf sie zu. »Moin, die Damen!«

Geschäftig scrollte Gesa in ihrem Handy, tat so, als sei sie ganz in irgendetwas vertieft.

»Na, hast du dich wieder von deinem lästigen Verehrer erholt?«, fragte er Irma in spöttischem Tonfall.

»Wie man's nimmt.« Irma stieß einen schweren Seufzer aus. »Gut, dass du es ansprichst. Ich wollte dir sagen, dass es mir leidtut, dass ich dich benutzt habe, um ihn loszuwerden.«

Eine Augenbraue misstrauisch in die Höhe gezogen, sah Paul sie an. »Solche Töne kenne ich gar nicht von dir. Du willst mich verscheißern, oder?«

»Nein, ich will dich zum Essen einladen«, erwiderte Irma, ohne eine Miene zu verziehen.

Paul lachte auf, als hätte Irma einen Scherz gemacht.

Die wechselte einen bedeutungsvollen Blick mit Gesa, die wieder neben sie getreten war.

Das Lachen erstarb auf Pauls Lippen, und er sah sie ungläubig an. Damit hatte er augenscheinlich nicht gerechnet.

Irma erlebte einen der seltenen Momente, in denen er sprachlos war.

Paul öffnete lediglich den Mund und schloss ihn wieder.

»Sagtest du nicht gestern erst, du hast vorläufig genug von Dates?«, brachte er nach vier Sekunden intensiven Schweigens dann schließlich doch noch hervor. *Wieder dieser misstrauische Blick.*

»Sieh es nicht als Date, sondern als Wiedergutmachung«, stellte Irma klar. Er sollte sich nur ja keine falschen Hoffnungen machen.

»Okay?« Es klang eher wie eine Frage als eine Antwort. »Aber du solltest wissen, dass ich verwöhnt bin, was gutes Essen betrifft.« Trotz des typisch herausfordernden Lächelns schwang keinerlei Ironie in seinen Worten mit.

Na wenn das mal gutgeht. Plötzlich kamen Irma Bedenken, ob es wirklich eine gute Idee war, ihn zu sich nach Hause einzuladen. Ein seltsames Gefühl vereinnahmte sie. Was, wenn ihm das Essen nicht schmeckte, er kaum etwas davon aß und der Zauber deshalb nicht wirkte? Auch wenn sie sich für eine akzeptable Köchin hielt, Geschmäcker waren schließlich verschieden.

Plötzlich hatte sie Angst vor der eigenen Courage. Was, wenn alles schieflief und er versuchte, ihr an die Wäsche zu gehen?

Nein, ihr Gefühl sagte etwas anderes. So ein Typ war er nicht. Niemand, der auch nur einen Funken Menschenkenntnis besaß, würde das glauben. So oder so, jetzt gab es kein Zurück mehr. Paul würde zu ihr nach Hause kommen und sie würde dafür sorgen, dass er alle Gänge zu sich nahm. Und danach war sie ihn hoffentlich ein für alle Mal los.

»Klingt ja fast so, als wolltest du Irma ihre Einladung ausreden«, warf Gesa belustigt ein.

»Ach, war doch nur Spaß«, sagte Paul augenzwinkernd. »Na ja, nicht ganz«, fügte er im gleichen Atemzug hinzu.

»Ich bin quasi in einem Restaurant groß geworden, das solltest du wissen. Man muss sich ganz schön ins Zeug legen, um mich zufriedenzustellen. Mein Vater war ein exzellenter Koch, der mir einiges beigebracht hat.« Seine Augen blitzten.

Doch Irma würde sich von seiner provokanten Art nicht mehr ins Bockshorn jagen lassen. Bei dem Typen halfen nur Ignoranz und ein dickes Fell. »War? Ist er es nicht mehr?«

»Doch schon, aber er ist jetzt im wohlverdienten Ruhestand. Wir könnten ja auch zusammen etwas kochen. Was hältst du davon? Ich könnte vorher ...«

Ach du liebe Güte. Wie sollte sie dann das Liebesmenü kredenzen? »Nein, nein, ich muss dich bekochen«, fiel Irma ihm eilig ins Wort. »Sonst gilt es ja nicht mehr als Entschuldigung.«

Paul nickte anerkennend. »Eine Frau mit Prinzipien, das gefällt mir.«

Irma musste zugeben, dass ihr die Idee, gemeinsam zu kochen, gefiel. Aber sicher nicht mit diesem Plagegeist, der da vor ihr stand.

»Wann soll ich kommen?«

Je eher er käme, desto schneller würde sie ihn wieder los. Außerdem befanden sie sich noch in der Phase des zunehmenden Mondes. »Morgen oder übermorgen. Wann es dir passt.«

Paul kniff die Augenbrauen zusammen. »Unter der Woche? Aber du musst doch immer früh aufstehen. Ist es nicht besser, du bekochst mich am Wochenende?«

»Ach nö, das ist schon in Ordnung.« Irma rechnete damit, dass die ganze Prozedur nicht länger als zwei Stunden dauerte und Paul gegen zweiundzwanzig Uhr – sobald die Ernüchterung eintrat – den Abgang machte.

»Wie es dir genehm ist. Dann komme ich direkt morgen.

Um wie viel Uhr soll ich da sein und was soll ich mitbringen?«

Bloß kein Geschenk. Vor Irmas innerem Auge tauchten geschmacklose Weihnachtswichtel auf, die sie wieder irgendwie loswerden musste. »Um acht Uhr. Und bitte nichts mitbringen.« Sie rang sich ein Lächeln ab.

»Mir fällt schon was ein.« Mit den Fingerknöcheln klopfte er auf die Tischplatte. »Bis morgen, ich freu mich.«

»Und ich wäre froh, wenn ich es schon hinter mich gebracht hätte«, murmelte Irma, kaum dass Paul außer Hörweite war.

»Einen kurzen Moment lang hatte ich das Gefühl, dass er mit der Einladung total überfordert war«, sagte Gesa belustigt. »Ich glaube, das könnte klappen.«

»Dein Wort in Gottes Ohr.« Irma schnappte nach Luft und verzog daraufhin schmerzlich das Gesicht. Bei all der Spontanität hatte sie völlig vergessen, dass sie das Ganze ja auch noch vorbereiten musste.

Gesa sah sie fragend an. »Was ist?«

»Na ja, ich muss die Zutaten noch besorgen, und um die Lammkeule vorzubereiten, brauche ich auch noch Zeit. Ich fürchte, jetzt war ich etwas zu spontan. Ich kann doch morgen nicht den ganzen Tag den Laden schließen.«

»Ich bin doch auch noch da. Morgen wollte ich mir eh freinehmen, ich kann dich in der Zeit vertreten. Das kriegen wir schon hin.«

Irma lächelte erfreut. »Wirklich, das würdest du tun?«

Gesa zuckte mit den Schultern. »Ist doch für einen guten Zweck.«

»Du könntest um die Mittagszeit kommen, da ist immer wenig los. Dann erkläre ich dir die Kasse, und danach kann ich schnell einkaufen gehen.«

»Überhaupt kein Problem. Bei dir wird es ja nicht groß anders ablaufen als in dem Käseladen, in dem ich früher gearbeitet habe. Und am Nachmittag gehst du nach oben und beginnst mit den Vorbereitungen. Wenn etwas ist, dann rufe ich dich an.«

»Das klingt nach einem guten Plan! Spätestens zum Ladenschluss komm ich runter, um die Abrechnung zu machen.« Irma zog Gesa in eine herzliche Umarmung. »Ich weiß gar nicht, wie ich mich dafür revanchieren kann.

Gesa lachte auf. »Ach, da fällt uns bestimmt etwas ein.«

❄ ❄ ❄

Zwei Stunden später wanderte Irmas Blick über die Verkaufsfläche mit den Weihnachtsbäumen mitten auf dem Marktplatz. Die Auswahl war groß. Teilweise mit Netzen zusammengehalten, wurden in allen Größen hauptsächlich Nordmanntannen angeboten. Es dämmerte bereits, und das Licht der Weihnachtsbeleuchtung erhellte den Platz. Menschen drängten an Irma vorbei, die meisten schienen es eilig zu haben. Der Duft von Glühwein und gebrannten Mandeln stieg ihr in die Nase. Schlagartig bekam sie Appetit auf etwas Süßes. Rechts von ihr reihten sich drei Holzbuden aneinander, ihre Dächer waren mit Tannengrün geschmückt, und Lichterketten spannten sich von Hütte zu Hütte. Der Weihnachtsklassiker *Rockin' Around the Christmas Tree* drang an ihr Ohr und lockte sie näher. *Warum eigentlich nicht?* Irma beschloss, ihren Gelüsten nachzugeben und sich erst mal etwas Warmes zu genehmigen. Bei dem nasskalten Wetter konnte sie sich das ruhig mal gönnen. Sie kaufte sich eine Tüte gebrannte Mandeln und dazu einen Glühwein bei dem netten Verkäufer mit der Weihnachtsmannmütze. Dann gesellte sie sich zu einer jungen Frau mit Kinderwagen an einen Stehtisch und beobachtete das Treiben um sich herum. Neben ihr lachten drei ältere Damen Tränen, ihre Männer standen gutgelaunt daneben und aßen Bratwurst. Der kleine Junge im Kinderwagen lächelte glückselig, als seine Mutter ihn an ihrem kandierten Apfel lutschen ließ, und brachte Irma zum Schmunzeln. Sie nahm einen Schluck von ihrem Glühwein, der ein wohlig warmes Gefühl in ihrem Magen hinterließ. Die Mandeln hatten ein angenehmes Röstaroma und schmeckten leicht nach Karamell, genau so wie Irma sie mochte. Das hell blinkende kleine Kettenkarussell schwebte durch die Luft und drehte unablässig seine Runden, während ab und an Kinderlachen zu ihr hinüberschallte.

Nachdem sie ihre Tasse ausgetrunken hatte, schlenderte sie beschwingt zu den Weihnachtsbäumen. Jetzt fühlte sie sich bereit, ihre Wahl zu treffen.

❄ ❄ ❄

Mit der Nordmanntanne unterm Arm drehte Irma den Schlüssel im Schloss und öffnete die Tür zu ihrer Wohnung.

Houdini empfing sie mit hochgestelltem Schwanz und leisem Gurren.

»Ich freue mich auch, dich zu sehen, mein Süßer!« Rasch legte sie den Baum auf dem Boden ab und nahm ihren Kater auf den Arm, um ihm über sein weiches Fell zu streicheln.

Er fuhr mit seinem feuchten Näschen über ihre Wange und bekundete seine Wiedersehensfreude durch lautes Schnurren.

Als Irma sich auf den Weg in die Küche machte, um zu schauen, ob Houdini seinen Napf leergefressen hatte, entdeckte sie einen Brief auf dem Boden. War der ihr beim Weggehen aus der Tasche gefallen?

Stirnrunzelnd bückte sie sich und hob ihn auf. Nein, den

Brief hatte sie noch nie gesehen. Oder hatte ihn ihr jemand durch den Briefschlitz geworfen? Irma drehte sich zum Eingang. Von der Entfernung her konnte das hinkommen.

Ein pudrig süßlicher Duft stieg ihr in die Nase. *Da hat aber jemand nicht an Parfüm gespart*, dachte sie, und plötzlich beschlich sie eine Ahnung.

Der kleine Umschlag ließ sich leicht öffnen, weil er nicht richtig zugeklebt war. Mit flinken Fingern zog Irma eine rote Pappkarte daraus hervor und las die gut leserlichen Sätze in schön geschwungener Schrift:

Ich bin mir meiner Seele In deiner nur bewusst,
Mein Herz kann nimmer ruhen,
Als nur in deiner Brust!
Mein Herz kann nimmer schlagen
Als nur für dich allein. Ich bin so ganz dein eigen,
So ganz auf immer dein.

Amüsiert schnaubend blickte Irma auf. Das Gedicht konnte nur von Fred sein, diese Aktion trug eindeutig seine Handschrift. Was erhoffte er sich nur davon? Dass sie es sich durch die schwülstigen Worte dieses Dichters anders überlegte und plötzlich in Liebe zu ihm entbrannte? *Sicher nicht.* Im Gegenteil. Langsam war Irma ratlos. Wenn das so weiterging, musste sie wohl noch schärfere Geschütze auffahren, um ihn loszuwerden.

❄ ❄ ❄

Pünktlich um sechzehn Uhr am gleichen Nachmittag klingelte es an Irmas Wohnungstür.

»Hast du eine Tanne bekommen?«, fragte Wilma, ohne auch nur eine Begrüßung vorauszuschicken. Beladen mit zwei großen Pappschachteln voller Weihnachtsschmuck, war sie noch ganz außer Atem vom Treppensteigen.

»Klar«, sagte Irma lächelnd. Sie wusste nur zu gut, welchen großen Wert ihre Großmutter auf einen schön geschmückten Weihnachtsbaum legte. Das war nicht verwunderlich für einen Menschen, der Traditionen pflegte. »Er wird dir gefallen. Komm erst mal rein.« Irma nahm ihr die Schachteln aus der Hand.

Von Wilmas Mantel perlten Regentropfen ab, während sie ihre nassen Stiefel am Fußvorleger abstrich.

Nachdem sie sich ausgezogen und ihren Schal abgelegt hatte, folgte sie ihrer Enkelin ins Wohnzimmer.

Ein herrlicher Duft nach Tannennadeln empfing sie. Zwei Kerzen brannten am Adventskranz, und aus Irmas Lautsprecherboxen schallte Bing Crosbys *White Christmas*, ein Song, den Wilma ganz besonders mochte.

»Der ist aber schön!« Vor Begeisterung klatschte sie in die Hände und blickte auf das Bäumchen, dessen Äste gleichmäßig und dicht vom Stamm wuchsen. Irma hatte es in der Ecke neben dem Balkonfenster platziert, wo es jetzt auf dem kleinen Beistelltisch thronte, der es größer wirken ließ als es eigentlich war.

»Wie hast du ihn denn in den zweiten Stock bekommen? Hattest du Hilfe?«

Irma schüttelte den Kopf, während sie die beiden Schachteln auf dem Boden abstellte. »So groß ist er ja nicht, und ins Netz gehüllt hat er sich gut tragen lassen.«

»Und das bei dem ekelhaften Wetter.« Wilmas Blick wanderte zum Fenster.

Der Himmel war in ein trübes Grau gekleidet, und dramatische Wolken ballten sich am Horizont.

Irma zuckte mit den Schultern. »Bin ja nicht aus Zucker.

Hab das direkt nach dem Fischmarkt erledigt. Gleich auf dem Marktplatz gibt es einen Weihnachtsbaumverkauf.«

»Da hast du wirklich eine gute Wahl getroffen«, lobte Wilma sie.

»Ich hab uns ein Stück vom Stollen aufgehoben. Sollen wir erst eine Tasse Kaffee trinken und ihn essen, bevor wir anfangen?«

»Erst die Arbeit, dann das Vergnügen«, erwiderte Wilma in gespielt strengem Ton und wackelte mahnend mit dem Zeigefinger. Dann sah sie wieder aus dem Fenster und seufzte tief. Offenbar konnte sie sich nur schwer von diesem apokalyptischen Anblick losreißen. »Laut Wetterbericht sollen die Temperaturen in den nächsten Tagen wieder sinken, und es soll weiterhin Niederschlag geben.«

»Dann gibt es wohl doch noch Hoffnung auf weiße Weihnachten?« Irmas Miene erhellte sich bei dem Gedanken.

»Träum weiter. Ich befürchte eher, so kalt wird es nicht.« Wilma verzog das Gesicht. »Dafür haben sie Blitzeis für morgen gemeldet.«

Irmas Zuversicht verpuffte, und ein tiefer Seufzer entfuhr ihr. Weihnachten rückte näher und ihre Hoffnung auf Schnee in immer weitere Ferne. »Ach du je, dann ist das Chaos auf den Straßen bereits vorprogrammiert.«

Wilma nickte, während sie die Sortierboxen mit den Christbaumkugeln aus den Pappschachteln hob und auf den Couchtisch neben den Adventskranz stellte. »So, von mir aus kann's losgehen.«

Als wäre das Houdinis Stichwort gewesen, sprang er von der Couch und ließ sich nach einer ausgiebigen Schnüffelrunde in eine der Schachteln nieder.

»So ein Plätzchen aus Pappe ist ja auch viel gemütlicher als der olle Katzenkorb«, stimmte Irma ihm belustigt zu, ehe sie sich dem Weihnachtsschmuck zuwandte. »Wir sollten die Kugeln vor ihm in Sicherheit bringen, sonst können wir das mit dem Christbaumschmuck dieses Jahr vergessen. Die Schaufensterdeko im Laden musste auch schon teilweise dran glauben. Jetzt tut er noch unschuldig, aber sobald wir ihm den Rücken kehren, stürzt er sich auf die Box, spielt mit den Kugeln und fegt sie dann mit der Pfote vom Tisch.«

»Dann stelle ich sie einfach auf die Komm…« Wilma musste gleich mehrmals niesen und sich daraufhin erst mal kräftig schnäuzen.

Irma nahm ihr schnell die Sortierboxen aus der Hand und rettete sie auf die Kommode. »Oje, hast du keine Tablette gegen die Allergie genommen?«

Wilma verzog das Gesicht, als würde gleich der nächste Nieser folgen, aber diesmal blieb sie verschont. »Ich dumme Gans hab sie vergessen. Aber ich werde es überleben. Solange es kein Asthma wird, kann ich es aushalten.«

Irma nickte mitfühlend und nahm dann den Weihnachtsschmuck in Augenschein. »Schau mal, Oma.« Sie ließ eine zapfenförmige rote Kugel an ihrem Finger baumeln und betrachtete sie verzückt. »Die fand ich schon immer am schönsten, und sie hat all die Jahre überlebt.«

»Ein Geschenk von deinem Vater, als er noch ein Kind war«, sagte Wilma.

»Das wusste ich gar nicht.« Irma schluckte.

Schweigen legte sich wie ein bleiernes Tuch über die beiden. Immer, wenn sie auf Irmas Eltern zu sprechen kamen, lag Beklommenheit in der Luft. Es gab keine Worte für den Schmerz, der dann aufflammte. Das war bis heute so.

Wie ein schweres Gewicht legte sich Trauer auf Irmas Brust und schnürte ihr die Kehle zu. Seit dem Tod ihrer

Eltern vermisste sie nichts so sehr wie die Geborgenheit, die sie ihr immer gegeben hatten. In Wilmas Gegenwart traten Erinnerungen an die Oberfläche ihres Bewusstseins, die nach all der Zeit noch immer schmerzten. Regelmäßig an Heiligabend schlich sich die Melancholie ein, wie ein ungebetener Gast, der sich einfach zwischen sie setzte. Auch als erwachsene Frau fühlte sie sich an Weihnachten ohne ihre Eltern wie ein havariertes Schiff auf hoher See. Wilma war das Beiboot, das neben ihr hertrieb, aber auch nicht helfen konnte, sondern ihr lediglich das Gefühl gab, den Wellen nicht ganz alleine ausgesetzt zu sein. Irmas Großmutter vermochte ihr keinen Trost zu spenden oder sie auf andere Gedanken zu bringen, da das Christfest die einzige Zeit im Jahr war, in der sie selbst ihren Erinnerungen ausgeliefert war.

Hätte es Wilma nicht gegeben, wäre Weihnachten für Irma wohl ein Tag wie jeder andere gewesen. Natürlich war ihr klar, dass es nicht möglich war, die Feiertage unbemerkt an sich vorüberziehen zu lassen, aber anstatt der Trauer einen Raum zu geben, hätte sie es sich – jetzt mit Houdini – auf dem Sofa gemütlich gemacht, Weihnachtsfilme geguckt und dabei Kekse genascht. Doch ihre Oma allein zu lassen, brachte sie nicht übers Herz. In Wilmas Kopf existierte das traditionelle Bild der Familie, die an den christlichen Feiertagen selbstverständlich zusammenkam.

Griesgrämig dreinblickend kramte die jetzt in der anderen Weihnachtsschmuckschachtel und schien ebenfalls in alten Erinnerungen gefangen.

Da half nur Zerstreuung. Irma schluckte, um den Kloß in ihrem Hals loszuwerden. »Weißt du noch, als der Baum gebrannt hat, weil Großvater immer auf echte Kerzen bestanden hat?«, versuchte sie das Thema in eine heitere Richtung zu lenken. »Ich bin, glaube ich, erst zwei oder drei Jahre alt gewesen, als eine Papierschleife in Flammen aufgegangen ist. Ich fand es wunderschön und hab mit dem Finger darauf gezeigt. Als dann auch noch die Tannenzweige Feuer fingen, sind alle aufgesprungen und in Panik ausgebrochen.«

»Wie könnte ich das vergessen.« Wilma kicherte kopfschüttelnd. »Geistesgegenwärtig wie Herbert gewesen ist, hat er einen Eimer Wasser über den Baum geschüttet und dadurch das ganze Wohnzimmer geflutet.« Sie lachte herzhaft auf, und Irma stimmte mit ein. »Und vor lauter Aufregung habe ich dann auch noch vergessen, die Weihnachtsgans aus dem Ofen zu holen, woraufhin den ganzen Abend über ein angebrannter Geruch in der Wohnung hing.«

Die dunkle Wolke über ihnen hatte sich verzogen. »Wir sollten mit der Christbaumspitze beginnen.« Irma stieg auf die Trittleiter, die sie schon neben dem Baum bereitgestellt hatte.

Wilma reichte ihr den goldenen Stern. »Weißt du, ich finde es schade, dass so viele alte Menschen wie Frau Antonius Weihnachten allein verbringen müssen«, sagte sie plötzlich. »Es wäre doch schön, wenn sie gemeinsam mit Gleichgesinnten einen Abend bei leckerem Essen in ungezwungener Atmosphäre verbringen könnten.«

Irma dachte über Wilmas Worte nach. Plötzlich kam ihr eine Idee. »Und was ist, wenn, …?« Nein, darauf würde ihre Großmutter sich bestimmt nicht einlassen.

»Wenn was?« Wilma hob die Augenbrauen und sah sie erwartungsvoll an.

»Ach, mir ist gerade nur mein Lieblingskunde Herr Petersen eingefallen. Er hat keine Angehörigen mehr und ist an Weihnachten auch allein. Vielleicht könnte ich die beiden …« Irma ließ den Satz unvollendet und biss sich auf die

Lippen. Sie wollte Wilma auf keinen Fall verletzen und ihr das Gefühl geben, sich mit ihr allein zu langweilen.

»Na klar, wir könnten uns doch an Heiligabend mit ihnen bei dir im Laden treffen und gemeinsam feiern«, nannte Wilma die Idee beim Namen.

Irma sah sie verwundert an. »Ich hätte nicht gedacht, dass du so offen für den Vorschlag bist.«

»Warum denn nicht? Das klingt doch wunderbar. Was spricht gegen ein gemütliches Beisammensein von Jung und Alt? Vielleicht gibt es ja noch mehr deiner Kunden, die allein sind und gerne dazukommen möchten. Damit wir nicht die ganze Arbeit haben, bringt jeder etwas zu Essen mit. Dein Laden ist so schön weihnachtlich geschmückt, eigentlich der perfekte Ort für so ein besinnliches Fest.«

Wilma schien hellauf begeistert. Hatte sie sich all die Jahre allein mit Irma und den Erinnerungen an ihren Sohn auch unwohl gefühlt und es nur nie ausgesprochen? So schnell wie sie auf Irmas Idee angesprungen war, musste es wohl so gewesen sein.

Ein Weihnachtsfest der einsamen Herzen, warum eigentlich nicht? Langsam kam sie selbst auch auf den Geschmack. Eine Feier mit anderen ließ erst gar keine Melancholie aufkommen und war eine willkommene Abwechslung. Sie könnte doch auch Gesa fragen! Die hätte bestimmt auch nichts dagegen, an Heiligabend unter Leute zu kommen. Ihren Sohn könnte sie ja mitbringen. »Warum nicht, dann feiern wir dieses Jahr eben im größeren Kreis.« Ihr Blick wanderte zur Tannenspitze. »Und was machen wir jetzt mit dem Baum?«

Wilma stemmte die Hände in die Hüften und sah sich im Raum um. »Der bleibt, wo er ist. Deine Wohnung kann ruhig noch etwas Weihnachtliches vertragen.«

»Und an Heiligabend nehme ich ihn einfach mit runter, für den wird sich schon noch ein Plätzchen finden. Wir machen es uns richtig schön.« Eine Idee war geboren, und kribbelnde Vorfreude breitete sich in Irma aus. Sie konnte es kaum erwarten, Herrn Petersen und Frau Giesebrecht davon zu erzählen.

14

Ungewohnter Elan durchströmte Irma, als sie am nächsten Morgen den Laden betrat. Houdini ging es wohl ähnlich, denn kaum hatte sie die Tür geöffnet, drängte er mit der Schnauze voran durch den Spalt, um dann durch den Laden zu seinem Lieblingsplatz zu sausen.

Schon am zweiten Tag nach seinem Einzug hatte Irma ihn nicht mehr nach unten tragen müssen. Ungeduldig hatte er sich aus ihren Armen gewunden und war vor ihr die Treppe runtergeprescht, um vor der Tür darauf zu lauern, dass Irma sie endlich aufschloss. Er hatte es nicht erwarten können, seinen Platz im Schaufenster zu besetzen. Schon nach kurzer Zeit war der Kater so etwas wie ein Maskottchen für den Laden geworden, jeder, der hereinkam, erkundigte sich nach seinem Befinden und wollte ihn streicheln.

Obwohl Irma guter Dinge war, machte sich jetzt ihre Müdigkeit durch ein herzhaftes Gähnen bemerkbar. Letzte Nacht hatte sie lange gebraucht, um in den Schlaf zu finden. Sie hatte sich das Weihnachtsfest schon ganz genau ausgemalt und hoffte nun, dass die alten Leute genauso begeistert von der Idee des gemeinsamen Feierns sein würden wie sie.

Während Irma in die Hocke ging, um die Verriegelung am unteren Rand der Ladentür zu öffnen, sah sie durch die Scheibe nach draußen.

Dunkelheit drückte noch an die Fensterscheibe, doch im Licht der Straßenlaterne schimmerte spiegelglattes Eis auf dem Bürgersteig. Die Wettervorhersage stimmte also. Vorsorglich hatte Irma sich schon Anfang des Monats einen Sack Streusplit besorgt, der neben der Tür bereitstand.

Mit einer Schere schnitt sie den Sack am oberen Rand auf und trug ihn dann nach draußen vor die Tür.

Feuchte Kälte schlug ihr entgegen, und sie zog fröstelnd die Schultern hoch. Sie beeilte sich, das Streumittel auf dem Gehweg vor ihrem Laden zu verteilen, und huschte dann rasch wieder zurück ins Warme.

Irma hatte Herrn Petersen schon länger nicht mehr gesehen und freute sich deshalb umso mehr, ihn als ihren ersten Kunden an diesem Morgen begrüßen zu dürfen. »Da sind Sie ja, ich habe Sie schon vermisst!«

»Guten Morgen, mien Deern«, sagte Herr Petersen und blieb vorne an der Tür stehen. Unzählige Lachfalten tanzten um seine Augen. Er schien über das Wiedersehen genauso erfreut wie Irma. »Bei dem ollen Schietwetter hatte ich keine Lust, vor die Tür zu gehen. Nur einmal war ich vorgestern kurz draußen, um ein paar Lebensmittel zu kaufen.«

»Kann ich gut verstehen, aber heute bei der Glätte ist auch nicht gerade der ideale Tag, um Besorgungen zu machen«, gab Irma zu bedenken.

»Zumindest hat es aufgehört zu regnen.«

»Kommen Sie doch erst mal rein und setzen sich.« Irma machte eine einladende Bewegung.

Herr Petersen ging nicht darauf ein, sondern blieb am Eingang stehen. »Ich bin gut ausgerüstet.« Sein Blick wanderte nach unten, und er zeigte auf seine Schuhe. »Ich habe mir Schneeketten für meine Schuhe zugelegt.« Stolz lächelnd stützte er sich mit einer Hand am Türrahmen ab und zog mit der anderen einen Fuß nach oben, um seine Spikes zu zeigen.

Irma musste schmunzeln. »Toll! Bei so einem Wetter wie heute ist das eine großartige Idee!«

»Absolut, sie geben mir Sicherheit. Sehen Sie, die Gummisohlen zieht man einfach über die Schuhe, und die kleinen Metallkrallen verhindern, dass man ausrutscht, wenn es so glatt ist wie heute. Bei Ihnen im Laden ziehe ich die Dinger aber lieber aus, sonst zerkratze ich Ihnen noch Ihren schönen Holzboden.« Er öffnete den Klettverschluss und zog geschickt die Spikes von seinem linken Schuh.

Irma winkte ab. »Daran hätte ich jetzt gar nicht gedacht. Um was Sie sich alles Gedanken machen. Meinetwegen hätten Sie die auch anlassen können.«

Herr Petersen schüttelte vehement den Kopf. »Nein, nein, das kommt überhaupt nicht in Frage. Wegen mir sollen Sie hier nicht auf Knien kriechen und den Boden mit Öl bearbeiten müssen.«

Irma staunte nicht schlecht, wie behände der alte Mann das Gewicht von einem Bein aufs andere verlagerte, um auch den anderen Fuß von den Spikes zu befreien. »Das geht aber fix bei Ihnen.«

Herr Petersen lachte auf. »Geübt ist geübt. Gleichgewichtsübungen im Alter können nicht schaden. Man muss beweglich bleiben, um Unfällen vorzubeugen.«

»Da haben Sie recht! Machen Sie denn Sport?«, fragte Irma interessiert.

»Ich gehe zweimal die Woche ins Schwimmbad. Vor kurzem war ich auch mal bei einer Seniorengymnastikgruppe, aber die Alten haben mehr gequatscht als alles andere. Danach gehen sie immer noch einen trinken, das kommt mir dann doch etwas kontraproduktiv vor.« Er lachte herzhaft, nahm seinen Hut vom Kopf und steuerte auf den Stehtisch am Fenster zu.

Irma schmunzelte, während sie den Barhocker für ihn zurückzog. »Ja, da gebe ich Ihnen allerdings recht. Aber schwimmen ist wirklich gut, ich sollte mir ein Beispiel an Ihnen nehmen und mich auch mal dazu aufraffen.« Sofort plagte sie ihr schlechtes Gewissen. Der alte Mann schien sportlicher als sie zu sein.

Herr Petersen drehte sich um und sah sie an, als wäre ihm gerade eine Idee gekommen. »Dann begleiten Sie mich doch mal! Vielleicht am Wochenende. Zu zweit macht es gleich viel mehr Spaß, und ein wenig Ansporn könnte ich gut gebrauchen.«

»Geht mir genauso. Das klingt eigentlich nach einem guten Plan«, sagte Irma mehr zu sich selbst. Ein wenig Brustschwimmen würde auch ihrer Figur zugutekommen. »Beim Treppensteigen bin ich immer schnell außer Atem, mit dem Schwimmen könnte ich ein wenig meine Ausdauer trainieren.«

»Da können wir uns ja die Hand reichen«, pflichtete der alte Mann ihr lachend bei und ließ sich auf den Stehhocker nieder.

»Wir sollten gleich einen Termin festlegen, sonst gerät das Ganze wieder in Vergessenheit.«

Herr Petersen nickte zustimmend.

»Wie wär's mit nächstem Samstag? So gegen fünf Uhr nachmittags?«

Seinem Gesichtsausdruck nach zu urteilen, fühlte Herr Petersen sich geschmeichelt, dass Irma gleich so begeistert auf seinen Vorschlag einging. »Da ich keine Verpflichtungen habe, richte ich mich gerne nach Ihnen.«

»Prima, dann ist das abgemacht.« Irma schenkte ihm ein breites Lächeln. »Was darf ich Ihnen denn zu trinken bringen?«

»Einen Kakao. Haben Sie etwas zu essen im Angebot?«

»Süß oder herzhaft?«

»Eigentlich egal, kommt ganz drauf an, was es gibt.«

»Mal sehen.« Irma verschaffte sich einen Überblick über ihr Sortiment. Die Cloches waren mit Pasteten bestückt, die Glasvitrine konnte ebenfalls mit allerlei Leckereien aufwarten. »Neben Christstollen gibt es noch Weihnachts-Tartelettes mit Preiselbeeren. Wenn Ihnen eher nach etwas Salzigem ist, habe ich auch eine vegetarische Pastete im Angebot, mit Spinat, Kürbis und Taleggio. Gestern Abend frisch zubereitet. Außerdem kann ich noch eine leckere Paté aus roter Paprika empfehlen, die passt hervorragend zu frischem Baguette.«

Herr Petersen gluckste in sich hinein. »Mien Deern, jetzt bin ich doch ein wenig überfordert. Wie soll ich mich denn bei so vielen Köstlichkeiten entscheiden?«

»Haben Sie gesunden Appetit mitgebracht?«

Ihr Lieblingskunde wiegte den Kopf. »Ich denke schon. Richtig gefrühstückt habe ich noch nicht. Nur ein paar Butterkekse zur ersten Tasse Kaffee, wie jeden Morgen.«

»Dann stell ich Ihnen einfach einen großen Teller zusammen.«

»Das klingt wunderbar. Die überschüssigen Pfunde, die ich mir dadurch anfuttere, kann ich mir ja am Samstag beim Schwimmen wieder abtrainieren.«

Irma zwinkerte ihm zu. »So war auch mein Gedanke.«

Herr Petersen erwiderte ihr verschwörerisches Lächeln. »Sagen Sie mal, bevor ich es wieder vergesse, wie war denn der Gedichtabend?«, fragte er nach einer kurzen Pause.

»Ich war ganz ich selbst, so wie sie es mir geraten haben. Aber der Abend war trotzdem furchtbar.«

»Woran lag es denn?«, erkundigte sich Herr Petersen.

»Mmh ... sagen wir mal so, das Interesse der anwesenden Frauen galt durchweg mehr Fred als den Gedichten, was zur Folge hatte, dass jede versucht hat, sich irgendwie hervorzutun. Entweder durch ihr Äußeres oder ihre Vortragsweise.«

Die Augen des alten Mannes blitzten amüsiert. »Ich kann es mir bildlich vorstellen. Sie Arme! Wie ich Sie kenne, haben Sie sich mehr als unwohl gefühlt in dieser Situation.«

Irma stimmte ihm kopfnickend zu. »Allerdings.«

»Und hatten Sie wenigstens die Gelegenheit, mit diesem Fred allein zu sprechen?«

Irma stellte eine Tasse unter den Vollautomaten und seufzte tief. »Das schon, aber leider hat sich herausgestellt, dass er nicht der Richtige für mich ist.«

Herr Petersen legte die Stirn in Falten. »Wie haben Sie das so schnell herausfinden können?«

Irma hielt das Milchkännchen unter die Düse des Vollautomaten und drehte den Hebel für das Aufschäumen der Milch herum. Ein zischendes Geräusch ertönte. »Wir passen einfach nicht zusammen«, antwortete sie schließlich. »Er hat ganz andere Interessen, und seine Freizeit ist ihm überaus wichtig, da gibt es keinen Platz mehr für mich.«

»Vielleicht sollten Sie sich erst mal alleine mit ihm treffen. Wenn Sie Zeit miteinander verbringen, dann haben Sie die Chance, sich besser kennenzulernen und Gemeinsamkeiten zu finden.«

»Schon geschehen.«

»Ach ja?« Die Verblüffung stand dem alten Mann ins Gesicht geschrieben. »So schnell?«

Irma musste lächeln. »Ja. Ich habe ihn als Dankeschön für die Einladung bekocht, doch leider hat er mir kein wirkliches Interesse entgegengebracht. Und ehrlich gesagt, hat er mir auch nicht mehr gefallen.«

»Tja, der erste Eindruck kann oft täuschen.« Herr Petersen bedachte sie mit einem eindringlichen Blick. »Ich hoffe, Sie sind deshalb nicht niedergeschlagen.«

Irma lachte auf. Vom Einfühlungsvermögen des alten Mannes konnte Fred sich wirklich eine Scheibe abschneiden. »Nein, Gott bewahre! Nur leider werde ich den Herrn jetzt nicht mehr los.«

»So ist das also.« Herr Petersen lachte leise vor sich hin. »Haben Sie ihm gesagt, dass sein Bemühen vergeblich ist?«

Irma nickte. »Hilft leider nicht.«

»Dann erfinden Sie einen Freund, der sehr eifersüchtig werden kann.«

Wenn das mal so einfach wäre.

»Was ist eigentlich mit dem jungen Mann, der hier öfter im Laden war?«, wollte er wissen. »Macht er Ihnen immer noch Avancen?«

Ehe Irma zu einer Antwort ansetzen konnte, rauschte Lea herein, schien wie immer auf dem Sprung zu sein. »Entschuldige, dass ich so hier hereinplatze …«

Machte sie das nicht immer, dachte Irma belustigt.

»… aber hättest du eventuell etwas Streugranulat für mich übrig? Ich habe vergessen, welches zu besorgen, und es ist sauglatt vor unserer Tür.«

»Was du nicht sagst!« Irma grinste. »Ich kann nur mit Streusplit dienen, steht da vorne neben der Tür.« Irma zog eine kleine Papiertüte unter dem Tresen hervor und hielt sie Lea entgegen. »Bedien dich!«

»Du bist ein Schatz, der Tag ist gerettet.«

»Ihre Freundin ist ein kleiner Wirbelwind, was?«, stellte Herr Petersen amüsiert fest, nachdem Lea abgezogen war.

»Ein kleiner? Sie ist ein Orkan, der über einen hinwegfegt«, erwiderte Irma trocken, während sie den heißen Kakao in eine Tasse goss. Ihr kam Herr Petersens Frage nach Paul wieder in den Sinn, und ihre Gedanken wanderten zum heutigen Treffen mit ihm. Seltsamerweise spürte sie nicht die geringste Aufregung. Ganz im Gegensatz zu dem Abend mit Fred, vor dem sie förmlich ein nervliches Wrack gewesen war.

Zwei Dates so nah hintereinander hatte sie noch nie gehabt. Vor allem nicht aus so unterschiedlichen Beweggründen. Bei dem einen wollte sie jemanden durch das Liebesmenü für sich gewinnen, bei dem anderen jemanden loswerden. Sie lächelte in sich hinein. Diesmal wusste sie zumindest schon, wo sie die ganzen Zutaten herbekam.

»Wenn man aus dem Fenster schaut, kann man sich nicht vorstellen, dass in zwei Wochen Weihnachten ist, nicht wahr?«, holte Herr Petersen sie aus ihren Gedanken.

»Das stimmt allerdings.« *Das ist die perfekte Einleitung für meine Frage*, ging es Irma durch den Kopf, und gleichzeitig spürte sie Erleichterung, dass offenbar das Thema Paul in Vergessenheit geraten war. »Haben Sie eigentlich Heiligabend schon was vor?«, fragte sie so beiläufig wie möglich, als sie einen Teller mit Leckereien vor Herrn Petersen platzierte.

Der sah verwundert zu ihr auf. »Seit Monika tot ist, ist Heiligabend für mich ein Tag wie jeder andere, abgesehen von den äußeren Umständen, die ich nicht beeinflussen kann. Um ehrlich zu sein, bin ich froh, wenn der ganze Spuk wieder vorbei ist.«

»Das trifft sich gut. Meine Oma Wilma und ich wollten nämlich ein kleines Weihnachtsfest hier im Laden veranstalten. Wir würden uns sehr freuen, wenn Sie kommen würden … falls Sie Lust haben.«

»Ach, wirklich?« Ein erfreutes Leuchten trat in seine Augen. »Das ist aber eine schöne Idee!«

»Das heißt, wir können mit Ihnen rechnen?«

»Ja«, erwiderte er lachend. »Wer kommt denn sonst noch?«

Irma fiel ein Stein vom Herzen. Ihr Lieblingskunde war schon mal mit von der Partie, dann konnte ja nicht mehr viel schiefgehen. »Gute Frage. Die Gästeliste steht noch nicht. Das war eine spontane Idee. Ich glaube, meiner Großmutter und mir würde es guttun, an Weihnachten unter Leuten zu sein. So kann erst gar keine Melancholie aufkommen. Die hält sonst nämlich regelmäßig bei uns Einzug an den Feiertagen.«

Herr Petersen hob die Augenbrauen, traute sich aber anscheinend nicht, nachzufragen.

»Meine Eltern sind vor Jahren bei einem Autounfall ums Leben gekommen, seitdem besteht unsere Familie nur noch aus meiner Oma und mir.« Irma wusste selbst nicht, warum sie dem alten Mann davon erzählte. Vermutlich lag es an seiner liebenswerten und zugewandten Art, die ihr Vertrauen einflößte. Er konnte sie verstehen, denn auch er hatte einen geliebten Menschen verloren und wusste, wie sich der Verlust anfühlte.

Herr Petersen schüttelte traurig den Kopf. »Das tut mir von Herzen leid.« Er seufzte leise. »Eigentlich sollte ja an so einem Tag wie Heiligabend keine Traurigkeit aufkommen. Aber da dieses Fest mit so vielen Erinnerungen verbunden ist, ist es besonders schwer, wenn man geliebte Menschen verloren hat.«

»Deshalb wollen wir dieses Jahr im Kreis von Gleichgesinnten feiern. Jeder hat doch irgendwie sein Päckchen zu tragen, und gemeinsam geht das leichter.«

»Unter Menschen zu sein ist eine schöne Ablenkung. Eine wirklich gute Idee, ich bin auf jeden Fall dabei.«

Beim Blick aus dem Fenster sah Irma, wie Gökhan die Straße überquerte. Sie nahm sich vor, nachher mit einem Stück Kuchen bei ihm vorbeizugehen. Sie konnte ja nicht immer nur aufkreuzen, wenn sie seine Hilfe benötigte.

❄ ❄ ❄

Am Mittag, pünktlich um zwölf, kam Gesa. »Hey!« Ein leuchtend gelber Poncho schwang um ihre Hüften, als wollte sie der Tristesse des grauen Dezembertages trotzen. Ihre Locken wippten, und sie hatte eine gesunde Röte auf den Wangen, die ihr gut zu Gesicht stand. Offenbar hatte sie sich von dem Treffen mit dem Typen vom Online-Dating recht gut erholt. Sie war eine Frau, für die Aufgeben keine Option war. Irma hätte es nicht gewundert, wenn schon das nächste Date bei ihr in den Startlöchern stand.

»Na, ich weiß schon, wie ich mich hier beschäftige«, sagte Gesa nach einem Rundumblick. »Ich muss ja schließlich wissen, wie alles schmeckt, wenn ich es den Kunden verkaufen will.« Sie zwinkerte verschmitzt.

Irma lachte. »Bediene dich nur.«

»Und das ist also der legendäre Magier«, sagte Gesa belustigt, als sie den Kater auf seinem Stammplatz entdeckt hatte. Wie gewöhnlich döste er nach seinem mittäglichen Fressen vor sich hin. »Mach du dir mal keine Gedanken, Houdini und ich werden den Laden schon schmeißen.«

❄ ❄ ❄

Schwerbeladen kam Irma anderthalb Stunden später wieder zurück.

Leises Lachen drang ihr entgegen. Gesa hatte Gesellschaft bekommen. Gökhan stand mit leicht gerötetem Gesicht neben ihr an der Kasse. Als er sah, wie Irma schnaufend ihre

Einkäufe durch die Tür bugsierte, kam er ihr entgegen und nahm ihr die Tüten aus der Hand.

»Danke, das ist lieb«, sagte sie atemlos.

Gökhan brachte die Einkäufe nach hinten in die Küche.

»Alles gut gelaufen?«, wollte Irma jetzt von Gesa wissen.

»Alles prima«, sagte die und wuschelte sich durch ihre Locken. »Hab sogar ordentlich zu tun gehabt, kaum dass du weg warst. Und irgendwann ist dein netter Nachbar gekommen und hat mir Gesellschaft geleistet.«

In dem Moment kam Gökhan zurück und stellte sich verlegen lächelnd wieder neben sie.

»Vorstellen brauch ich euch ja nicht mehr, das habt ihr offenbar schon selbstgemacht.«

»So ist es. Gökhan hat mir gerade von deinem Problem mit dem Ofen erzählt.« Die beiden tauschten einen konspirativen Blick.

Irma hob die Augenbrauen.

»Und auch davon, wie du ihm erklärt hast, dass es wegen des kaputten Ofens dann auch keinen Kuchen mehr für ihn geben würde, nur damit er sich ganz besonders anstrengt, ihn wieder in Ordnung zu bringen.«

Irmas Blick schweifte zu Gökhan. »Das hast du einer quasi Fremden erzählt?«, fragte sie mit gespielter Empörung.

Gökhan grinste ertappt und kratzte über sein bärtiges Kinn. »Na ja, wir kamen so ins Gespräch über dich, und da ist mir das wieder eingefallen. Ich fand das so niedlich, sonst hätte ich es ihr nicht erzählt.«

»Niedlich also.« Um Irmas Mundwinkel zuckte es. Entgegen seiner sonst so entspannten Art wirkte Gökhan heute irgendwie aufgekratzt. Von seiner üblichen Gelassenheit war nichts zu spüren. Ob das etwas mit der neuen Bekanntschaft an seiner Seite zu tun hatte? Die beiden kamen offenbar gut miteinander aus. Wenn sie es recht bedachte …, dann gäben die beiden ein schönes Paar ab. Warum war sie da nicht schon früher draufgekommen? Gökhan war schon Witwer gewesen, als sie ihn vor drei Jahren kennengelernt hatte, seine Frau war an einem Aneurysma gestorben, und er hatte seine beiden Jungs alleine großziehen müssen. Eine neue Frau hatte Irma noch nie an seiner Seite gesehen.

»Du kannst ruhig in die Küche gehen, die Tüten auspacken und schon mal alles vorbereiten. Gökhan und ich halten hier die Stellung«, sagte Gesa.

»Wie ihr meint.« Irma bedachte die beiden mit einem vielsagenden Blick und musste sich ein Grinsen verkneifen.

❄ ❄ ❄

Als Irma eine Dreiviertelstunde später in den Verkaufsraum zurückkam, war Gökhan nirgends mehr zu sehen. »Huch, hat er dich alleine gelassen?«

Gesa war gerade mit dem Falten von Servietten beschäftigt. Jetzt sah sie auf und blickte über den Rand ihrer Lesebrille hinweg Irma an. »Er musste wegen einer Getränkelieferung rüber.«

Irma nickte. »Aber ihr habt doch eure Handynummern ausgetauscht, oder?«

Gesa schüttelte den Kopf und hielt kurz inne. »Ergab sich irgendwie nicht.« Ein leiser Seufzer verriet ihre Enttäuschung.

»Was? Das kann doch nicht sein! Es war nicht zu übersehen, wie gut ihr euch verstanden habt.« Irma schüttelte fassungslos den Kopf.

»Ja, er ist wirklich ein netter Mann.« Auf Gesas Gesicht zeigte sich ein sanftes Lächeln.

Irma nickte. »Jetzt musst du mich wohl öfter im Laden besuchen kommen.«

»Scheint so. Ach so, bevor ich's vergesse ... Dieser Professor war da und hat nach dir gefragt.«

»Fred?« Irma war nicht entgangen, wie schnell Gesa vom Thema ablenkte. »Ich hatte wirklich gehofft, der Zauber würde sich irgendwann von alleine lösen, aber so einfach scheint das wohl nicht zu sein.«

»Ich habe diesem Fred gesagt, dass du mit deinem Freund ins Reisebüro gegangen bist, um einen Trip auf die Malediven zu buchen, in der Hoffnung, es würde ihn aufgeben lassen.«

Irma lachte auf. »Das hast du ihm erzählt?« Sie staunte, wie hemmungslos ihre Freundin lügen konnte. »Und wie hat er es aufgenommen?«

»Etwas Besseres ist mir auf die Schnelle nicht eingefallen. Er hat geguckt wie ein begossener Pudel. Hat mir fast schon ein bisschen leidgetan. Aber er ist wirklich so, wie du ihn beschrieben hast. Ich kann mir gut vorstellen, wie seine Studentinnen ihn anschmachten.«

»Meinst du, es hat gewirkt und ich bin ihn jetzt los?«

Gesa schnaubte belustigt. »Das bezweifle ich, so beharrlich, wie der ist. Ich befürchte leider, dass selbst ein Nebenbuhler ihn nicht von dir abbringen wird, die Wirkung der Magie auf ihn ist einfach zu stark.«

Doch Irma war optimistisch. Wenn Fred immer wieder auf Ablehnung stieß, musste er doch irgendwann einsehen, dass Irma nicht die Richtige für ihn war, und der Liebeszauber würde sich von allein lösen.

Gesa richtete ihre Aufmerksamkeit wieder auf die rote Serviette vor ihr und fuhr fort, sie mit einer komplizierten Falttechnik zu einem Stern zu formen.

»Was machst du da eigentlich?«

»Ich wollte schauen, ob ich das noch kann. Für die Weihnachtsfeier brauchen wir doch auch schöne Tischdeko.«

Gesa hatte sofort zugesagt, als Irma sie gefragt hatte, ob sie Heiligabend mit ihnen feiern wollte, und angeboten, ihr bei den Vorbereitungen zu helfen. Gerade zog sie von der Ablage unter der Kasse eine grüne zu einem Tannenbaum gefaltete Serviette hervor. »Welche Form magst du lieber?«

»Wow!«, rief Irma verzückt. »Dass du so was kannst!« Sie bedachte Gesa mit einem anerkennenden Blick. »Wir brauchen natürlich beide.« Und dann schoss ihr auf einmal ein Gedanke in den Kopf, den sie ganz nach oben auf ihre Prioritätenliste setzte. Sie durfte nicht versäumen, Gökhan zu ihrem Fest einzuladen.

15

Als Irma am Abend ihre Wohnungstür öffnete, verschlug es ihr für einen Moment die Sprache.

Paul sah so anders aus als sonst. Seine blonden Haare hatte er zurückfrisiert. Zu einem grauen Jackett trug er eine helle Jeans und darunter ein weißes Sweatshirt, das über seiner Brust spannte. Der Look stand ihm wirklich gut, das musste Irma zugeben.

»Was versteckst du da vor mir?« Sie zeigte auf seinen rechten Arm, den er hinter dem Rücken verborgen hielt.

Ein breites Grinsen malte sich auf sein Gesicht, als er einen wunderschönen und üppigen Blumenstrauß in Pink, Bordeaux und Mint hinter sich hervorzog.

Irma schnappte erfreut nach Luft. Sie hatte eigentlich mit einem geschmacklosen Weihnachtsaccessoire gerechnet, umso erstaunter war sie jetzt. »Die sind aber schön.« Sie nahm den Strauß aus Rosen, Nelken und Seidenkiefern entgegen und roch daran. Die Blüten verströmten einen herrlichen Duft. Wider Erwarten und zu Irmas Erstaunen bewies Paul diesmal Geschmack.

»Komm doch rein«, sagte sie und trat zur Seite.

Paul legte den Arm um ihre Schultern, zog sie an sich und drückte ihr einen Kuss auf die Wange.

Irma ließ es geschehen. Der Duft seines herben Aftershaves kitzelte sie in der Nase, und die plötzliche Nähe machte sie für einen Moment verlegen.

Houdini kam den Flur hinunter und wieselte Paul freudig entgegen.

Paul bückte sich nach ihm. »Na, mein Bester, hab dir auch was mitgebracht.«

Während Irma die Tür schloss, zog er eine kleine Tüte aus der Innenseite seines Jacketts. *Knabbermix für Katzen* stand darauf. Er öffnete sie und schüttete ein paar der Leckerlis auf seine Handfläche.

Mit lautem Knuspern und Knacken machte sich Houdini sofort darüber her.

Irma lachte auf. »Du weißt, wie man sich meinen Kater zum Freund macht.«

Lächelnd fuhr Paul sich über den Nacken.

Irma wartete auf irgendeinen dummen Spruch, aber der blieb aus.

»Du hast es schön hier«, sagte er stattdessen. Sein Blick wanderte den Flur entlang und blieb an der Wand mit den vielen gerahmten Fotos hängen.

»Du hast doch noch kaum was gesehen«, sagte Irma amüsiert und ging in die Küche, um die Blumen in eine Vase zu stellen.

Als sie zurück in den Flur kam, stand Paul immer noch vor der Wand mit den Fotos. Interessiert schaute er sich jedes Bild genau an. »Bist das etwa du?«

Irma stellte sich neben ihn und nickte. »Da war ich ungefähr drei Jahre alt, und mein Papa hat mit mir Rühreier gebraten.« Ein kleines Lächeln schlich sich auf ihr Gesicht. Auf dem Foto saß sie auf der Küchenanrichte mit einer Schüssel vor sich und einem riesigen Rührbesen in der Hand. Ihr Vater stand hinter ihr und führte ihren Arm. Beide schauten in die Kamera. Er lachte, und sie hatte die Zungenspitze in den Mundwinkel geklemmt, so wie sie es als Kind oft getan hatte, wenn sie konzentriert bei der Sache gewesen war.

Paul schmunzelte. »Hab dich gleich an deinen großen Augen und dem angestrengten Blick erkannt.«

»Guck ich immer noch so?«

»Manchmal schon. Zum Beispiel, wenn du vorgibst, mit etwas beschäftigt zu sein, um mich loszuwerden.«

Irma lachte leise auf und staunte, wie gut Paul sie bereits kannte. Offenbar konnte man ihm nichts vormachen.

Er zeigte auf das Foto daneben. »Wer ist das? Deine Schwester?«

»Nein, meine Freundin Marlen mit ihrem Sohn.«

»Sieht dir eigentlich auch gar nicht ähnlich. Du bist viel natürlicher, brauchst keine Schminke. Willst du auch mal Kinder haben?«, fragte er übergangslos.

Irma hatte noch nicht einmal das Kompliment verdauen können, so schnell war er zum nächsten Thema gesprungen.

»Klar. Du nicht?«

»Doch, das wollte ich schon immer.«

Seine ungewohnte Ernsthaftigkeit verunsicherte Irma. Normalerweise hätte sie jetzt mit einem flapsigen Spruch gerechnet wie: ›Na dann wäre das Thema Kinder bei uns ja schon mal geklärt‹ oder so was in der Art. Entgegen seiner üblichen großen Klappe verhielt er sich jetzt völlig anders. Aufrichtig und irgendwie … sympathisch. Sie fühlte sich wohl in seiner Gegenwart.

Paul war schon beim nächsten Bild. »Die kenne ich. Das ist Wilma, deine Oma. Und das ist dann dein Vater, ihr Sohn.«

»Gut kombiniert, Sherlock«, feixte Irma. Er hatte sich den Namen ihrer Oma gemerkt – wirklich aufmerksam. »Komm, lass uns ins Wohnzimmer gehen«, sagte sie schnell, denn über ihre Familie wollte sie jetzt nicht gerne sprechen.

»Ich mag deinen Stil.« Paul ließ seinen Blick durch das Wohnzimmer schweifen. »Gemütlich und elegant. Aber wiederum nicht so elegant, dass es spießig wirken würde.«

»Danke.« Mehr fiel Irma nicht ein. So viele Komplimente und nette Worte war sie von Paul einfach nicht gewohnt. »Mach es dir bequem, ich komme gleich zurück. Wenn du magst, kannst du schon mal die Weinflasche öffnen.«

»Ich schnack lieber mit dir«, sagte er, schnappte sich die Rotweinflasche, die zwei Weingläser und den Korkenzieher vom Tisch und trottete hinter ihr her.

Irma zuckte mit den Schultern. »Wie du willst.«

In der Küche hatte sie überall Kerzen aufgestellt, um die Wirkung des Liebesmenüs zu verstärken.

Paul war nicht anzumerken, ob ihn das verwunderte, er besah sich das Etikett der Rotweinflasche. »Ein Bordeaux, Jahrgang 2020. Da hast du aber einen guten Tropfen ausgesucht«, bemerkte er und entkorkte mit einem ploppenden Geräusch die Weinflasche.

»Du kennst dich aus?«

»Ein bisschen. Ich weiß zumindest, was gut ist und was nicht. 2020 ist auf jeden Fall ein guter Jahrgang, perfekt zum Lagern.«

Irma sah ihm dabei zu, wie er die bauchigen Gläser mit der rubinroten Flüssigkeit füllte und geriet immer mehr ins Staunen über ihn und sein Wissen.

Er schwenkte eines der Gläser und roch an dem Bordeaux. »Gutes Bouquet.«

»Von Wein verstehst du also auch was«, sprach Irma ihre Gedanken aus und nahm das Glas entgegen, das er ihr hinhielt.

Klirrend stießen sie an.

»Auf uns und das Leben«, sagte Paul.

Nachdem Irma einen Schluck getrunken hatte, wandte sie sich der Herdplatte zu.

Paul sah über ihre Schulter in den Kochtopf. »Mmh, das riecht aber gut.«

Irma drehte sich um. Ihre Blicke verhakten sich ineinander, und sie lächelte verlegen über die plötzliche Intimität. Es war das erste Mal, dass sie Paul so nah war. Plötzlich nahm sie Dinge wahr, die ihr vorher nicht aufgefallen waren. Die goldenen Sprenkel in seinen grün-grauen Augen, die hellen Sommersprossen auf seiner Nase und die verblasste Narbe über seiner rechten Braue. Sie roch sein Aftershave, seinen darunter liegenden Eigengeruch – männlich und irgendwie ... anziehend. Ein seltsames Flattern regte sich in ihrem Bauch.

Räuspernd entzog sie sich seinem Blick und rührte in der Suppe.

»Wenn du möchtest, können wir auch gerne in der Küche essen«, sagte Paul plötzlich. »Ich mag Küchen, deine ganz besonders. Die Atmosphäre ist hier viel lockerer und entspannter.«

Irma sah Paul an. Sie fühlte sich plötzlich so durcheinander.

»Weißt du, was ich meine?« Er kratzte sich am Nacken, interpretierte ihr Schweigen wohl falsch. »War nur eine Idee, muss natürlich nicht sein«, schob er rasch hinterher.

Irma nickte. »Doch, doch. Ich empfinde das ehrlich gesagt genauso. Küchen sind einfach gemütlich, man fühlt sich geborgen. Von mir aus können wir gerne hier essen.«

»Gut.« Er sah sie einen Moment lang an, und ein Lächeln huschte über seine Züge. Dass sie das Gleiche empfanden, schien ihn zu erfreuen. »Dann hole ich eben die Gedecke von drüben«, sagte er und war bereits auf dem Weg.

Irma konnte nur staunen. Mit Paul schien alles so unkompliziert. Nie hätte sie erwartet, dass sie sich in seiner Gegenwart wohl fühlen würde.

Als er zurückkam, deckte er den Tisch ein und schaltete dann das Licht aus, so dass nur noch die Unterschrankleuchten brannten und die flackernden Kerzen die Küche in einen warmen Schein tauchten. »Etwas Romantik kann ja nicht schaden«, sagte er. Das Licht der Flammen spiegelte sich in Pauls Augen und brachte sie zum Glänzen.

»Seit wann hast du einen Sinn für Romantik?«, stichelte Irma.

»Schon immer. Du kennst mich nur noch nicht gut genug.« Er ließ sich auf einen Stuhl am Küchentisch nieder, legte lässig den Arm über die Rückenlehne und sah Irma dabei zu, wie sie mit Tellern und Töpfen hantierte. »Wenn ich dir helfen kann, sag Bescheid.«

Houdini gesellte sich zu ihnen und strich um Pauls Beine. Der Kater schien wirklich einen Narren an ihm gefressen zu haben, denn jetzt ließ er sich auch anstandslos von ihm auf den Schoß nehmen. Er verhielt sich ganz anders als bei Fred. Von Eifersucht keine Spur.

Paul streichelte ihm den Rücken, und Houdini rieb vertrauensvoll die Schnauze an seiner Brust. Sein lautes Schnurren erfüllte die Küche und brachte Irma zum Schmunzeln.

»Als Kind wollte ich immer eine Katze haben, aber mein Vater war für einen Hund«, sagte Paul. »Als er den Beagle-Welpen mit nach Hause gebracht hat, war es Liebe auf den ersten Blick. Er und ich waren von da an unzertrennlich. Deshalb kann ich mich heute nicht entscheiden, ob ich Katzen oder Hunde lieber mag. Wie ist es bei dir?«

Irma zuckte mit den Schultern. »Ich hatte nie ein Haustier. Die Goldfische mal ausgenommen. Ich mag Hunde, habe aber Respekt vor ihnen. Ich glaube, ich bin eher ein Katzenmensch. Mit Houdini ist für mich ein großer Wunsch in Erfüllung gegangen.«

»Apropos Respekt. Ich bin mal auf dem Bauernhof eines Freundes von einem Pferd in den Hintern gebissen worden, seit dem Tag habe ich einen Riesenrespekt vor Pferden.«

Irma kicherte.

»Das war noch nicht alles. Als ich laut aufgeschrien und mir den Hintern gerieben habe, hat sich das Pferd, das danebenstand, so erschrocken, dass es mir mit seinem Huf auf den Fuß gestiegen ist. In dem Moment habe ich nicht gewusst, was mehr weh tat, der Fuß oder mein Arsch. Ich hab geflucht wie verrückt und mir geschworen, nie wieder in die Nähe von Pferden zu gehen.«

Irma prustete schnaubend durch die Nase.

»Was gibt es da zu lachen? Ich hatte wochenlang einen dunkelvioletten Abdruck eines Pferdegebisses auf dem Hintern.«

Jetzt konnte Irma nicht mehr an sich halten und lachte schallend auf. »Ich stelle es mir gerade bildlich vor.«

Paul lächelte schief, und Irma fiel auf, dass sie so gut wie nichts von Paul wusste. Auf Anhieb kamen ihr reihenweise Fragen in den Sinn, die sie ihm stellen wollte. Aber das hatte noch Zeit. Der Abend war noch lang, und irgendwie musste sie die Zeit, bis die Wirkung des Zaubers eintrat, ja füllen.

Irma verteilte mit der Schöpfkelle die Suppe in die tiefen Teller, garnierte deren Rand mit Schnittlauchstängeln und stellte sie auf den Tisch. »So, es kann losgehen.«

Paul nahm sich Zeit, seinen Teller zu betrachten. »Das sieht hervorragend aus! Da ist Rote Bete mit drin, nicht?«

Irma nickte, zog sich den Stuhl ran und setzte sich. »Lass es dir schmecken.«

Während sie einen Schluck von ihrem Wein trank, beobachtete sie verstohlen, wie Paul die weiße Stoffserviette entfaltete und sich auf den Schoß legte, um dann von der Suppe zu probieren.

Plötzlich fragte sie sich, ob sie überhaupt noch wollte, dass er mit Hilfe des Liebesmenüs gar nichts mehr für sie empfand und sie ihm egal wurde. Würde sie ohne seine nervigen Sprüche und seine poltrige Art nicht etwas vermissen? An diesem Abend zeigte er eine Seite von sich, die Irma gefiel. Er stellte ihr Fragen und schien wirklich interessiert an ihrem Leben zu sein. Ganz anders als Fred, bei dem es die ganze Zeit nur um ihn selbst ging.

»Isst du gar nichts?«, fragte Paul und riss Irma damit aus ihren Gedanken. »Schmeckt lecker. Du verpasst was.« Er zwinkerte frech.

»Doch, doch.« Irma griff rasch zu ihrem Löffel und tauchte ihn schweigend in die Suppe.

Auf einmal legte Paul seinen Löffel beiseite und sah sie direkt an. »Weißt du, dass ich mich über die Einladung sehr gefreut habe?« Er ließ ihr keine Zeit, darauf zu reagieren, und redete sofort weiter. »Ich weiß, ich kann ganz schön anstrengend sein, und es tut mir leid, dass ich manchmal so bin, wie ich bin. Aber ich mag dich. Sehr sogar. Das wollte ich dir nur sagen.« Er nahm wieder seinen Löffel zur Hand und aß weiter, so als wäre nichts gewesen.

Irma hingegen starrte ihn an. Er hatte die Worte mit so viel Ernsthaftigkeit vorgetragen, dass sich ihr Herz dehnte. Sie bewunderte seine Ehrlichkeit. Er verstellte sich nie, war einfach immer er selbst. Das mochte sie an ihm. Selbst erstaunt über diese Erkenntnis, griff sie zum Weinglas und trank noch einen großen Schluck. »Und du bist gar nicht so übel, wie ich dachte«, sagte sie, vom Alkohol beflügelt.

»Das freut mich«, erwiderte Paul, und in seine Augen trat ein belustigtes Blitzen. »Angenommen, wir werden gute Freunde, was müsste ich über dich wissen?«

»Ich finde, es ist besser, du findest es selbst heraus, anstatt dass ich dir alles auf dem Tablett serviere.«

Paul grinste breit. »Das ist nur eine Ausrede, weil dir keine Antwort einfällt!« Da war er wieder, der feixende Blick. Aber seltsamerweise störte er Irma in diesem Moment nicht, sondern brachte sie zum Lachen.

»Ertappt.«

»Na gut, dann fasse ich mal zusammen, was ich schon alles über dich weiß.« Er nahm die Stoffserviette von seinem Schoß und tupfte damit über seinen Mund, während sein Blick nachdenklich zur Decke wanderte. »Du legst viel Wert auf Ästhetik«, sagte er und legte die Serviette neben seinem leergegessenen Teller ab.

Irma nickte. »Das stimmt.«

»Du richtest die Konserven in den Regalen nach den Farben des Regenbogens aus und liebst es, deinen Laden nach den Jahreszeiten zu dekorieren.«

»Auch richtig.«

»Du ziehst es vor, dich nach deinem eigenen Geschmack zu kleiden, und richtest dich nicht nach der Mode. Das gefällt mir.« Er sah sie an. »Dein Look hat was und steht dir sehr gut.«

Ein verlegenes Lächeln huschte über Irmas Gesicht. Noch nie hatte ein Mann ihr Komplimente für ihren Stil gemacht.

»Gedichtabende sind nicht so dein Ding, und aufdringlichen Lyrik-Heinis gehst du lieber aus dem Weg.«

Irma lachte auf. »Das ist wohl wahr!«

»Jetzt bist du an der Reihe. Was weißt du über mich?« Paul sah sie erwartungsvoll an.

»Mmh, lass mal überlegen. Dir bereitet es diebische Freude, mich aufs Korn zu nehmen.«

Mit schiefem Grinsen hob er beide Hände. »Ich gebe es zu. Das ist einfach so, ich kann nichts dagegen tun.«

Irma bemühte sich, ernst zu bleiben und sich zu konzentrieren. »Du liebst Süßigkeiten, besonders Dominosteine.«

»Davon kann ich nie genug kriegen.«

»Und du hast einen Sinn für geschmackvolle Geschenke.« Sie hüstelte.

»Du willst damit doch nicht etwa andeuten, dass dir der wunderschön blinkende Weihnachtsbaum nicht gefallen hat?«, fragte er gespielt empört und verengte dabei die Augen zu Schlitzen.

»Nein, niemals!« Irma kicherte. »Auf den lasse ich nichts kommen.«

»Okay, das reicht! Du kennst mich schon ganz gut.« Er machte eine vielsagende Pause. »Aber noch nicht gut genug. Es gibt ein paar Dinge, die du unbedingt über mich wissen solltest.« Sein Lächeln verblasste, während er ihr tief in die Augen blickte.

Irma kicherte und rutschte unruhig auf ihrem Stuhl herum. Eine kribbelnde Neugierde regte sich in ihr. »Komm schon, jetzt mach es nicht so spannend.« Langsam begann ihr, dieses Fragespiel richtig Spaß zu machen. Würde er etwas Tiefgründiges von sich geben oder sie mit einer lustigen Anekdote wieder zum Lachen bringen?

16

Mein Lieblingsgericht sind Bratkartoffeln. Auf Fotos sehe ich meist ziemlich bescheuert aus, und ich besitze seit Herbst dieses Jahres eine Yogamatte.«

Irma lachte auf. »Das sind die Dinge, die ich unbedingt über dich wissen muss?«

»Unbedingt. Stell dir vor, du machst in deinem Laden einfach so ein Foto von mir und fällst dann vor Schreck um, wenn du es dir anschaust, was wiederum eine fatale Kettenreaktion auslösen könnte. Houdini würde womöglich panisch der Kundin, die ihn gerade streichelt, an die Gurgel springen, die würde eine Tasse vom Tisch reißen, deren heißer Inhalt zu allen Seiten spritzen und einem anderen Kunden die Finger verbrennen würde …«

»Okay, okay«, fiel ihm Irma lachend ins Wort. »Ich sehe ein, das ist wirklich eine Information von enormer Wichtigkeit. Eine Sache interessiert mich noch brennend. Was hat es mit der Yogamatte auf sich?«

»Eine Bekannte hat mir geraten, Yoga zu machen. Sie meinte, es sei ein guter Ausgleich für meinen stressigen Alltag und ich würde dadurch meine innere Mitte finden.«

»Und, hast du?«

»Die Yogamatte steht noch immer hinter der Garderobe, dort wo ich sie deponiert habe, nachdem ich sie gekauft habe. Meine Mitte hatte ich schon vorher gefunden. Ich bin eins mit mir und weiß, wofür mein Herz schlägt.«

»Und für was schlägt es?«

»Ich brauche nur die richtigen Menschen in meiner Nähe, die mir guttun und mich auf irgendeine Art inspirieren. Zum Beispiel mein älterer Bruder. An dem nehme ich mir ein Beispiel, weil er hart arbeitet, um seiner Familie alles zu ermöglichen, und trotzdem zufrieden ist und gute Laune verbreitet. Genau wie mein Vater früher. Die beiden haben mir beigebracht, für jeden ein nettes Wort übrigzuhaben. Auch du inspirierst mich auf eine gewisse Weise, weil du mich jeden Morgen mit einem breiten Lächeln und voller Vorfreude auf den Tag aus dem Bett springen lässt.«

Pauls Worte raubten Irma für einen Moment den Atem. So etwas Schönes hatte noch nie jemand zu ihr gesagt. Außerdem hatte Paul zum ersten Mal über seine Familie gesprochen. Voller Stolz – das imponierte ihr. Sie fühlte sich einen Augenblick lang befangen, doch dann sah sie ihn direkt an. »Das ... ist ein wunderschönes Kompliment.«

»Ich sag nur, wie es ist.« Seine Augen glänzten im Kerzenschein, und an seinem rechten Mundwinkel zupfte ein winziges Lächeln.

Und von da an unterhielten sie sich, ohne dass eine unangenehme Pause entstand, die Irma glaubte, füllen zu müssen. Während Pauls ans Herz gehenden Worte in ihr nachhallten, erzählten sie sich von den Abenteuern ihrer Kindheit und den Ländern, die sie bereits bereist hatten. Keine tiefgreifenden, schweren Themen, die sie in irgendeiner Weise belastet hätten, was Irma sehr angenehm fand. Paul gab Irma das Gefühl, geistreich und witzig zu sein, denn er lachte immer wieder laut auf, wenn sie etwas erzählte. Sie spürte, dass sie beide an diesem Abend auf einer Welle schwammen. Ob das an dem Menü lag? An der besonders vertrauten Atmosphäre der Küche? Irma wusste es nicht. Sie wollte sich auch nicht den Kopf darüber zerbrechen, sondern stattdessen den Abend einfach nur genießen. *Wer weiß, ob es nach diesem Abend jemals wieder zu einem Treffen mit Paul kommt.* Wenn er sie erst mit anderen Augen sah, dann hatte er sicher Besseres zu tun, als seine Zeit mit ihr zu verbringen – mit jemandem, den er dann nicht mehr besonders interessant fand.

So plätscherte das Gespräch munter weiter, bis Paul plötzlich innehielt. »Gibt es eigentlich noch einen zweiten Gang?«, fragte er und blickte auf die in Alufolie eingewickelte Lammkeule. »Oder muss ich mir noch ein Brot schmieren, wenn ich nach Hause komme?«, fügte er in scherzhaftem Ton hinzu.

Irma lachte verlegen und sprang auf. »Nein! Ich meine, ja, natürlich gibt es noch einen zweiten Gang.« Sie hatte völlig die Zeit vergessen, so angeregt hatten sie sich unterhalten. Darüber hinaus hatte sie vollkommen den Grund für dieses Essen verdrängt. »Da haben wir uns wohl verquatscht. Ich hoffe, das Fleisch ist noch nicht ganz abgekühlt.«

»Das wäre dann meine Schuld, weil ich dich die ganze Zeit zugetextet habe.«

»Hast du nicht. Ich hätte dran denken müssen«, sagte sie, während sie das Fleisch auswickelte. »Es ist doch schön, dass wir uns so angeregt unterhalten haben.«

»Ja, das finde ich auch«, pflichtete ihr Paul lächelnd bei und hielt ihren Blick für einen Moment fest.

Irmas Herz begann schneller zu schlagen. Was war nur los mit ihr?

»Was hältst du von Teamwork?«, fragte Paul und stand vom Stuhl auf. »Ich schneide das Fleisch von der Keule, und du kümmerst dich um die Sauce und richtest die Teller an.«

Nach kurzem Zögern nickte Irma. »Klingt nach einem guten Plan. Dann besteht auch die Chance, dass das Essen noch warm auf die Teller kommt.«

Es war angenehm, mit Paul Hand in Hand zu arbeiten. Geschickt schnitt er dünne Scheiben von der Keule und legte sie neben die Kartoffeln auf den Teller. Irma fügte die Bohnen dazu, goss Sauce über Fleisch und Kartoffeln und dekorierte alles mit jeweils einem Zweig Cherrytomaten.

»Ich habe gerade noch etwas über dich herausgefunden«, sagte Paul, nachdem Irma den Hauptgang vor ihm platziert hatte. »Du hast wirklich eine Farbmarotte. Nicht nur bei deinen Konserven, sondern auch beim Essen. Du richtest die Speisen nach Komplementärfarben an. Der grüne Schnittlauch auf der lilafarbenen Suppe, und jetzt die grünen Bohnen mit den roten Tomaten.«

Irma lachte leise. »Und du hast eine gute Beobachtungsgabe. Das ist bisher noch niemandem aufgefallen.«

»Tja, ich sehe eben genau hin«, sagte er schulterzuckend.

Irma hielt den Atem an, während sie in seinen grüngrauen Augen versank. Pauls so dahingesagten Worte gewannen plötzlich an Gewicht. Sie musste schlucken. Bisher hatte noch kein Mann ihr so viel Interesse entgegengebracht wie er. Er machte sich Gedanken über sie, ihm blieb nichts verborgen, was sie betraf.

Paul begann zu essen. Er kaute konzentriert.

Irma hätte zu gerne gewusst, was in ihm vorging.

»Das Essen schmeckt wirklich vorzüglich!«, ließ er sie zwischen zwei Bissen wissen. »Du bist eine hervorragende Köchin, Irma!«

Als sie nichts darauf erwiderte, blickte er sie fragend an. Irgendetwas in seinem Blick hatte sich verändert. Wirkte der

Zauber bereits, und fragte er sich in diesem Moment, was er hier eigentlich tat, warum er hier war?

Irmas Herz schlug wie verrückt, drohte ihre Brust zu sprengen. *Ist das hier nicht alles ein riesengroßer Fehler?*

Ihre Kehle verengte sich bei dem Gedanken, ihn nie wieder um sich zu haben. Wollte sie das so? *Nein!* Die Antwort war eindeutig nein! So, wie sie Paul heute kennengelernt hatte, mochte sie ihn. Sehr sogar. Er zeigte eine ganz andere Seite von sich. Er war feinfühlig, hörte ihr richtig zu und ging auf sie ein. Genau nach so einem Mann hatte sie doch immer gesucht!

Schlagartig überkam sie Panik. Sie musste irgendetwas tun – nur was? Ihm den Teller wegziehen? Doch mit welcher Begründung, wo er doch gerade ihre Kochkünste gepriesen hatte? Er würde denken, jetzt wäre sie völlig übergeschnappt.

Paul sah sie immer noch an, als erwarte er eine Antwort.

»Ich …« In dem Moment kam ihr ein Gedanke. Was, wenn sie diesmal diejenige war, bei der der Zauber wirkte?

Irma sah auf ihren Teller hinab. Nein, das war nicht möglich, sie hatte ja noch kaum etwas vom Hauptgang angerührt. Sie konnte sich nicht länger etwas vormachen. Wenn Paul sie ansah, ihr gespannt zuhörte oder ihr sein Lachen schenkte, löste das etwas in ihr aus. Ein Kribbeln, wie sie es lange nicht mehr gespürt hatte. Nicht wie das Prickeln von Brausepulver, wie bei der oberflächlichen Schwärmerei für Fred, nein, dieses Gefühl ging viel tiefer, erreichte ihre Seele.

»Was ist denn mit dir?« Paul legte sein Besteck an die Seite seines Tellers. Sein Blick war voller Sorge.

Irmas Bedürfnis, ihn zu küssen, war plötzlich übermächtig.

Er schien es in ihren Augen zu lesen, denn er fasste nach ihrer Hand, stand auf und zog sie zu sich hoch.

Sogar ihre Wünsche und Bedürfnisse spürte er. Irma entglitt ein leiser Seufzer.

Seine Hände umfingen ihr Gesicht, für einen Moment hörte Irma auf zu atmen.

Sein Geruch stieg ihr in die Nase. Ein paar Herzschläge lang war Irma wie elektrisiert.

Unerträglich langsam näherten sich seine Lippen den ihren. Die sanfte Berührung löste ein Ziehen in ihrem Unterleib aus, wie sie es noch nie gespürt hatte. Paul schmeckte nicht nur nach Rotwein, sondern auch nach einer Süße, die sie nicht benennen und von der sie nicht genug bekommen konnte.

Als ihre Lippen sich geraume Zeit später wieder voneinander lösten, spürte Irma, wie sich ein Lächeln auf ihrem Gesicht breitmachte. *Paul ist der Richtige!* Warum hatte sie das bloß vorher nicht erkannt? War sie die ganze Zeit mit Scheuklappen durchs Leben gegangen?

»Jackpot«, murmelte er.

»Was hast du gesagt?«

»Du verkörperst alles, was ich mir jemals gewünscht habe.« Pauls Stimme klang rau und sanft zugleich.

Unwillkürlich schossen Irma Tränen der Rührung in die Augen, gleichzeitig jubelte ihr Herz vor Freude. »Ich hatte gerade solche Angst, dass du mich nicht mehr willst.«

Unverständnis blitzte in Pauls Augen auf. »Warum sollten sich meine Gefühle für dich so plötzlich ändern? Du wusstest doch die ganze Zeit schon, wie sehr ich dich mag.«

Wenn er wüsste, was ich eigentlich geplant hatte … Irma schluckte schwer. Bei Fred hatte der Liebeszauber schon während des Desserts seine Wirkung gezeigt. *Was, wenn es bei Paul genauso war?* Sie musste ihm das Dessert vorenthalten, um irgendwie noch zu verhindern, dass der Zauber seine Kraft entfaltete. Um keinen Preis der Welt wollte sie ihn jetzt wieder verlieren.

Paul nahm sich Zeit, ihr Gesicht zu betrachten. Unendliche Zärtlichkeit lag in seinem Blick. Sanft strich er mit den Fingerspitzen über ihre Wange und zog sie dann in eine feste Umarmung.

Irmas Herz schien sich vor lauter Zuneigung zu ihm auszudehnen.

»Wenn du mir jetzt noch das Dessert servierst, machst du mich zum glücklichsten Mann der Welt«, flüsterte er ihr ins Ohr.

Ihr Atem stockte. *Oh, bitte nicht!* »Ähm, ... also, das Dessert ...«

»... ist nichts geworden?«, vervollständigte Paul fragend den Satz.

Irma biss sich auf die Unterlippe und löste sich aus seiner Umarmung. Sie sah ihn an und nickte. Sie hasste es zu lügen, aber in dem Fall ging es einfach nicht anders. Es handelte sich schließlich um ihre Zukunft. Nichts wäre schlimmer, als wenn ihr das Glück jetzt durch die Finger rann, wo sie es doch schon in den Händen hielt.

Aber Paul ließ nicht locker. »Das macht überhaupt nichts, ich esse auch ein verunglücktes Dessert. Dieses köstliche Menü verdient einen ehrwürdigen Abschluss.« Paul wandte sich ab, war schon auf dem Weg zum Kühlschrank, doch Irma war schneller und stellte sich ihm in den Weg, den Kühlschrank im Rücken. Jetzt half nur noch, die Waffen einer Frau einzusetzen.

Irma sah ihm tief in die Augen und küsste ihn dann mit

einer Inbrunst, mit der sie noch nie zuvor jemanden geküsst hatte.

Kurz schöpfte er nach Atem. »Du gehst ja ganz schön ran.«

Irma ließ ihn nicht weiter zu Wort kommen und ging erneut zum Angriff über, küsste ihn und versuchte dabei, ihn vom Kühlschrank wegzudrängen.

Ganz entgegen ihrer Natur wartete sie mit all den ihr zur Verfügung stehenden Reizen auf – etwas anderes blieb ihr auch nicht übrig, wo Paul doch so verrückt nach etwas Süßem war.

Atemlos und mit einem lauten Schmatzer beendete er den Kuss und schob Irma ein Stück von sich. »Mein lieber Scholli, wer hätte das gedacht!« Er gab ihr einen zärtlichen Kuss auf den Mund. »Du wirst mich nicht mehr los!«

»Sag das noch mal«, hauchte sie.

Sein Blick versank in ihrem. »Du wirst mich nicht mehr los«, wiederholte er zärtlich.

Irma spürte seinen Worten nach. Tief in ihr fühlte sie, dass sie der Wahrheit entsprachen. Bei Paul würde der Zauber nicht wirken, er liebte sie so, wie sie war. Mit oder ohne Magie. Sie sollte einfach loslassen und darauf vertrauen.

Mit einem ergebenen Seufzer ging sie zum Kühlschrank, öffnete die Tür und holte die beiden vorbereiteten Dessertteller daraus hervor.

Paul öffnete den Mund, fand erst einen Moment später die Sprache wieder. »Hast du mich etwa an der Nase rumgeführt?«, fragte er neckend und bedeckte zielsicher Irmas Hals mit Küssen, als hätte er geahnt, dass das ihre empfindlichste Stelle ist.

Ein angenehmer Schauer durchfuhr sie. Von ihr aus hätte er ewig so weitermachen können, wären da nicht die beiden

Teller in ihrer Hand gewesen. Es bereitete ihr große Mühe, sie nicht fallen zu lassen.

Pauls Blick blieb an einem der Teller hängen. »Schokoladen-Parfait?« Seine Augen wurden groß. »Und das wolltest du mir vorenthalten?«

Leise lächelnd stellte Irma die beiden Teller auf den Tisch und entfernte die Folie. Dann nahm sie Platz.

Paul tat es ihr gleich. Seine Augen leuchteten glückselig, doch im nächsten Moment runzelten sich seine Brauen. »Irgendetwas fehlt.«

»Was meinst du?« Irma sah ihn verwundert an.

»Die Komplementärfarbe zu Braun und Orange.«

Ein leiser Laut der Bestürzung entwich Irma, und sie sprang von ihrem Stuhl auf. »Wie konnte mir das entgehen? Ich hab die Blaubeeren vergessen!« So etwas war ihr ja noch nie passiert! Normalerweise schmerzte es sie fast körperlich, wenn die Ästhetik in irgendeiner Form gestört wurde. Aber mit Paul an ihrer Seite, der sie ganz ohne Hilfe verzaubert hatte, war ihr schlichtweg entgangen, dass etwas auf den Tellern fehlte. Das Blauviolett zu dem Schoko-Parfait und der orangefarbenen Sauce.

Pauls leises Lachen erklang hinter hier, während sie die Blaubeeren aus dem Kühlschrank holte. »So schlimm wäre es ohne nun auch nicht gewesen.«

»Doch wäre es. Du kennst doch meinen Sinn für Schönheit.«

Paul aß das Parfait, schien sich jeden Löffel auf der Zunge zergehen zu lassen.

Irma sah ihm lächelnd dabei zu.

Erst als er den Teller komplett leergegessen hatte, ergriff er wieder das Wort. »Darf ich dich etwas fragen?«

»Klar, alles, was du möchtest.« Gespannt sah sie ihn an.

»Warum hat es mit dem Professor nicht geklappt?«

Mit dieser Frage hätte sie am allerwenigsten gerechnet. Irma lag nichts ferner, als Fred vor Paul schlechtzumachen, das war einfach nicht ihre Art. »Es hat einfach nicht gepasst zwischen uns«, sagte sie deshalb lapidar.

Paul sah sie an. »Verstehe«, erwiderte er, wirkte aber nicht sonderlich zufrieden mit der Antwort.

Irmas Blick streifte die Küchenuhr. *Oh nein!* Es war bereits halb eins. Die Stunden waren nur so verflogen, so angeregt hatten sie sich unterhalten. Auch der schönste Abend musste wohl irgendwann zu Ende gehen, schließlich musste sie ja morgen wieder früh aufstehen. Es würde jedoch nicht der letzte mit Paul sein, das wusste Irma mit Sicherheit.

Nur unter Aufbietung ihrer ganzen Willenskraft erhob sie sich. »Das war ein wunderschöner Abend, und ich hätte niemals gedacht, dass er so enden würde. Eigentlich will ich gar nicht, dass du gehst …«

Mit einem verschmitzten Grinsen erhob Paul sich ebenfalls. »Musst du doch nicht.«

»Es ist besser, wir lassen es langsam angehen.«

Eine seltsame Befangenheit herrschte für einen Moment zwischen ihnen.

Paul nickte und senkte dann den Kopf. Als er wieder aufblickte, konnte Irma sehen, wie es hinter seiner Stirn arbeitete. »Wie hattest du denn gedacht, wie der Abend enden würde?«

Irma lächelte leise. »Das behalte ich lieber für mich.«

Ein Schatten flog über Pauls Gesicht, und er nickte. Dann schnappte er sich sein Jackett von der Stuhllehne und gab ihr einen flüchtigen Kuss auf die Wange. Eine kühle Reserviertheit lag plötzlich in seinen Zügen, die Irmas Herz schmerzlich zusammenzog. *Hab ich etwas Falsches gesagt?*

Sie konnte gar nicht so schnell gucken, wie er die Jacke überzog und zur Tür hinaus war.

Verdattert stand sie ihm Hausflur und blickte ihm hinterher, als er die Treppen hinunterrannte. Hatte der Zauber am Ende etwa doch noch seine Wirkung gezeigt?

17

Irma verzehrte sich nach Paul wie noch nach keinem Mann zuvor. Die halbe Nacht lag sie wach, während der sie ihr wunderbares Zusammensein wieder und wieder durchlebte. Ihn zu küssen war einzigartig gewesen. Er hatte Gefühle in ihr ausgelöst, die sie noch nie zuvor empfunden hatte. Sie träumte jetzt nicht mehr vom großen Unbekannten, sondern von Paul. Doch trotz ihres riesigen Glücksgefühls war da ein Beigeschmack, ein seltsames Gefühl, das ihre Brust verengte. Mit der Freude, endlich jemanden gefunden zu haben, der ihr Herz schneller schlagen ließ, ging die Angst einher, ihn durch irgendetwas bereits wieder verloren zu haben.

Die Art, wie er sich von ihr verabschiedet hatte, ging ihr einfach nicht mehr aus dem Kopf. Er war überstürzt aufgebrochen, hatte sich dabei so reserviert verhalten, als wäre ihm irgendetwas gegen den Strich gegangen. Doch Irma wollte absolut nicht einfallen, was das hätte sein können.

Weil sie in der Nacht so wenig geschlafen hatte, erlaubte sie sich am Morgen, etwas länger im Bett zu bleiben als üblich. Sie brauchte nicht zwingend um halb sechs aufzustehen, nichts musste vorbereitet werden, alles konnte warten. Vorsorglich hatte sie sich Ohropax in die Ohren gesteckt und die Tür zu ihrem Schlafzimmer geschlossen. Natürlich nicht, ohne Houdini noch eine Extraportion Leckerlis in den Fressnapf zu geben – er sollte ja nicht über Nacht vom Fleisch fallen.

Dennoch ließ er sich, nachdem sie nun endlich aufgestanden war, nicht von ihr streicheln und zeigte ihr die kalte Schulter. Kaum dass sie den Laden aufgeschlossen hatte, bezog er seinen Lieblingsplatz im Schaufenster.

»Verzeih mir, Houdini. Morgen lasse ich die Schlafzimmertür wieder offen, versprochen«, rief sie ihm hinterher.

Irma schaute immer wieder zum Eingang, in der Hoffnung, Paul würde auftauchen. Doch das tat er nicht. Sie hätte sich verfluchen können, dass sie damals seine Nummer nicht in ihr Handy eingespeichert hatte. Er hatte sie auf eine Serviette geschrieben, als er ihr seine Hilfe beim Entrümpeln angeboten hatte. Achtlos hatte sie sie unter die Kasse gelegt, und irgendwann mit irgendwelchen Schmierzetteln und Fehlbons weggeschmissen. Jetzt würde sie alles dafür geben, seine Nummer zu haben, um ihm eine kurze Nachricht schreiben zu können. Dass sie den Abend gerne noch mal wiederholen würde und dass sie sich freuen würde, wenn er bei ihr vorbeischaute – so was in der Art.

Murphys Gesetz. Immer, wenn man auf etwas Bestimmtes wartete, zog sich die Zeit zäh wie Kaugummi. So auch heute. Irma konnte sich noch nicht mal durch Arbeit ablenken. Es war inzwischen schon zehn Uhr, doch noch kein einziger Kunde hatte sich bisher blicken gelassen. Wo blieb denn Herr Petersen? Frau Giesebrecht hatte sie auch schon ein paar Tage nicht mehr gesehen, fiel Irma jetzt auf. *Seltsam.* Selbst am Samstag war sie nicht zu ihrem gewohnten Morgenkäffchen, wie sie es nannte, aufgetaucht. Irma spürte Unruhe in sich aufsteigen.

Sie bereitete sich einen Tee zu und stellte sich damit an den Stehtisch. Mit beiden Händen hielt sie die Tasse umfasst und blies auf die dampfende Oberfläche, während sie ihren Blick aus dem Fenster wandern ließ.

Draußen regnete es, und es herrschte wieder diese unangenehme Kälte. Irma war froh, dass sie im Warmen saß.

Tropfen prasselten an die Scheibe und liefen dann in einer durchsichtigen Spur das Glas hinunter. Selbst ihre Weihnachtsdekoration vermochte dem Schietwetter nichts entgegenzusetzen. Von einer heimeligen Atmosphäre war nichts mehr zu spüren.

Dem Geschäft war der Regen auch nicht gerade zuträglich. Heute würde sich kaum ein Kunde hierher verirren. Wenn sie Glück hatte, kämen ein paar Passanten herein, die der Nässe entfliehen wollten. Irma seufzte leise. Dabei hatte sie sich dieses Jahr so sehr weiße Weihnachten gewünscht.

Fetzen eines Traums traten plötzlich an die Oberfläche ihres Bewusstseins. Mondbeschienener Schnee, Paul und sie, Arm in Arm.

Irma schloss die Augen und versuchte sich die Traumbilder der letzten Nacht ins Gedächtnis zu rufen.

Paul führt sie zu einem alten Pferdeschlitten, vor den zwei Rappen gespannt sind. Galant reicht er ihr die Hand und hilft ihr hinauf in das nostalgische Gefährt. Die gepolsterte Sitzbank ist mit Schaffellen ausgelegt und herrlich kuschelig. Lächelnd setzt Paul sich neben sie und legt den Arm um ihre Schultern.

Der Kutscher dreht sich zu ihnen um, nickt und hebt dann die Zügel an. Begleitet vom kurzen Schnauben der Pferde setzt sich der Schlitten gemächlich in Bewegung. Der Schnee knirscht unter den Kufen. Paul weist nach oben in den sternklaren Himmel. Ein leuchtender Vollmond strahlt ihnen entgegen und erhellt die Landschaft um sie herum. Dann legt Paul seine Lippen an Irmas Schläfe und lächelt. Eingemummelt in dicke Decken sitzen sie eng aneinander gekuschelt, es ist so kalt, dass ihr Atem kleine Wölkchen bil-

det. Irma lauscht dem Trampeln der Hufe und dem zarten Klingeln der Glöckchen, die am Pferdegeschirr baumeln.

Die Traumbilder verblassten und Irma öffnete langsam wieder die Augen. Ein bittersüßes Gefühl von Sehnsucht blieb zurück. Sie seufzte leise. Das war so romantisch gewesen.

Sie hätte sich nichts Schöneres vorstellen können, als in Pauls Armen zu liegen, während sie in einem Schlitten durch schneebedeckte Landschaften glitt.

Dieser Wunsch würde wohl nicht in Erfüllung gehen. Das wäre auch zu schön gewesen.

Irma sah Gökhan aus seinem Getränkeladen kommen. Er überquerte halb rennend die Straße, hielt sich dabei die Jacke über den Kopf und steuerte direkt auf ihren Eingang zu.

Beim Eintreten brachte er einen Schwall feuchter Luft mit herein. »Morgen!«

»Moin!« *Endlich war sie nicht mehr allein.* »Magst du einen Kaffee?«

Gökhan rieb fröstelnd die Hände aneinander. »Was Warmes wäre nicht schlecht, zu einem Kaffee sage ich nicht nein.« Er trat vor die Vitrine. Für kurze Zeit vereinnahmte die Kuchenauslage seine Aufmerksamkeit. Sein Blick schweifte zwischen der Spekulatius-Schoko-Tarte und dem Marzipanstollen hin und her.

»Magst du noch etwas Süßes dazu?«, fragte Irma, während sie den Vollautomaten zum Leben erweckte.

Er grinste. »Kennst mich doch, ja, gerne.«

Irma schob die Scheibe der Vitrine beiseite, hob jeweils ein Stück von jedem der beiden Kuchen mit dem Tortenheber heraus und legte sie auf einen Teller. Die Kaffeemaschine zischte und blubberte, ansonsten war es still im Laden.

Unruhig trat Gökhan von einem Bein aufs andere. Es war offensichtlich, dass ihm etwas auf dem Herzen lag, er nur nicht wusste, wie er damit rausrücken sollte.

»Bist du wegen Gesa hier?«, half ihm Irma auf die Sprünge und grinste herausfordernd.

Gökhan lachte leise. »Auch. Aber natürlich wollte ich in erster Linie dich mal wieder besuchen.«

Gentlemanlike wie immer. »Sie hat dir gefallen, nicht?«

»War das so auffällig?«, fragte er und kratzte sich am Hinterkopf.

»Irgendwie schon. Habe dich noch nie so ausgelassen erlebt.«

Verlegen lächelnd senkte Gökhan den Blick. »Ist auch schon lange her, dass eine Frau mir ...«, murmelte er.

»Was hast du gesagt?« Irma stellte die Tasse vor ihn auf den Stehtisch.

Gökhan winkte ab und nippte dann an dem dampfenden Kaffee. Doch gleich darauf zog er scharf die Luft ein.

»Hast du dich verbrannt?«, fragte Irma besorgt.

»Nein, alles gut. Sag mal ... Hat sie einen Mann?«

Na endlich rückte er mit seinem Anliegen raus. »Nein, hat sie nicht. Und sie findet dich sehr nett.«

»Ach! Hat sie das gesagt?« Sein Gesicht erhellte sich.

»Es war nicht zu übersehen.«

Ein Strahlen trat in Gökhans Augen. »Gibst du mir ihre Nummer?«

»Klar. Ich denke, sie hat nichts dagegen.«

In dem Moment, als Irma nach ihrem Handy griff, um Gökhan Gesas Kontakt zu schicken, kündete die Türglocke einen Kunden an.

Herr Petersen stand auf der Schwelle und schüttelte seinen schwarzen Regenschirm aus, ehe er ihn in den Schirmständer stellte und die Tür hinter sich schloss. Dann hob er die Hand zum Gruß und kam auf sie zu.

Irma durchfuhr Erleichterung. Die beiden Männer sorgten für willkommene Zerstreuung. Für ein paar Minuten hatte sie sogar mal nicht an Paul gedacht, der aber jetzt schlagartig wieder in ihrem Bewusstsein war. Während sie Gesas Kontakt an Gökhan weiterleitete, dachte sie, wie schön es doch wäre, eine Nachricht von ihm zu bekommen. Warum hatte sie ihm gestern Abend nicht noch schnell ihre Handynummer gegeben? Dann hätte sie vielleicht schon unzählige süße Mitteilungen erhalten. Rasch schob sie die Gedanken an ihn beiseite und richtete ihre Aufmerksamkeit auf Gökhan, der sich vertraulich zu ihr herüberbeugte. »Und du meinst, ich kann ihr einfach so eine Nachricht schicken?«

Irma schüttelte grinsend den Kopf. Wie ein selbstbewusster erwachsener Mann so viel Unsicherheit an den Tag legen konnte, wenn es um eine Frau ging, war ihr wirklich schleierhaft. Beschwichtigend tätschelte sie seine Hand. »Na klar«, gab sie im gleichen vertraulichen Tonfall zurück und zwinkerte ihm ermutigend zu.

»Könntest du mir den Kuchen einpacken? Ich glaube, es ist besser, wenn ich drüben wieder nach dem Rechten schaue. Tarek hat die Vormittagsschicht mit mir zusammen, ist aber eigentlich durchgehend mit seinem Handy beschäftigt, sogar wenn Kundschaft kommt. Das muss er sich schnellstens wieder abgewöhnen.«

Herr Petersen war jetzt an die beiden herangetreten und zog zur Begrüßung seinen Hut. »Moin, moin, die Herrschaften.«

»Moin, moin!«, erwiderte Irma erfreut. »Kleinen Augenblick noch, Herr Petersen, ich bin gleich für Sie da. Sie können schon Platz nehmen, wenn Sie wollen.«

»Mach man, mien Deern! Ich gucke erst mal, was es alles Schönes gibt.« Er schenkte Gökhan ein kurzes Lächeln und verschaffte sich dann einen Überblick über Irmas Leckereien, indem er sich mit hinter dem Rücken verschränkten Armen und gekräuselter Nase vorbeugte.

»Gerne«, sagte Irma lächelnd und wandte sich dann wieder an Gökhan. »Klar, ich pack dir den Kuchen ein. Aber trink doch deinen Kaffee noch aus, so viel Zeit muss sein.«

Gökhan griff die Tasse und trank sie in einem Zug leer. »Was kriegst du von mir?«

Die Frage war eine höfliche Floskel, denn Gökhan hatte noch nie etwas zahlen müssen. Für Irma war das selbstverständlich, so oft er hier mit seinem Werkzeugkoffer anrückte.

»Machen wir später«, sagte sie deshalb und reichte ihm mit einem Zwinkern den eingepackten Kuchen. »Grüß Tarek von mir. Und … schreib Gesa. Sie freut sich bestimmt, von dir zu hören.«

Sobald Gökhan fort war, wandte sie sich an ihren Lieblingskunden. »Wie geht es Ihnen, Herr Petersen?«

»Gut so weit, wenn das Wetter nur besser wäre …«

»Da sagen Sie was! Weihnachten ohne Schnee ist wie …«

»… Ostern ohne Eier«, vervollständigte Herr Petersen den Satz, und beide mussten lachen.

»Sagen Sie mal, haben Sie zufällig in den letzten Tagen Frau Giesebrecht gesehen?«

Er schüttelte den Kopf. »Nein, wieso?«

»Am Donnerstag war sie das letzte Mal hier bei mir im Laden, was sehr ungewöhnlich ist. Sie kommt eigentlich jeden Samstag, und heute ist schon Dienstag. Ich mache mir langsam Sorgen.«

Herr Petersen kratzte sich die Stirn, als würde ihm das

beim Nachdenken helfen. Einen Moment später sah er sie an und schüttelte den Kopf. »Tut mir leid. Ich habe sie tatsächlich eine ganze Weile lang nicht mehr gesehen.«

Irma beschlich ein ungutes Gefühl. »Wissen Sie zufällig, wo sie wohnt?« Sie nahm die leergetrunkene Espressotasse von der Glasvitrine und wusch sie kurz über der Spüle aus.

»Nur ein Haus weiter, bei mir um die Ecke. Ich weiß zwar nicht in welchem Stockwerk, aber das sieht man ja am Klingelschild.«

»Ich sollte mal bei ihr vorbeischauen«, sagte Irma, während sie die Tasse mit einem Geschirrtuch trockenrieb. »Nicht dass ihr etwas passiert ist und sie jetzt hilflos in ihrer Wohnung liegt. Mit ihren Kindern und Enkeln hat sie ja offenbar auch nicht regelmäßig Kontakt. Ich muss mich einfach selbst davon überzeugen, dass alles okay ist.«

»Dann begleite ich Sie«, bot Herr Petersen ohne langes Zögern an.

»Das ist lieb von Ihnen. Ich denke so gegen halb eins kann ich mal kurz das Schild vorhängen und den Laden schließen.«

»Dann komm ich Sie abholen.«

Während Herr Petersen sein Frühstück am Fenster einnahm, hielt Irma sehnsüchtig Ausschau nach Paul. Mittlerweile regnete es in Strömen. Es war bereits halb elf, und er hatte immer noch nichts von sich hören lassen. Normalerweise war er doch immer der Erste, der ihren Laden betrat. *Vielleicht ist ihm heute Morgen etwas dazwischengekommen?* Und dienstags arbeitete er ja auch. Vermutlich stand er jetzt auf irgendeinem Marktplatz und verkaufte seinen Fisch.

Ja, so musste es sein. Sie sollte sich nicht weiter verrückt machen.

Doch Irma konnte nicht aus ihrer Haut. Jedes Mal, wenn

sie aus den Augenwinkeln jemanden an ihrem Laden vorbeilaufen sah, hob sie mit flatterndem Herzen den Blick, in der Hoffnung, es könnte Paul sein.

»Warten Sie auf jemanden?«, holte Herr Petersens Stimme sie zurück. »Halten Sie nach Frau Giesebrecht Ausschau?« Ohne ihre Antwort abzuwarten, fuhr er gleich fort: »Ich kann Ihre Beunruhigung gut verstehen, aber Sie sollten sich nicht allzu große Sorgen machen. Nur weil man alt ist, bedeutet das nicht zwangsläufig, dass etwas passiert ist, wenn man mal wegbleibt. Vielleicht hat sie sich die letzten Tage nicht wohl gefühlt oder sie will bei dem Wetter nicht vor die Tür. Mir geht es da manchmal ähnlich.«

Irma war froh, dass Herr Petersen ihr Verhalten falsch interpretierte. Wenigstens brachte er sie auf andere Gedanken. Sie sollte ihren Fokus erst mal auf dringlichere Dinge richten, anstatt sich wegen Paul verrückt zu machen.

»Ich hoffe, Sie haben recht«, antwortete sie mit einiger Verzögerung und nahm sich vor, von jetzt an positiv zu denken und alle Bedenken von sich zu schieben.

Während sie den leergegessenen Teller vom Stehtisch abräumte, sah sie jemanden im Regenmantel an ihrem Laden vorbeihasten. Sogleich setzte ihr Herz einen Schlag lang aus, um dann im doppelten Takt weiterzuschlagen. *War das etwa Paul?* Irma sah genauer hin.

Der Typ hatte den Kopf gesenkt und trug eine Kapuze, wodurch sein Gesicht nicht zu erkennen war. *Nein, das ist er nicht.* Pauls Statur war viel kräftiger.

Irma atmete durch und schüttelte über sich selbst den Kopf. Nicht dass sie noch paranoid wurde, weil sie jeden Mann, der an ihrem Laden vorbeilief, für Paul hielt.

Jetzt hob der Mann den Kopf, drehte ihn zur Seite und warf verstohlen einen Blick durchs Schaufenster.

»Aber …« Erst glaubte Irma ihren Augen nicht zu trauen. Sie hätte lachen müssen, wenn die Situation nicht so bedenklich gewesen wäre. Es war nicht Paul, sondern Fred, der vor ihrem Laden herumstreunte, um einen Blick auf sie zu erhaschen. Erst gestern hatte sie wieder einen parfümierten Brief mit einem schwülstigen Liebesgedicht in ihrer Wohnung gefunden. Das war doch nicht mehr normal!

Was sollte sie nur tun?

Angriff war die beste Verteidigung. Also lief sie forschen Schrittes zur Tür.

Fred war weitergegangen. Vermutlich, um nicht aufzufallen.

»Hey, Fred, bleib stehen, ich hab dich erkannt«, rief sie gegen den Regen an.

Als Fred seinen Namen hörte, zuckte er kurz zusammen und wandte sich dann langsam um. Er machte ein Gesicht, als hätte man ihn bei etwas Verbotenem ertappt.

»Komm her.« Irma winkte ihn zu sich, weil sie nicht nass werden wollte. »Was schleichst du hier herum?«, fragte sie, als er direkt vor ihr stand.

»Irgendwas stimmt nicht mit mir«, sagte er kaum hörbar.

Die Ernsthaftigkeit in seiner Stimme ließ Irma aufhorchen. »Bist du krank?«

Er wiegte den Kopf hin und her und sah dabei aus, als würde alles Leid der Welt auf seinen Schultern lasten. Regentropfen liefen ihm übers Gesicht, und er wirkte so niedergeschlagen, wie Irma ihn noch nie erlebt hatte. Seine charismatische Ausstrahlung war verschwunden, er schien nur noch ein Schatten seiner selbst zu sein. »So mies wie jetzt ging es mir noch nie. Die Gefühle, die ich für dich empfinde, sind wie eine unheilbare Krankheit. Ich kann nicht mehr schlafen, nicht mehr essen, bekomme dich nicht mehr aus dem Kopf. So geht es nicht mehr weiter. Vielleicht ist das ein schlechtes Omen, und es geht dem Ende zu.«

Noch pathetischer geht es nun wirklich nicht. »Wir müssen alle irgendwann sterben, aber bis es so weit ist, hast du noch eine Menge Zeit, da bin ich mir sicher.« In Anbetracht der jämmerlichen Miene, die Fred jetzt zog, bereute Irma ihre dahingesagten Worte.

»Kennst du das Buch ›Die Liebe in den Zeiten der Cholera‹ von Gabriel García Márquez?«, fragte er anstatt auf ihre Beschwichtigung einzugehen.

Nach kurzem Überlegen nickte Irma. »Ich glaube, ich habe den Film gesehen.«

»Der Protagonist Ariza ist auch verzweifelt wegen seiner unerfüllten Liebe zu Fermina. Nur der Gedanke, seine Angebetete zurückzuerobern, hält ihn am Leben.« Freds Kiefermuskel spannte sich, und er senkte traurig den Blick, was Irmas Schuldgefühle noch verstärkte.

Sie kaute auf ihrer Unterlippe. Es tat ihr in der Seele weh, ihn so zu sehen. Das hatte sie nicht gewollt. Der Liebeszauber hatte aus Fred eine liebeskranke Marionette gemacht. Auch wenn sie ihn für einen selbstbezogenen Blender hielt – den Rest seines Lebens unglücklich verliebt zu sein, hatte er nicht verdient.

»Sag mir doch, was ich tun kann, um dein Herz zu erobern?« Seine Stimme klang flehend, er schien nicht mehr Herr seiner selbst zu sein. »Ich denke seit unserem gemeinsamen Abend Tag und Nacht an dich, dabei will ich das gar nicht, wenn du meine Liebe nicht erwidern kannst.«

In diesem Augenblick empfand Irma nichts als Mitleid für ihn. Gesas Worte kamen ihr in den Sinn, dass mit Magie nicht zu spaßen sei. Jetzt wusste sie, was Gesa damit gemeint hatte. Sie hatte einen Menschen auf eine Art und Weise manipuliert, die ihn jetzt leiden ließ. Fred kam nicht von ihr los, selbst nicht, wenn er es mit aller Macht wollte. Sie musste ihm helfen, endlich wieder frei und glücklich sein zu können. Zumindest das war sie ihm schuldig. »Komm erst mal rein und wärm dich auf, du bist ja völlig durchnässt.«

Fred ließ sich nicht lange bitten und folgte ihr in den Laden.

»Möchtest du etwas Warmes zu trinken?«

»Ein doppelter Espresso wäre nicht schlecht.«

»Mach ich dir.«

Fred schlurfte mit vor Selbstmitleid triefender Miene an den Stehtisch am Fenster.

Irma konnte sich ein Grinsen nicht verkneifen. Leiden konnte der Professor wirklich gut, sie hatte noch nie solch einen Jammerlappen gesehen. Doch als ihr einen Moment später wieder bewusst wurde, dass allein sie für seinen Zustand verantwortlich war, zerfiel das Grinsen auf ihren Lippen. Sie hatte kein Recht, sich über ihn lustig zu machen, es stand wirklich schlecht um ihn. Statt seinen Charme spielen zu lassen und sie zu umgarnen, war er dazu übergegangen, sich selbst leidzutun, und wirkte, als hätte er sich aufgegeben.

Während Fred trübsinnig vor sich hinstarrte, schien Herr Petersens Interesse geweckt. Zwischen zwei Schlucken Kakao linste er immer wieder zu ihm rüber und überlegte offenbar, welcher Gesprächseinstieg am geeignetsten wäre. Er entschied sich für die klassische Variante. »Hätte wohl niemand gedacht, dass nach dem Schnee die Temperaturen noch mal so ansteigen. Richtiges Aprilwetter.«

Als Fred nicht reagierte und stattdessen einen sehnsüchtigen Blick in Irmas Richtung warf, schob der alte Mann noch hinterher: »Finden Sie nicht auch?«

Fred sah ihn so irritiert an, als wäre er gerade aus einer Trance erwacht. Offensichtlich nahm er ihn jetzt erst richtig wahr. Nach kurzem Zögern nickte er widerwillig, schien jedoch nicht gerade in Stimmung für ein Pläuschchen zu sein.

»Ich glaube, ich gehe jetzt erst mal und komme später wieder, um mit Ihnen nach Frau Giesebrecht zu schauen.« Herr Petersen rutschte von seinem Hocker und war im Begriff, seinen Hut aufzusetzen.

So höflich wie der alte Mann war, wollte er Fred und ihr bestimmt die Möglichkeit für ein Gespräch unter vier Augen geben. Doch das war Irma gar nicht recht. »Das kommt gar nicht in Frage! Bei dem Wetter gehen Sie nicht vor die Tür. Solange es so schüttet wie jetzt, bleiben Sie hier im Laden.«

Irmas Lieblingskunde sah zwischen Irma und Fred hin und her, schien abzuschätzen, was Fred davon hielt. Doch der hatte offenbar gar nicht zugehört, denn sein Blick war ins Leere gerichtet.

Irma seufzte leise.

»Wie Sie meinen, mien Deern, wenn es Ihnen nichts ausmacht, mich noch eine Weile um sich zu haben.« Herr Petersen nahm wieder Platz.

Irma stellte den Espresso vor Fred und sagte zu Herrn Petersen gewandt: »Sie wissen doch ganz genau, wie sehr ich mich über Ihre Anwesenheit freue.«

Ihr Lieblingskunde lächelte verlegen. »Dann nehme ich aber noch einen Kakao.«

»Kommt sofort.« Während Irma sich schwungvoll auf dem Absatz umdrehte, kam ihr plötzlich ein Gedanke, und sie schaute über die Schulter hinweg zurück zu Fred. »Musst du heute nicht in die Uni?«

Im ersten Moment sah er so aus, als hätte er die Frage nicht verstanden. Er nahm einen Schluck von seinem Espresso.

Doch Irma sah ihn weiter durchdringend an.

»Hab mich krankgemeldet.« Seine Stimme war kaum mehr als ein Flüstern, so als fehlte ihm die Kraft zu sprechen.

Auch das noch! Seufzend stützte Irma ihre Ellbogen auf den Stehtisch und verbarg für einen Moment ihr Gesicht in den Händen. Es musste etwas geschehen und zwar schnell! Dass Fred wie ein Hündchen an ihr hing, war eine Sache, aber dass er ihretwegen jetzt auch noch seine hochdotierte Stelle als Literaturprofessor an der Uni aufs Spiel setzte, konnte sie nicht verantworten. Da nützte es auch nicht, ihm immer wieder zu sagen, dass sie ihn nicht wollte und einen anderen liebte. Das hätte ihr schon viel eher bewusst werden müssen. Solange der Zauber des magischen Menüs nicht gebrochen wurde, war Fred an sie gebunden. Es musste doch so etwas wie einen Gegenzauber geben. Heute nach der Arbeit würde sie sich Ellies Tagebuch noch einmal in Ruhe vornehmen, vielleicht stand darin die Lösung des Problems. Oder zumindest ein Hinweis.

»Das geht nicht, Fred«, sagte Irma kopfschüttelnd. »Ich möchte, dass du morgen wieder zur Uni gehst, hast du mich verstanden?« Sie hoffte inständig, dass die Arbeit ihn ein wenig von ihr ablenken und auf andere Gedanken bringen würde. Er brauchte eine Aufgabe, mit der er sich beschäftigte, anstatt den ganzen Tag um sie herumzuschleichen.

Freds Blick war getrübt, als er sie ansah.

»Bitte, tue es für mich. Dein Leben muss weitergehen. Nach der Uni kommst du zu mir in den Laden, einverstanden?« Sie sah ihn eindringlich an. »Dann sehen wir weiter.«

So hatte sie sich selbst eine Frist gesetzt, sie konnte es nicht mehr aufschieben. Bis morgen Nachmittag musste sie eine Lösung für das Problem gefunden haben.

Fred schluckte und nickte dann zögerlich.

»Versprich es mir.« Irma hielt ihm die Hand hin.

Nach kurzem Zögern drückte er sie sanft. Seine Handfläche fühlte sich warm und schweißfeucht an.

Irma wollte sich gar nicht vorstellen, was er gerade durchmachte. Sie wusste selbst nur zu gut, was in einem vorging, wenn man unglücklich verliebt war. »Und jetzt gehst du nach Hause und lenkst dich ab«, fügte sie hinzu. Es regnete zwar immer noch wie aus Eimern, aber nass zu werden, war für Fred wohl das kleinste Übel. »Mach etwas, das dich auf andere Gedanken bringt. Nimm ein heißes Bad und lies in deinem Lieblingsgedichtband, danach wird es dir bestimmt besser gehen, du wirst sehen.« Sie schob Fred zur Tür und schenkte ihm beim Abschied ein aufmunterndes Lächeln.

Fred nickte ergeben. Dann trat er an Irma heran und küsste sie auf die Wange. Aber anstatt den Laden daraufhin zu verlassen, verharrte er auf der Stelle, konnte sich offenbar nicht von ihr losreißen. Sein Blick war der eines geschlagenen Hundes, und das tat Irma in der Seele weh.

Rasch entzog sie sich ihm, öffnete die Tür und schob ihn entschieden nach draußen. Anders ging es nicht, sonst würde er morgen noch hier stehen und sie anhimmeln.

Was habe ich da bloß angerichtet? Irma schloss die Tür hinter ihm und widerstand dem Impuls, die Hände über dem Kopf zusammenzuschlagen.

»Das war also der Mann, der einen Narren an Ihnen gefressen hat«, merkte Herr Petersen an, als sie tief seufzend wieder hinter den Tresen trat.

»Das war nicht zu übersehen, was?« Sie lächelte betrübt.

Es beschämte sie, dass der alte Mann Zeuge davon geworden war, wie bestimmend sie sich Fred gegenüber verhalten hatte. Aber er konnte ja schließlich nicht wissen, dass es nicht anders ging, weil der Professor unter einem Bann stand und sie ihm genaue Anweisungen geben musste, um ihn auch nur in irgendeiner Weise zu erreichen.

»Ich bin verwundert und gleichzeitig beeindruckt, wie entschieden Sie ihm gegenüber aufgetreten sind. Das hat mir sehr imponiert. Der arme Kerl ertrinkt ja geradezu in Selbstmitleid. Er braucht eine führende Hand. Das haben Sie großartig hinbekommen.«

»Nur für den Augenblick. Morgen geht es wieder von vorne los.«

Herr Petersen schüttelte mitleidig den Kopf. »So etwas habe ich bisher nur in Filmen gesehen. Der junge Mann scheint ja richtige Liebesqualen zu erleiden. Sie haben ihn doch nicht etwa verhext?« Gespielt mahnend wackelte Herr Petersen mit dem Zeigefinger.

Irma rang sich ein gequältes Lächeln ab und hoffte inständig, dass dieser Albtraum bald ein Ende hatte.

18

Zwei Stunden später standen Irma und Herr Petersen vor Frau Giesebrechts Wohnungstür. Eine Nachbarin hatte sie ins Haus gelassen.

Zum wiederholten Mal drückte der alte Mann auf den Klingelknopf, doch hinter der Tür tat sich nichts. »Na ja, bei uns alten Leuten dauert es halt etwas länger«, versuchte er Irma zu beruhigen, die ihre Stirn sorgenvoll in Falten gelegt hatte.

»Ich weiß nicht so recht, ich habe irgendwie ein ungutes Gefühl.« Sie trat von einem Bein aufs andere.

»Jetzt malen Sie mal nicht gleich den Teufel an die Wand.« Erneut klingelte er.

»Jesus Maria, ich komme ja schon!«, erklang Frau Giesebrechts aufgebrachte Stimme hinter der Tür.

Erleichterung durchflutete Irma. Mit geschlossenen Augen atmete sie einmal tief durch.

»Was habe ich Ihnen gesagt?« Herr Petersen setzte einen neumalklugen Gesichtsausdruck auf und brachte Irma damit zum Schmunzeln.

Offenbar schaute sie durch den Türgucker. »Ach, Sie sind es!« Ihre Stimme, in der eine Mischung aus Erstaunen und Freude lag, war durch das Holz zu hören.

Der Schlüssel drehte sich im Schloss, eine Sicherheitskette rasselte und wurde abgenommen, dann öffnete sich die Tür.

»Was machen Sie denn hier?« Frau Giesebrecht sah von einem zum anderen. Verblüffung stand ihr ins Gesicht geschrieben.

Irma bemerkte die bereits verschorfte Wunde auf ihrer Nase und ihr verbundenes Handgelenk, ehe sie das Wort ergriff. »Wir wollten mal nach Ihnen schauen, weil ich Sie schon eine ganze Weile nicht im Laden gesehen habe. Ich habe mir Sorgen gemacht.«

Das Gesicht der alten Dame verzog sich zu einem breiten Lächeln und unzählige Falten gruben Furchen in ihre Wangen. »Ach, das ist aber reizend von Ihnen.« Sie trug einen bordeauxfarbenen Hausanzug aus Nicki, der ungewohnt leger an ihr wirkte, ihr aber gut stand. Die Pantoffeln an ihren Füßen passten farblich perfekt.

»Was ist denn passiert?«, wollte Herr Petersen wissen.

Die alte Dame winkte ab. »Ach, wissen Sie, es ist nichts, wenn man alt ist.«

»Sind Sie etwa bei der Glätte gestürzt?« Besorgnis färbte seine Stimme.

»Ja!« Sie lachte auf. »Aber Sie werden es nicht glauben, nicht etwa draußen auf der Straße, sondern hier im Treppenhaus. Ich bin ausgerutscht und die frischgewischten Stufen hochgefallen. Kann man sich das vorstellen?« Sie schüttelte über sich selbst den Kopf.

»Na, das ist ja ein Ding!«, bemerkte Herr Petersen und schüttelte ebenfalls den Kopf.

»Haben Sie sich denn doll wehgetan?«, fragte Irma mit besorgtem Blick und wies auf die verbundene Hand der alten Dame.

»Ich konnte mich mit den Händen nicht rechtzeitig abfangen, weil ich zwei Tüten getragen habe, und bin auf meine Nase gefallen. Und Gott sei Dank ist nur das rechte

Handgelenk in Mitleidenschaft gezogen worden und leicht verstaucht.« Die alte Dame schüttelte wieder den Kopf und stieß ein amüsiertes Lachen aus. »Aber warum stehen Sie denn beide hier noch im Hausflur rum? Kommen Sie doch herein! Dann trinken wir erst mal einen Kaffee zusammen.«

»Sehr freundlich von Ihnen, aber das ist nicht nötig«, wehrte Herr Petersen ab.

»Na aber! Ich bestehe drauf. Wenn Sie sich schon die Mühe machen, hierherzukommen!« Frau Giesebrecht trat zur Seite und ließ die beiden in ihre Wohnung. »Ich habe genau drei Tassen aufgesetzt, der Kaffee reicht also für uns alle.«

Irma nickte. »Aber nur ganz kurz, ich kann den Laden nicht so lang geschlossen lassen.« Sie ließ ihren Regenschirm vor der Tür stehen, Herr Petersen tat es ihr gleich und stellte seinen daneben.

Vor Behaglichkeit und Wärme lief ihr ein wohliger Schauer über den Rücken. In der Luft lag der Geruch von Bratkartoffeln mit Speck. Sogleich lief Irma das Wasser im Mund zusammen. »Haben wir Sie etwa gerade beim Mittagessen gestört?«

Die alte Dame winkte ab. »Ach, ich esse doch immer schon um zwölf, weil ich so früh aufstehe. Keine Sorge. Sie stören nicht, ich freue mich sehr über Ihren überraschenden Besuch.«

Während sie sich aus ihren Mänteln schälten, fielen Irma die hellblauen Plastiküberzieher ins Auge, die auf dem Schuhschrank lagen. Fragend zeigte sie darauf.

»Wenn Sie so freundlich wären?« Frau Giesebrecht bedachte sie mit einem entschuldigenden Blick. »Oder Sie ziehen die Schuhe aus, ich habe auch Pantoffeln für Sie.«

»Ach, das ist nicht nötig«, sagten Irma und Herr Petersen fast gleichzeitig, und beide streiften sie kommentarlos die Überzieher über ihre Schuhe.

Sie folgten der alten Dame durch den schummrigen Flur einer großzügig geschnittenen Altbauwohnung, von dem fünf Zimmer abgingen.

Irmas Blick fiel beim Vorübergehen auf die gerahmten Fotos auf der Kommode, von denen Frau Giesebrecht und ihr Mann ihr glücklich entgegenlächelten.

Das Wohnzimmer glich einem Museum. Das deckenhohe Mahagoniregal war voller in Leder gebundener Bücher, auf kleinen Beistelltischen standen Vasen aus Meissner Porzellan und daneben Gegenstände, die wie Theaterrequisiten aussahen. Bestimmt Erinnerungen aus ihrer langjährigen Schauspielerinnenkarriere.

Auf einer antiken Kommode entdeckte Irma ein gerahmtes Foto, auf dem Frau Giesebrecht alias Marta Antonius auf der Bühne einen Blumenstrauß überreicht bekam. Vielleicht war das bei ihrem letzten Auftritt gewesen, ging es Irma durch den Kopf.

»Nehmen Sie doch bitte Platz.« Frau Giesebrecht wies auf das Biedermeiersofa. Darüber hing ein impressionistisches Ölgemälde, das einen Seerosenteich zeigte.

Herr Petersen und Irma setzten sich vorsichtig nebeneinander auf das Sofa. Genau wie sie hatte der alte Mann augenscheinlich Sorge, etwas schmutzig zu machen. Irma fühlte sich ein bisschen wie ein Fremdkörper inmitten all der kostbaren Ausstellungsstücke.

Während Frau Giesebrecht geräuschvoll Kaffeegeschirr aus der Vitrine holte, herrschte Schweigen.

Irmas Blick huschte über das weiße Spitzendeckchen, das den Tisch zierte und auf dem eine filigrane Porzellanschale mit Pralinen stand. Es gab einfach so viel zu sehen, sie musste alle Eindrücke erst einmal auf sich wirken lassen.

Herrn Petersen ging es wohl ähnlich, denn er schaute sich ebenfalls interessiert um.

»Ist Ihnen denn jemand zur Hilfe gekommen?«, nahm Irma das Gespräch wieder auf, als Frau Giesebrecht das Kaffeeservice auf dem Tisch platzierte.

»Der Hausmeister war mit dem Wischen im Treppenhaus gerade fertig geworden und hat mir hochgeholfen. Er hat mich überredet, gleich zum Arzt zu gehen, und mir ein Taxi gerufen. War aber alles halb so schlimm. Ich war nur im ersten Moment so geschockt.« Frau Giesebrecht machte eine Pause, in der sie Kaffee einschenkte. »Bisher konnte ich die zwei Stockwerke immer noch ganz gut bewältigen, aber jetzt habe ich Angst, dass mir das wieder passiert.« Leicht vorgebeugt reichte sie Herrn Petersen eine Tasse Kaffee über den Tisch.

»Angst ist aber ein ganz schlechter Begleiter, wenn man im Alter noch gewisse Freiheiten haben möchte«, gab Herr Petersen zu bedenken. »Sie müssen sich nur ordentlich am Geländer festhalten, dann passiert Ihnen schon nichts. Und in Zukunft nicht mehr als eine Tüte tragen, damit Sie immer eine Hand freihaben«, fügte er mit eindringlichem Oberlehrerblick hinzu.

»Sie haben ja recht«, pflichtete Frau Giesebrecht ihm mit gequältem Gesichtsausdruck bei. »Jetzt, wo Sie es sagen, klingt es so einfach. Ich muss mich meiner Angst stellen, sonst verlasse ich gar nicht mehr meine Wohnung.«

»Das sollten Sie«, warf Irma ein und erhob sich rasch, um den hingehaltenen Kaffee entgegenzunehmen, denn Frau Giesebrechts Hand zitterte leicht. »Auf unserer Weihnachtsfeier dürfen Sie nämlich nicht fehlen.«

Mit der Kanne in der Hand hielt die alte Dame inne und sah von einem zum anderen. »Welche Weihnachtsfeier?«

»Meine Oma Wilma und ich machen an Heiligabend ein kleines Fest in meinem Laden. Sie als meine langjährige Stammkundin sind herzlich dazu eingeladen.«

»Das klingt aber ganz reizend!« Noch im Stehen füllte sie die letzte Tasse mit Kaffee, stellte die Kanne ab und setzte sich dann begleitet von einem leisen Ächzen in den Sessel ihnen schräg gegenüber. Schlürfend nahm sie einen Schluck Kaffee, so als müsste sie sich erst mal sammeln. »Die Einladung nehme ich gerne an. Kommen Sie auch, Herr Petersen?«

»Aber selbstverständlich, das lasse ich mir doch nicht entgehen!« Er lachte leise.

»Dann fehlt uns jetzt nur noch der Schnee zum Weihnachtsfest«, konstatierte Frau Giesebrecht, und die beiden stimmten ihr seufzend zu.

❄ ❄ ❄

Die Ereignisse des Tages hatten für Zerstreuung gesorgt, doch kaum kehrte Irma mit Houdini unterm Arm am Abend in ihre Wohnung zurück, schossen die Gedanken wie Billardkugeln durch ihren Kopf. Warum ließ Paul sie am ausgestreckten Arm verhungern, indem er sich nicht bei ihr meldete? Gestern noch hatte Irma sich besoffen vor Glück gefühlt und hätte es am liebsten herausgebrüllt, doch jetzt war Ernüchterung eingetreten. Sie hasste Spielchen – wenn es denn eines war.

Houdini wand sich aus ihrem Griff und ließ sich auf den Boden plumpsen.

Plötzlich kam Irma eine Idee.

Mit einem hoffnungsvollen Kribbeln im Bauch drehte sie

sich um, trat aus der Tür und zog sie hinter sich zu. Dann sauste sie die Treppen hinunter.

Paul war doch immer für eine Überraschung gut, und vielleicht hatte er ihr ja eine Nachricht im Briefkasten hinterlassen. Da er ihre Handynummer nicht hatte, war die altmodische Variante doch naheliegend. Es passte zu ihm, ihr auf diese Weise eine Liebesbotschaft zukommen zu lassen. Bei dem Gedanken schlug Irmas Herz wild gegen die Rippen.

Unten angekommen schloss sie atemlos ihren Briefkasten auf. Haufenweise Flyer fielen ihr entgegen, die Hälfte davon flatterte auf den Boden. Die letzten Tage hatte Irma ganz vergessen, nach Post zu gucken. Das hatte sie jetzt davon. Seufzend bückte sie sich und hob die Werbezettel auf. Schnell sah sie alles durch. Ein Brief vom Finanzamt war dabei, sonst nur Flyer von verschiedenen Lieferdiensten und von einem Umzugsunternehmen.

Fluchend entsorgte sie die Werbezettel im Mülleimer und knallte den Briefkasten zu. Enttäuschung brandete wie eine Flutwelle über sie hinweg.

So oft war Paul ihr auf die Nerven gegangen, und so oft hätte sie ihn am liebsten sonst wohin gewünscht – und jetzt? Jetzt, wo sie sich nach ihm verzehrte, ließ er nichts von sich hören. Irma kam der Spruch ›Willst du gelten, mach dich selten‹, in den Sinn. Aber das hatte Paul doch gar nicht nötig! Sie waren doch seit gestern Abend längst über diese Phase hinaus. Es sah ihm nicht ähnlich, sich auf diese Art interessant zu machen, so hartnäckig er immer wieder ihre Nähe gesucht hatte.

Das war keine Dating-Taktik, um sich interessant zu machen, da steckte mehr dahinter. Irma spürte es. Kopfschüttelnd machte sie sich wieder auf den Weg zurück in ihre

Wohnung. Was war nur schiefgelaufen? Hatte der Zauber am Ende doch noch gewirkt? Pauls merkwürdigem Verhalten beim Abschied und seinem schnellen Abgang nach zu urteilen, konnte das tatsächlich der Fall sein.

Irma schleppte sich die Stufen hinauf. Ihr war zum Heulen zumute. Gerade fühlte sie sich genauso wie Fred sich fühlen musste – liebeskrank.

Nein, sie sollte die Kirche jetzt mal im Dorf lassen und sich nicht weiter verrückt machen. Paul und sie hatten gestern einen wunderschönen Abend miteinander verbracht, was lang noch nicht hieß, dass sie von jetzt an jede freie Minute miteinander verbringen mussten.

So gut kannten sie sich ja nun auch noch nicht, und ein langsames Herantasten war durchaus sinnvoll und auch sensibler dem anderen gegenüber, auf jeden Fall besser, als ihn mit seinen Gefühlen gleich platt zu walzen, redete Irma sich ein.

Wäre doch nur dieses ungute Gefühl nicht gewesen, das sie immer mehr vereinnahmte.

Sie musste sich schnellstens auf andere Gedanken bringen, anstatt sich in irgendetwas hineinzusteigern, das pure Spekulation war und nur auf einem vagen Gefühl beruhte.

Etwas Süßes musste her. *Wo Kuchen ist, da ist noch Hoffnung*, war eines ihrer Lieblingsmantras, das sie sich auch regelmäßig zu Herzen nahm. Wenn Not am Mann war, nahm sie sich eine Nascherei aus dem Laden mit, das half. Aber noch mal runter zu gehen, dazu konnte sie sich jetzt auch nicht überwinden.

Ein frustrierter Seufzer entfuhr ihr, als sie aus den Stiefeln schlüpfte. *Dann muss es halt ohne gehen!*

Mit Ellies Tagebuch machte sie es sich neben Houdini auf der Couch gemütlich. Dabei fielen ihr die bunten Geleesterne am Weihnachtsbaum ins Auge, und ein kleines Lächeln stahl sich um ihre Mundwinkel. Rasch friemelte sie den Drahtaufhänger aus dem zuckrigen roten Gelee und stopfte sich den Stern in einem Stück in den Mund. Das tat gut. Mit geschlossenen Augen kaute sie und genoss, wie der Zucker ihre Blutbahn flutete.

Ihr Stimmungsbarometer stieg augenblicklich. Jetzt konnte sie sich in aller Ruhe Freds Problem annehmen und nach einer Lösung suchen.

23. Mai 1954

Ich bin trunken vor Glück und schwebe im siebten Himmel. Es gibt keine anderen Worte, die besser beschreiben könnten, wie ich mich nach dem gestrigen Abend fühle. Das Dessert war kaum aufgegessen, da hat Henri nach meiner Hand gegriffen, mir tief in die Augen geschaut und gesagt: »Endlich habe ich den Mut, dir meine Gefühle zu gestehen.«
Seine Worte haben so aufrichtig geklungen! So als ob er schon vorher etwas für mich empfunden hätte. Ich will ganz fest daran glauben, dass seine Gefühle für mich nichts mit dem Liebesmenü zu tun, sondern ihm nur den Schubs in die richtige Richtung gegeben haben. Und was dann geschehen ist, lässt jetzt noch mein Herz schneller schlagen. Er hat mich zärtlich geküsst und ist dann vor mir auf die Knie gefallen, um mich zu bitten, seine Frau zu werden. Im ersten Augenblick habe ich das als überstürzt empfunden und gedacht, es wäre dem Zauber geschuldet, bis er gesagt hat: »Vielleicht wirkt mein Antrag übereilt, aber tatsächlich weiß ich schon eine ganze Zeit, dass ich ihn dir machen möchte

und dass mich nichts davon abbringen kann. Ich habe von Anfang an gewusst, dass ich den Rest meines Lebens mit dir verbringen will, warum also noch warten?« Ich habe genickt, als wäre ich die Verzauberte, und dann folgte ein Kuss, den ich nie vergessen werde, so tief hat er mich in meinem Inneren berührt. Das Menü hat die Sache zwischen uns beschleunigt, war aber offenbar nicht der Auslöser für Henris Gefühle für mich. Das macht mich glücklich. Ich hoffe, unsere Liebe hält ewig.

Irma blätterte weiter. Auf den nächsten Seiten folgten weitere Tagebucheinträge, aber ein Rezept für einen Gegenzauber fand sie nirgendwo. Erneut vergewisserte sie sich, dass sie beim Liebesmenü keinen Hinweis übersehen hatte, wie man den Zauber wieder lösen konnte. Bedauerlicherweise stand tatsächlich nirgends etwas geschrieben.

Dann musste Irma die Sache eben selbst in die Hand nehmen. Seufzend zog sie den Laptop vom Tisch und klappte ihn auf.

Das Vibrieren ihres Handys ließ sie aufblicken. Es kam aus ihrer Handtasche, die sie vorher nachlässig auf den Boden hatte fallen lassen. Ihr Herz stolperte, und ihr erster Gedanke galt Paul. *Nein, er kann es nicht sein.* Irma hatte ihm doch gar nicht ihre Nummer gegeben.

Sie sprang von der Couch und fischte das Mobiltelefon aus ihrer Tasche. Gesas Name leuchtete auf.

Irma tippte auf das Hörersymbol und nahm den Anruf entgegen.

»Ich habe mich im Internet schlaugemacht, wie man einen Liebesbann löst«, kam ihre Freundin ohne Umschweife zum

Punkt. Sie klang ganz außer Atem, und in der Leitung rauschte es, so als wäre sie irgendwo draußen bei Wind unterwegs.

Irma lachte auf. »Das hatte ich gerade vor!«

»Nicht mehr nötig«, entgegnete Gesa. »Ich habe da etwas gefunden, wie man den Zauber mit Hilfe von nur wenigen Mitteln rückgängig machen kann. Wichtig ist, dass es bei abnehmendem Mond geschieht.«

Irma jauchzte erfreut auf. »Du bist doch wirklich ein Schatz!«

»Na ja, ich kann dir nicht garantieren, dass dieser Gegenzauber auch wirkt.« Ein Kläffen ertönte im Hintergrund, gewann immer mehr an Lautstärk. »Ist ja schon gut, Mucki, beruhig dich mal. Gegen einen Dobermann hast du doch eh keine Chance.«

Irma kicherte. Gesas kleiner Zwergpinscher wurde schnell nervös, wenn größere Hunde seinen Weg kreuzten, dann wusste er sich nur durch lautes Kläffen zu behaupten.

»Ich finde, einen Versuch ist es wert«, richtete Gesa wieder das Wort an sie.

»Ich werde alles versuchen, um den armen Kerl von diesem Bann zu befreien.« In den nächsten Minuten berichtete Irma ihrer Freundin, wie Fred sie vormittags ausgespäht und wie bemitleidenswert er sich ihr gegenüber verhalten hatte.

»Das klingt wirklich gruselig«, sagte Gesa nach einer kurzen Pause. »So, als hätte er keinen eigenen Willen mehr.«

»Ich habe ihm gesagt, er soll morgen nach der Uni zu mir in den Laden kommen, weil ich hoffe, bis dahin einen Gegenzauber gefunden zu haben.«

»Sehr gut! Den hast du ja jetzt. Dazu brauchst du allerdings ein Foto, auf dem ihr beide drauf seid. Ruf mich an, wenn Fred da ist, dann komme ich vorbei und fotografiere euch zusammen. Ich habe so eine alte Sofortbildkamera, die bringe ich mit. Jetzt schicke ich dir erst mal die Liste von den Gegenständen, die du für den Gegenzauber benötigst. Ach so – fast hätte ich das Wichtigste vergessen: Wie ist es mit Paul gelaufen? Hat alles geklappt?«

»Nein … Also eigentlich …«, druckste Irma herum. Sie wusste nicht, wo sie anfangen sollte.

»Es hat nicht geklappt!« Sie hörte ein Schnalzen am anderen Ende der Leitung.

»Ich befürchte doch.«

»Hä? Könntest du bitte etwas genauer werden?«

»Es ist völlig anders gelaufen, als ich dachte. Paul war … Also er ist …«

»Sag jetzt bloß nicht, der Liebeszauber hat bei dir gewirkt.« Belustigung färbte Gesas Stimme, und ein kurzes Glucksen erklang.

»Nein. Es lag nicht an dem Menü. Kann ich mir zumindest nicht vorstellen, ich habe kaum etwas davon angerührt. Ich habe mich so wohl mit Paul gefühlt. Wir haben viele Gemeinsamkeiten entdeckt, und er war so verständnisvoll und interessiert … und hat mich immer wieder zum Lachen gebracht.« Irma merkte selbst, wie sie ins Schwärmen geriet. »Um es kurz zu machen, es war ein wunderschöner Abend, und ich habe mich …« *Nun sag es schon.* Warum fiel es ihr nur so schwer, sich ihre Gefühle vor Gesa einzugestehen? Weil sie vorher kaum ein gutes Haar an Paul gelassen hatte, beantwortete sie sich die Frage selbst. »… Hals über Kopf in ihn verliebt.« Irma schluckte, von ihrem eigenen Geständnis überfordert.

Am anderen Ende der Leitung war einen Moment lang nur das Rauschen des Windes zu hören. Gesa hatte es offenbar die Sprache verschlagen.

»Wir haben uns geküsst, und da wusste ich plötzlich, dass er der Richtige ist.« Irma konnte Gesa nach Luft schnappen hören, doch sie unterbrach sie nicht. »Aber er ist heute noch nicht bei mir vorbeigekommen, was sehr ungewöhnlich für ihn ist, und wir haben es versäumt, Telefonnummern auszutauschen. Also habe ich seit gestern Abend nichts mehr von ihm gehört.« Irma schöpfte nach Atem und schloss die Augen.

»Und jetzt befürchtest du, dass das eingetroffen ist, was du eigentlich mit dem Menü beabsichtigt hattest.« Gesa stieß ein tiefes Seufzen aus.

Irma konnte förmlich sehen, wie sie mit dem Kopf schüttelte.

»Das wäre ja ein Riesenmist!«

»Du bringst es auf den Punkt.«

»Gab es denn irgendwelche Anzeichen, als er gegangen ist?«, wollte Gesa wissen.

»Er hat sich sehr schnell verabschiedet, was ich mehr als merkwürdig fand, nach dem, was zwischen uns passiert ist.«

»Vielleicht war er nur von seinen eigenen Gefühlen überwältigt und brauchte erst mal Zeit, um wieder einen klaren Kopf zu kriegen. Männer sind da anders als Frauen, müssen alles mit sich selbst ausmachen, anstatt ihre Gefühle auf dem Silbertablett zu servieren.«

»Klingt einleuchtend«, sagte Irma, dankbar für jede Erklärung, die Gesa ihr bot. Im gleichen Atemzug fiel ihr jedoch wieder ein, wie Paul ihr am Anfang gestanden hatte, dass er sie sehr mochte, und wie sie seine Ehrlichkeit bewundert hatte. Das passte irgendwie nicht zu Gesas Hypothese. Paul war nicht wie andere Männer. Er hatte immer geradeheraus gezeigt, was er für sie empfand.

»Und dass er sich heute nicht bei dir gemeldet hat, muss nichts heißen«, fuhr sie fort. »Vielleicht hat er einfach viel um die Ohren. Bis morgen solltest du ihm schon noch Zeit lassen, bevor du deine Schlüsse ziehst.«

19

Betrübt schloss Irma am Mittwochmorgen ihren Laden auf. Einunddreißig Stunden waren bereits vergangen, und sie hatte noch immer nichts von Paul gehört. *Was, wenn ihm etwas passiert ist? Was, wenn ihn eine schlimme Krankheit ans Bett fesselt oder er von einem Auto angefahren wurde?* Daran durfte sie erst gar nicht denken. Dann nahm sie doch lieber das andere Übel in Kauf, dass das Menü seine Zauberwirkung entfaltet hatte und Paul nun nichts mehr von ihr wissen wollte.

Wenigstens hatte es aufgehört zu regnen. Es sah sogar danach aus, dass sich die Sonne heute mal zeigen würde. Momentan verbarg sie sich noch hinter dicken Wolkenbergen.

Ellis Tagebucheintrag, den Irma gestern gelesen hatte, gab ihr zu denken. *Wie konnte ich nur so dumm sein, Liebe durch ein magisches Menü zu erzwingen?* Elli war zwar der Überzeugung gewesen, dass Henris Gefühle für sie echt waren und nicht durch den Zauber hervorgerufen worden waren, aber nie hatte sie sich wirklich sicher sein können. Nein, in so einer Ungewissheit wollte Irma nicht leben, immer mit dem Hintergedanken, dass nur die Magie den Mann bei ihr hielt. Wenn sie Freds Gefühle erwiderte, dann wäre sie jetzt eine Zeitlang mit ihm glücklich, aber irgendwann könnte sie sich nicht länger etwas vormachen. Fred und sie waren nicht füreinander geschaffen. Die Chemie stimmte einfach nicht. Das hatte der Kuss gezeigt, bei dem sie nichts empfunden hatte, und ebenso Freds Desinteresse ihr gegenüber, das er nicht mal versucht hatte zu überspielen.

Bei Paul war das ganz anders. Sie hatten die gleichen Wertvorstellungen, einen ähnlichen Sinn für Humor, und die Familie stand für beide an vorderster Stelle. Noch bestand ein Funken Hoffnung, dass er sich die nächsten Tage bei ihr blicken ließ und dann alle Missverständnisse aus dem Weg geräumt wurden. Noch nie hatte Irma den Sonntag auf dem Fischmarkt so sehr herbeigesehnt wie jetzt. Denn dann würde sie ihn endlich wiedersehen und erfahren, wie er zu ihr stand.

Plötzlich sah sie Lea an ihrem Schaufenster vorbeiflitzen, ehe sie einen Moment später ihren Laden stürmte. Ihr verheultes Gesicht sprach Bände.

Mit mulmigem Gefühl im Magen lief Irma ihr entgegen. »Was ist denn los, ist was passiert?«

Irmas Frage löste mehrere Reaktionen aus. Leas hellbraune Augen füllten sich mit Tränen, ein herzergreifender Schluchzer folgte, der schließlich in einen Heulkrampf überging.

»Och, meine Süße, komm mal her.« Rasch machte Irma die Tür hinter ihr zu und zog ihre Freundin in eine feste Umarmung. Rotz und Tränen tränkten ihre Bluse, aber das spielte keine Rolle. Jetzt galt es, ihrer Freundin Trost zu spenden.

»Es … ist … vorbei!« Unkontrollierte Schluchzer brachen aus Lea hervor und ließen ihren Körper beben.

»Redest du von Oskar?« Irma löste ihre Umarmung und sah Lea erschrocken an.

Sie nickte. Ihre Nase war gerötet, ihre Augen verquollen. Es zerriss Irma förmlich das Herz, ihre stets gutgelaunte Freundin so zu erleben. Etwas Schweres lag mit einem Mal auf ihrer Brust, und Leas Verzweiflung übertrug sich auf sie. Sie schluckte, um den Kloß in ihrem Hals loszuwerden, und presste die Lippen zusammen, doch den Kampf gegen die Tränen verlor sie ebenfalls.

Rasch wischte Irma das warme Nass fort, das ihre Wangen hinunterrann. Sie musste jetzt stark sein – für Lea und auch für sich selbst. Sie nahm ihre Freundin an die Hand und zog sie mit sich nach hinten in die Küche, wo sie Lea auf einen Stuhl drückte.

»Was ist passiert? Ich dachte, er wäre der Richtige!« Lea und Oskar waren seit drei Jahren das Traumpaar schlechthin. Und jetzt sollte alles vorbei sein? Irma konnte das nicht glauben.

»Das ist er auch für mich.« Geräuschvoll schnäuzte sich Lea in die Serviette, die Irma ihr gereicht hatte. »Aber offenbar bin ich nicht die Richtige für ihn. Er hat gestern Abend bei der After-Work-Party mit einer anderen rumgeknutscht und dann mit ihr zusammen den Club verlassen. Das hat mir Doro geschrieben, die auch dort war.«

Irma kaute auf ihrer Unterlippe und überlegte. War es von ihrer Freundin Doro richtig gewesen, Lea gleich brühwarm von diesem Ausrutscher zu berichten? Denn mehr war es nicht, davon war Irma überzeugt. Jeder, der Augen im Kopf hatte, konnte sehen, dass Oskar Lea von ganzem Herzen liebte. »Hast du mit ihm gesprochen?«

Lea zog die Nase hoch und schüttelte den Kopf. »Ich habe über Whatsapp mit ihm Schluss gemacht.«

Irma seufzte. »Nach all der Zeit, die ihr zusammen seid, ist das aber auch nicht die feine englische Art. Du hättest wenigstens noch mal mit ihm reden sollen.« Mitfühlend strich sie ihrer Freundin über die Schulter. »Hat er geantwortet?«

Lea zuckte mit den Schultern. »Keine Ahnung. Ich hab mein Handy ausgestellt.«

»Gib ihm wenigstens die Chance, sich zu erklären. Vielleicht …«

»Auf welcher Seite stehst du eigentlich?«, fiel ihr Lea fauchend ins Wort.

Irma musste schlucken. So hatte sie ihre Freundin noch nie erlebt. »Auf deiner natürlich. Aber ich kann einfach nicht glauben, dass es zwischen euch vorbei sein soll. Du bist verletzt, was verständlich ist. Und es gibt auch keine Entschuldigung, wenn er dich betrogen hat, aber …«

»Nicht nur betrogen, er hat mich hintergangen! Ich habe ihm vertraut. Wollte ihn sogar heiraten, mit ihm eine Familie gründen.« Tränen rollten ihr unaufhörlich über die Wangen, begleitet von kleinen Schluchzern, die gelegentlich von Hicksern abgelöst wurden.

»Deshalb musst du auch seine Seite hören, ehe du richtig abschließen kannst«, sagte Irma so einfühlsam wie möglich. Wie sollte sie noch an die Liebe glauben, wenn selbst diese beiden, die sie immer als das Paradebeispiel für eine glückliche Beziehung gesehen hatte, es nicht schafften, füreinander zu kämpfen?

Es dauerte eine ganze Weile, bis Lea eine Reaktion zeigte und schließlich nickte. »Tut mir leid, dass ich dich so angefahren habe. Ich erkenne mich selbst nicht wieder. Ich bin einfach so schockiert.«

»In so einer Situation ist das doch völlig normal.« Irma streichelte ihre Wange und tupfte ihr mit einer Serviette die Tränen aus den Augenwinkeln. »In diesem Zustand kannst du unmöglich arbeiten. Du musst dich heute krankmelden.«

Vehement schüttelte Lea den Kopf. »Ich kann Claudi nicht

im Stich lassen. Und so kurzfristig meine Termine absagen, geht auch nicht.«

Irma atmete tief durch. »Ja, das verstehe ich. Vielleicht hilft dir die Arbeit ja auch, um auf andere Gedanken zu kommen. Pass auf, wir machen folgendes«, sie warf einen Blick auf ihre Armbanduhr, »ich spendiere uns erst einmal einen Punsch zur Beruhigung. Dann gebe ich dir den Schlüssel für meine Wohnung, und du machst dich da, so gut es geht, frisch. Du wäschst dir das Gesicht, cremst dich ein und schminkst dich ein bisschen.«

»Das klingt nach einem guten Plan.« Lea erhob sich und legte die Arme um Irma. »Danke«, flüsterte sie.

»So gefällst du mir schon viel besser«, sagte Irma zwanzig Minuten später, als Lea ihr den Schlüssel zurückgab. Sie hatte etwas Make-up aufgetragen, ein wenig Rouge aufgelegt und einen Lidstrich gezogen, der zwar nicht verbergen konnte, dass sie übernächtigt wirkte, aber wenigstens die verheulten Augen gut kaschierte. »Magst du in der Mittagspause rüberkommen?«

Lea nickte und lächelte leicht. »Gerne.«

»Vielleicht bist du dann sogar schon in der Verfassung, dein Handy wieder anzuschalten. Ich wette, Oskar hat dich bereits mit Nachrichten bombardiert.«

Lea ging nicht auf Irmas Bemerkung ein, offenbar war sie noch nicht so weit. Sie küsste sie auf die Wange und verschwand rüber in den Friseursalon.

Kaum dass Lea weg war, gaben sich die Kunden die Klinke in die Hand. Angefangen mit Herrn Petersen, auf den gleich darauf Frau Giesebrecht folgte.

»Haben Sie beide sich hier verabredet?«, fragte Irma belustigt.

Die alte Dame lachte. »Nein, aber nach ihrem netten Besuch gestern konnte ich mich endlich wieder durchringen, vor die Tür zu gehen.«

»Das freut mich riesig.«

Lächelnd winkte sie Herrn Petersen zu und steuerte ihrem Stammplatz am Fenster entgegen.

»Ich habe mir ein paar Gedanken zu unserer Weihnachtsfeier gemacht«, sagte Frau Giesebrecht, während sie ihre Designerhandtasche an den Haken unter dem Stehtisch hängte. »Sagen Sie mal, was halten Sie denn davon, wenn ich an Heiligabend Karpfen blau mache?«

»Hab ich auch schon eine Ewigkeit nicht mehr gegessen«, sagte Herr Petersen in schwärmerischem Tonfall, und seine Augen nahmen einen freudigen Glanz an.

»Aber das macht doch viel zu viel Arbeit!« Irma freute sich, dass die alte Dame sich einbringen wollte, aber das konnte sie ihr nun wirklich nicht zumuten. »Ich hatte an so etwas wie Kartoffelsalat und Würstchen gedacht.«

»Karpfen blau gehört aber an Heiligabend dazu. Nicht wahr, Herr Petersen? Früher durfte das bei keinem Weihnachtsfest fehlen.«

Irmas Lieblingskunde pflichtete ihr kopfnickend bei.

»Und so viel Arbeit macht der Karpfen nun auch nicht«, fuhr Frau Giesebrecht fort. »Auf den Sud kommt es an, in dem er ziehen muss. Wenn der schmeckt und der Fisch frisch ist, kann gar nichts mehr schiefgehen. Also ... Ich bestehe drauf.«

Paul hätte bestimmt seine Freude an Frau Giesebrecht, so wie sie sich für den Karpfen starkmachte, ging es Irma durch den Kopf. Schnell verdrängte sie den Gedanken an ihn und richtete ihre Aufmerksamkeit auf Herrn Petersen, der das Wort ergriff.

»Ich glaube, wenn sich Frau Giesebrecht etwas in den Kopf gesetzt hat, dann ist sie nicht mehr davon abzubringen.« Herr Petersen lachte.

Irma seufzte ergeben. »Aber dann hole ich das Essen bei Ihnen zu Hause ab. Das ist das mindeste. Ich will nicht, dass Sie das alles hierherschleppen müssen.«

»Damit bin ich einverstanden«, erwiderte Frau Giesebrecht gnädig, und das Thema war abgehakt.

Während Irma ihr die neuesten Leckereien präsentierte und ihr einen Teller mit Kostproben zusammenstellte, füllte sich der Laden. Ein Phänomen, das sie schon häufig beobachtet hatte. Wenn Passanten eine größere Anzahl von Kunden im Laden wahrnahmen, kamen sie selbst auch oft herein. Irma spielte deshalb manchmal mit dem Gedanken, ein paar Statisten zu engagieren, damit in ihrem Feinkostladen mal ordentlich was los war. Eine Menschenansammlung machte neugierig und lockte neue Kunden an. Genauso verhielt es sich mit einer Schlange an der Kasse, die offenbar signalisierte, dass sich das Anstehen lohnte.

Heute herrschte in Irmas Laden ein Ansturm wie schon lange nicht mehr.

Ein junger Mann mit Schnurrbart brauchte Zutaten für einen italienischen Abend und deckte sich nach ausführlicher Beratung mit *Taggiasca*-Oliven, einer Kiste *Barolo*, *Pesto Rosso* sowie umbrischem Olivenöl und eingelegten Trüffeln ein.

Eine sympathische Rothaarige mit einem kleinen Jungen an der Hand interessierte sich für arabische Gewürze.

Irma zeigte ihr den Aufsteller mit ihrem Sortiment und legte ihr eine tunesische *Harissa*-Paste ans Herz – eine feurige Gewürzmischung, die sie selbst gerne zum Verfeinern von Gerichten benutzte. Darüber hinaus empfahl sie ihr

Muhammara, eine Paprika-Walnusspaste, die wunderbar zu gegrilltem Fleisch und Fladenbrot schmeckte.

Die Rothaarige freute sich über die Empfehlungen und kaufte neben den Pasten noch einen Weihnachtsgeschenkekorb und eine Tüte gebrannte Mandeln für ihren Sohn.

Lea tauchte, wie verabredet, mittags wieder bei ihr im Laden auf.

Zu Irmas Erleichterung sah sie schon viel besser aus.

»Ich habe eine halbe Stunde, dann kommt meine nächste Kundin.« Außer Atem schloss sie die Tür hinter sich.

»Und wie ist es dir ergangen?«, fragte Irma mit gesenkter Stimme, denn sie waren nicht alleine im Laden.

Eine Frau aß am Stehtisch ein Stück Gemüse-Tarte, zwei junge Männer machten auf den Barhockern am Fenster Mittagspause. Der eine tippte irgendetwas auf seinem Laptop, während er immer mal wieder von seinem Bagel abbiss, der andere scrollte geschäftig durch sein Handy.

»Ganz okay. Ich war so *busy*, dass gar kein Platz mehr war in meinem Kopf. Auch nicht für Oskar, den Idioten«, murmelte sie mehr zu sich selbst. »Der alles kaputtgemacht hat«, fügte sie mit belegter Stimme hinzu. »Frau Köderich hat mich sogar mit ihren Anekdoten über ihren Mops zum Lachen gebracht.«

Irma nickte aufmunternd. »Das ist doch schon mal ein gutes Zeichen.«

»Aber meine *Meal-Prep-Box* habe ich heute Morgen vergessen. Eher gesagt, ich habe erst gar nichts zu essen vorbereitet.« Sie zog ein reumütiges Gesicht.

»Was nicht verwunderlich ist.« Irma sah sie mitfühlend an. »Aber das macht gar nichts, du weißt doch, dass ich für dich immer was dahabe. Wie wär's mit einer Gemüse-Tarte? Die kommt bei meinen Kunden jedenfalls gut an.«

»Eigentlich habe ich gar keinen Appetit. Die ganze Aufregung ist mir auf den Magen geschlagen.« Mit gequältem Gesicht hielt Lea sich den Bauch.

»Du musst aber etwas essen, wenn du bis heute Abend durchhalten willst.«

Irmas Freundin seufzte. »Na gut, aber nur ein kleines Stück.«

»Und, hast du schon geschaut, ob Oskar dir geschrieben hat?«, fragte Irma so beiläufig wie möglich, während sie ein Stück vom Gemüsekuchen abschnitt. Sie konnte ihre Neugierde nur schwer im Zaum halten. Wenn ihr schon kein Glück vergönnt war, sollte ihre Freundin wenigstens für ihre Liebe kämpfen und nicht gleich die Flinte ins Korn werfen.

Lea nickte. »Tausendmal hat er sich entschuldigt. ›Es kommt nie wieder vor. Du bist die einzige für mich.‹ Die üblichen Phrasen halt.« Sie senkte kopfschüttelnd den Blick, stand offenbar wieder kurz vor dem Heulen. »Er hat sich gestern mit Tequila abgeschossen, weil nicht er die erhoffte Beförderung bekommen hat, sondern ein anderer«, fuhr sie nach einem Seufzer fort. »Und er kann sich natürlich an nichts mehr erinnern.« Ein humorloses Lachen entkam ihr. »Wer's glaubt! Aber er schwört hoch und heilig, dass er nicht mit ihr geschlafen hat. Dazu wäre er angeblich gar nicht mehr in der Lage gewesen und er sei heute Morgen ja auch allein in seinem Bett aufgewacht.« Eine Träne schwappte über den Lidrand und rollte über ihre Wange.

»Glaubst du ihm nicht?« Irma stellte den Teller mit der Tarte ab und wischte Lea die Träne fort. Sie konnte den Schmerz ihrer Freundin beinah fühlen, als wäre es ihr eigener.

Lea zuckte mit den Schultern.

Irma musterte sie. »Du kannst ihm nicht verzeihen?«

»Das Problem ist nicht das Verzeihen, sondern ihm wieder zu vertrauen.«

»Das geht auch nicht von heute auf morgen. Lass ihn erst mal eine Zeitlang schmoren und mach dir derweil Gedanken, ob du ihm noch eine Chance geben willst. Lass es langsam angehen. Er wird auf dich warten, glaub mir. Ihr seid doch perfekt füreinander.«

Lea stieß ein bitteres Lachen aus.

In dem Moment erhob sich die Kundin mit ihrem Teller, auf dem nur noch ein paar Krümel übrig waren, und stellte ihn auf der Vitrine ab.

»Hat es Ihnen geschmeckt?«, wollte Irma wissen.

»Ja, sehr gut sogar.« Die zierliche Brünette wirkte sehr gepflegt und war gut gekleidet, achtete offenbar sehr auf ihr Äußeres. Irma schätzte sie auf Mitte fünfzig. Ein glänzender Long Bob umspielte ihr Gesicht, das so straff wie das einer Dreißigjährigen wirkte, und ihre Lippen sahen unnatürlich geschwollen aus. Nur die kleinen Falten um ihre Augen und den Mund verrieten ihr wahres Alter.

»Ich bin heute zum ersten Mal bei Ihnen, aber es war sicher nicht das letzte Mal.« Sie öffnete ihre elegante Handtasche und zog ein Portemonnaie draus hervor.

Irma lächelte. »Das freut mich zu hören.«

»Mein Immobilienbüro befindet sich direkt um die Ecke, und ich gönne mir mittags lieber etwas Vernünftiges, anstatt Fastfood in mich hineinzustopfen.«

»Kann ich gut verstehen. Gesundes Essen bringt auch gleich mehr Energie.« Irma nahm das hingehaltene Geld entgegen. »Dann freue ich mich auf das nächste Mal.«

Kurz vor dem Hinausgehen drehte die Kundin sich noch einmal um. »Ich werde Sie auf jeden Fall weiterempfehlen«, sagte sie und winkte zum Abschied.

Lea schien mit ihren Gedanken weit weg, als Irma sich ihr wieder zuwandte. Von der Tarte hatte sie bisher nichts angerührt.

»Du beleidigst mich, wenn du nicht wenigstens mal probierst«, versuchte Irma sie scherzhaft wieder ins Hier und Jetzt zu holen.

Lea nahm die Gabel zur Hand und stocherte missmutig auf die Tarte ein. Nach ein paar zögerlichen Bissen kam sie offenbar auf den Geschmack. »Schmeckt köstlich. Ich merke jetzt erst, was für einen Kohldampf ich habe.«

Irma musste schmunzeln, als sie sah, mit welchem Appetit Lea auf einmal den Gemüsekuchen ins sich hineinschaufelte. *Ein gutes Zeichen!* Lust auf Essen war immer ein guter Anfang.

»Musst du nicht wieder rüber?«, fragte Irma, nachdem ihre Freundin in aller Ruhe noch einen Cappuccino getrunken hatte.

Lea schreckte zusammen und warf einen Blick auf ihre Armbanduhr. »Ach du dickes Ei! Meine nächste Kundin wartet bestimmt bereits. Ich bin schon fünf Minuten über der Zeit.«

Sie wirbelte so schnell herum, dass Irma fast meinte, den Luftzug zu spüren.

20

Als auch die beiden Männer gegangen waren, klopften die altbekannten Befürchtungen wieder bei Irma an. Bis gerade noch hatten sie Leas Probleme mit Oskar von ihren eigenen Sorgen ablenken können, doch jetzt, wo sie allein war, drängten sie sich wieder in den Fokus. Schon den zweiten Vormittag hatte Paul sich nicht blicken lassen. Langsam war sie sich sicher, dass der Liebeszauber seinen eigentlichen Zweck erfüllt und Pauls Gefühle für sie im Keim erstickt hatte.

Um sich nicht ihrem Gedankenkarussell auszuliefern, begann sie, das Schubfach unter der Kasse auszuräumen, um es dann feucht auszuwischen. Danach nahm sie sich das Besteck vor und polierte es auf Hochglanz. Als sie auch noch anfing mit dem Staubtuch im Schaufenster herumzuwirbeln, erntete sie einen misstrauischen Blick von Houdini. So viel Enthusiasmus beim Putzen war er von seinem Frauchen gar nicht gewöhnt.

Irma bedachte ihn mit strenger Miene, als ihr die schiefhängende Lichterkette ins Auge fiel. Sie hatte schon einmal beobachtet, wie Houdini sich mit den Vorderpfoten an der Scheibe abgestützt hatte, um die Kette zu sich herunterzuziehen und mit den Lämpchen zu spielen.

So niedlich das auch war, so schnell musste Irma das unterbinden, wenn sie ihre weihnachtliche Dekoration behalten wollte. Also holte sie die Leiter aus der Abstellkammer und hängte die Kette so hoch, dass Houdini sie nicht mehr erreichen konnte – selbst wenn er sich auf die Hinterbeine stellte.

»So, das hast du jetzt davon«, sagte Irma und stemmte ihre Hände mit triumphierendem Blick in die Taille.

Houdini schien beleidigt. Er strafte sie mit Nichtbeachtung und trottete in die Küche.

Gegen zwei Uhr sah Irma, wie Gesa ihren kleinen Renault direkt vor ihrem Laden in eine enge Parklücke manövrierte. Nachdem ihre Freundin mit dem Autoschlüssel die Tür verriegelt hatte, winkte sie Irma durch die Schaufensterscheibe zu und gab ihr mit wilden Gesten zu verstehen, dass sie zunächst Gökhan einen Besuch abstatten wollte.

Irma machte ein Daumen-hoch-Zeichen und sah Gesa hinterher, wie sie die Straße überquerte und dann den Getränkemarkt betrat. Irma grinste in sich hinein. *Na, wenn sich da mal nichts anbahnt.*

Als Irma dabei war, die Lieferung einer italienischen Manufaktur auszupacken und ins Regal zu räumen, läutete das Türglöckchen, und Marlen betrat mit ihrem Sohn Luca an der Hand den Laden.

Irma hatte den Jungen eine ganze Weile nicht mehr gesehen. In der Zeit war er wieder um einige Zentimeter gewachsen.

»Hey! Na das ist ja schön, dass ihr mich besucht!«, begrüßte sie die beiden. Kurz umarmte sie Marlen und ging dann vor Luca in die Hocke. »Du bist aber groß geworden!«

Er grinste sie an. Dabei kam eine niedliche Zahnlücke zum Vorschein. »Hast du Kekse?«, fragte er.

Irma musste lachen, und Marlen stimmte kopfschüttelnd mit ein. »Offenbar bringt er dich noch immer mit Keksen in Verbindung.«

»Ich und Kekse gehören für ihn offenbar zusammen«, gab

Irma amüsiert zurück, denn jedes Mal, wenn Luca sie sah, fragte er sie als Erstes danach.

Dann wuschelte sie ihm durch seinen dichten Blondschopf und erhob sich. »Für dich immer. Komm mit!«

»Da du auf keine meiner Nachrichten geantwortet hast, musste ich jetzt einfach mal vorbeischauen«, sagte Marlen mit vorwurfsvollem Unterton in der Stimme, während sie den beiden folgte.

Irma öffnete das Glas mit den selbstgemachten Vanillekipferl. Ein buttriger Duft begleitet von einer feinen Vanillenote strömte ihr entgegen. »Bitte schön«, sagte sie und hielt Luca das Glas unter die Nase.

Mit seinem hinreißenden zahnlosen Lächeln griff er zu und biss so beherzt in das Vanillekipferl, dass ein paar Krümel auf seinen Pullover und den Boden rieselten.

Einige energische Handbewegungen später hatte Marlen die Kekskrümel fortgestrichen und wandte sich an Irma. »Wie war es denn nun mit deinem Professor?«, kam sie ohne Umschweife zum Punkt. Offenbar platzte sie vor Neugierde. »Reinfall oder Hauptgewinn?«

Irmas Blick wanderte zur Tür, und sie lächelte gezwungen. »Mach dir selbst ein Bild. Da kommt er.«

Marlen fiel die Kinnlade runter, als sie Fred sah. »Das ist er? O mein Gott! Warum hast du mir verschwiegen, was für ein Prachtstück er ist? Seid ihr jetzt etwa zusammen?«

Eine Antwort blieb Irma ihr schuldig, denn im gleichen Moment kam Fred näher.

»Was machst du denn schon hier?«, fragte Irma mit Blick auf ihre Armbanduhr. Es war gerade mal fünfzehn Uhr, sie hatte erst am späten Nachmittag mit ihm gerechnet.

»Ich musste dich einfach sehen.« Freds Miene war an Dramatik nicht zu übertreffen.

Irma unterdrückte ein Seufzen und hörte, wie Marlen neben ihr nach Luft schnappte. »Du bist doch nicht etwa früher von der Uni weggegangen?«

»Doch.« Freds Blick war so eindringlich, dass Irma ganz flau im Magen wurde. Er ging einen Schritt auf sie zu und ergriff ihre Hand. »Hast du noch einmal über uns nachgedacht?«

Nicht schon wieder dieselbe Leier. Er würde nie aufgeben, wenn nicht bald etwas geschah. Und das lag allein in ihrer Hand, wie Irma einmal mehr bewusst wurde.

Sie spürte die Blicke auf sich. Sowohl Fred als auch Marlen sahen sie erwartungsvoll an.

Ein seltsames Schamgefühl ergriff Irma. Die Situation behagte ihr gar nicht.

Fred hingegen schien sich nicht dafür zu genieren, sein Gefühlsleben vor fremden Leuten auszubreiten, und hatte wie immer nur Augen für sie.

Irma räusperte sich umständlich. »Darf ich dir meine Freundin Marlen und ihren Sohn Luca vorstellen?«

Marlen reichte ihm die Hand und schenkte ihm ihr umwerfendes Lächeln, das nur Männern vorbehalten war, die in ihren Augen entweder gutaussehend waren oder einen hohen beruflichen Status hatten. »Sehr angenehm.« Sie ließ ein selbstbewusstes Lachen folgen.

Geräuschvoll kauend schaute Luca zu ihm auf, ehe er sich wieder dem Keksglas widmete, in das er seine kleinen Finger gesteckt hatte.

Kurz abgelenkt, blickte Fred auf Marlens hingehaltene Hand, sah sich aber offenbar nicht imstande, Irma loszulassen, und schenkte ihr wieder seine ganze Aufmerksamkeit. Seine Brauen schoben sich nach oben, und ein flehender Ausdruck trat in seine Augen.

Marlens Blick changierte zwischen höchst verstört und angefressen. So einer war ihr wohl auch noch nie untergekommen. Normalerweise war sie es gewohnt, dass man ihr uneingeschränkte Aufmerksamkeit entgegenbrachte.

Irma entwich ein nervöses Lachen, und sie entzog sich Freds Griff. »Offen gesagt hatte ich bisher noch keine Zeit zum Nachdenken.« Ihr taktisches Geschick war jetzt gefragt, damit er nicht den Laden verließ, bevor sie nicht ein gemeinsames Foto gemacht hätten. »Setzt euch doch.« Sie zeigte auf die beiden Barhocker am Stehtisch. »Darf ich euch irgendetwas zu trinken bringen?«

Marlen ließ sich nicht lange bitten, stöckelte zu einem der Barhocker und nahm darauf Platz. »Vielleicht einen Cappuccino?« Es klang mehr wie eine Frage. Ein Bein kokett über das andere geschlagen, schaute sie zu Fred, der immer noch unbeholfen im Raum stand. Mit einem aufreizenden Lächeln klopfte sie auf den Platz neben sich.

»Gerne.« Irma nickte und machte sich an die Arbeit. Aus den Augenwinkeln beobachtete sie, wie Fred sich widerwillig neben Marlen an den Tisch stellte.

»Und was darf es für Sie sein?«, wandte sich Marlen an Fred. Offenbar suchte sie das Gespräch mit ihm.

»Ich bin nur wegen Irma hier«, ließ er knapp vernehmen und schwieg dann wieder.

Marlen blinzelte irritiert. »Deshalb kann man doch trotzdem etwas trinken.«

Den Einwand ignorierend, stellte Fred sich mit gerecktem Kinn in Pose und erhob seine Stimme:

Weißt du, was das heißt, zu lieben und verschmäht zu werden?

Marlen schreckte kurz zusammen, allem Anschein nach fühlte sie sich im ersten Moment angesprochen. Dann wanderte ihr Blick zu Fred, und Irritation malte sich auf ihr Gesicht, als der mit ausladender Geste fortfuhr.

Das ist nicht wie sonst ein Leid. Nimmt man mir heute etwas, so lern' ich morgen, daß ich's entbehren kann. Schlägt man mir eine Wunde, so hab' ich Gelegenheit, mich im Heilen zu versuchen. Aber, behandelt man meine Liebe wie eine Thorheit, so macht man das Heiligste in meiner Brust zur Lüge.

Nachdem er geendet hatte, verharrte er noch einen kurzen Moment Beifall heischend in seiner Pose.

Doch nichts geschah. Nur Luca hielt im Kauen inne und starrte ihn aus großen Kinderaugen an.

Marlen zog eine Augenbraue hoch und sah zu Irma, die Mühe hatte, nicht loszuprusten. Rasch presste sie die Lippen aufeinander und entzog sich Marlens amüsiert funkelndem Blick. Wie hatte sie diesen Typen jemals anschmachten können? Mit dieser Nummer würde er vielleicht in einem Amateur-Comedy-Club ein paar Lacher auf seiner Seite haben, aber ernst nehmen konnte man ihn so nicht.

»Das war von Hebbel«, sagte Fred kleinlaut, als die erhoffte Reaktion ausblieb.

Irma nickte höflichkeitshalber, und Marlen rutschte vom Hocker, um Luca das halbgeleerte Keksglas aus der Hand zu reißen. »Jetzt reicht's aber mit dem Zucker für heute«, sagte sie in strengem Tonfall, und Luca machte ein Gesicht, als würde er jeden Moment losheulen.

»Komm mal mit, ich muss dir jemanden vorstellen«, sagte Irma geistesgegenwärtig und zog den Jungen an der Hand mit sich. »Das ist Houdini.« Sie hob den Kater aus dem Schaufenster, was der mit protestierendem Maunzen quittierte. »Du kannst ihn streicheln, wenn du magst.«

Houdinis Begeisterung hielt sich in Grenzen, einfach so seinem Lieblingsplatz entrissen zu werden. Er fuhr die Krallen aus, und Irma beeilte sich, ihn auf dem Boden abzusetzen.

Luca kniete sich sofort neben den Kater und strich ungelenk über Houdinis Fell, der diese Liebkosung gnädig über sich ergehen ließ.

Währenddessen lauschte Irma mit einem Ohr auf das Gespräch zwischen Marlen und Fred.

»Interessieren Sie sich für Poesie?«, wollte er wissen.

»Nein, eigentlich nicht«, erwiderte Marlen einsilbig.

»Durch romantische Gedichte kann man seine Gefühle auf eine ganz besondere Art und Weise zum Ausdruck bringen.«

»Mir ist das zu pathetisch. Ich drücke meine Emotionen lieber mit meinen eigenen Worten aus.«

Houdini hatte Gefallen an Lucas Schnürsenkel gefunden, an denen er jetzt mit seinen Zähnen zog und den Jungen damit zum Kichern brachte. Die beiden konnte Irma getrost sich selbst überlassen.

Sie ging zurück, um Marlen einen Cappuccino zu brühen.

»Mit eigenen Worten geht es natürlich auch«, erwiderte Fred nach kurzem Zögern. »Aber wenn man Eindruck bei den Frauen machen möchte, dann muss man schon etwas dicker auftragen.« Einnehmend lächelnd fuhr er sich durch sein Haar. Jetzt erinnerte er wieder an den selbstbewussten Fred, der er vor kurzem noch gewesen war.

»Ach so einer sind Sie«, neckte Marlen ihn und nahm lachend den Cappuccino entgegen, den Irma ihr hinhielt.

Freds Augen funkelten, und er lehnte sich zu ihr rüber,

jedoch nicht ohne einen verstohlenen Blick zu Irma hinüberzuwerfen.

Die seufzte leise, denn sie hatte bereits seine Taktik durchschaut. Offenbar war er der Meinung, es könnte nicht schaden, sich bei ihrer Freundin beliebt zu machen.

»Langsam bin ich wirklich ratlos«, plauderte Fred vertrauensselig drauflos. »Noch nie habe ich eine Frau getroffen, die ich so schwer von mir überzeugen konnte.«

»Ach wirklich?« Marlens fragender Blick traf Irma, die es vorzog zu schweigen. Was sollte sie auch dazu sagen, mehr als ihm erneut eine Abfuhr zu erteilen, konnte sie nicht.

»Na ja, solche Charmeoffensiven muss man auch erst mal verdauen«, gab Marlen trocken zurück und bezog sich offenbar auf seinen Gedichtvortrag. »Manchmal ist weniger eben mehr.« Sie trank einen Schluck von ihrem Kaffee und zwinkerte Irma zu, die schmunzeln musste. Sie hatte nicht damit gerechnet, dass Marlen sich auf ihre Seite schlug und Verständnis für ihre Zurückweisung zeigte.

Über Freds Gesicht huschte ein beleidigter Zug. »Na gut, dann will ich die Damen nicht länger stören.« Er wandte sich zum Gehen.

Nein! Das war genau das, was Irma vermeiden wollte. Sie brauchte ihn doch noch für das Foto. Eigentlich hatte sie gehofft, dass Marlen vor ihm ging. Aber die machte keinerlei Anstalten, sich zu verabschieden, sondern nippte stattdessen in aller Ruhe an ihrem Cappuccino. Gerade heute hatte sie offenbar Zeit. *Verdammt!* Irma biss sich auf die Unterlippe. Sie musste sich etwas einfallen lassen. »Bleib bitte, ich muss noch etwas mit dir besprechen«, sagte sie zu Fred, der ihr bereits den Rücken zugekehrt hatte.

Er hielt inne und drehte sich zu ihr um. Ein erwartungsvolles Lächeln breitete sich auf seinem Gesicht aus.

Irma gab Marlen mimisch zu verstehen, dass es besser war, wenn sie die Angelegenheit unter vier Augen mit ihm besprach.

»Soll ich ein andermal wiederkommen?«, fragte ihre Freundin leise.

Irma nickte dankbar. »Wir sprechen beim nächsten Mal«, flüsterte sie und warf Marlen einen konspirativen Blick zu.

Die trank ihren Cappuccino in einem Zug leer, schnappte sich den protestierenden Luca und verließ fröhlich winkend den Laden.

Heute hatte sie sich wirklich als wahre Freundin gezeigt, das rechnete Irma ihr hoch an.

Gesa ließ jedoch auf sich warten. Irma schnappte sich ihr Handy und schrieb ihr schnell eine Nachricht. Das durfte jetzt auf keinen Fall schiefgehen. Sie musste den Professor so lange hier festhalten, bis Gesa endlich da war. »Wie war's heute in der Uni?«, fragte sie Fred, der sie wieder mit seinem Blick fixierte, als könnte er sie durch pure Willenskraft für sich gewinnen.

»Ich musste die ganze Zeit an dich denken.« Er zog eine Leidensmiene, wie sie eine englische Bulldogge nicht besser hinbekommen hätte. »Du bist wie eine schöne Melodie, die einem nicht mehr aus dem Kopf geht.« Er packte sie am Unterarm und zog sie zu sich heran.

Irma wusste gar nicht, wie ihr geschah, als Fred jetzt ihre Hand nahm und auf seine Brust legte. Sein Herz schlug wie wild unter ihrer Handfläche.

Studieren will nichts bringen,
Mein Rock hält keinen Stich,
Meine Zitter will nicht klingen,
Mein Schatz, der mag mich nicht.

Ich wollt', im Grün spazierte
Die allerschönste Frau,
Ich wär' ein Drach' und führt …

O. Mein. Gott. Jetzt fuhr er aber ganz schwere Geschütze auf. Es wurde wirklich höchste Zeit, dass er erlöst wurde. »Okay, okay, …«, unterbrach Irma sein Gesäusel und zog ihre Hand von seiner Brust. Sie musste sich zusammennehmen, um nicht in Kichern auszubrechen. Stattdessen räusperte sie sich, während sie krampfhaft nach einem Thema suchte, dass ihn von seinem Herzschmerz ablenken konnte. Bis Gesa kam, musste sie die Zeit überbrücken. *Nur wie?*

Plötzlich hatte sie eine Idee. »Wie geht's denn eigentlich der hübschen Blondine von deinem Gedichtabend?«

Fred legte die Stirn in Falten und blinzelte verwirrt. »Ich weiß nicht, von wem du sprichst.«

»Sie heißt Sabine, wenn ich mich nicht irre. Sie ist ein echter Hingucker, ihr habt euch heiße Blicke zugeworfen. Optisch wärt ihr auf jeden Fall das perfekte Paar.«

Fred sah sie an, als hätte sie ihn beleidigt. »Wie kannst du nur so etwas sagen?« In seinem Blick spiegelten sich Empörung und Gekränktheit gleichermaßen. »In deiner Gegenwart habe ich einer anderen Frau sicher keine heißen Blicke zugeworfen. Du bist die Einzige für mich.« Mit vorgerecktem Kinn streckte er ihr seine feingliedrige Hand entgegen. »Ich habe mich in deinem Netz verfangen wie eine Fliege und komme nicht mehr von dir los.« Seine Stimme klang getragen, so wie immer, wenn er etwas vortrug. »Du bist für mich die Luft zum Atmen, ohne dich kann ich nicht leben. Einzeln sind wir Worte, zusammen ein Gedicht.«

Irma sah auf die Uhr. Wie lange würde es dauern, bis er

sein gesamtes Herzschmerz-Repertoire erschöpft hatte? Wann kam Gesa endlich?

Erschrocken zuckte sie zusammen, als sie seine Hand in ihrem Haar spürte. Zärtlich strich er es zurück. Sein intensiver Blick verursachte ihr eine Gänsehaut. »Ich möchte der Wind sein, der sanft durch deine Haare streicht. Die Sonne, die dich zärtlich wärmt. Und der Mond, der deinen Schlaf bewacht.«

Freds gehauchte Worte schmeckten so klebrig wie Sirup und jagten ihr einen Schauer über den Rücken. Sie wusste nicht mehr, ob ihr nach Lachen oder Wegrennen zumute war. Wäre sie nicht die Verursacherin seines Verhaltens gewesen, hätte sie ganz schnell die Flucht ergriffen. Aber so blieb ihr nichts anderes übrig, als auszuharren und sein Geschwurbel tapfer über sich ergehen zu lassen. Sie hatte es nicht anders verdient.

Dann endlich wurde sie erlöst.

»Da bin ich schon!«, rief Gesa ihr beim Eintreten entgegen.

Irma spürte, wie die Erleichterung, einer Riesenwelle gleich, über sie hinwegspülte. Sie befreite sich aus Freds Armen und lief ihrer Freundin entgegen.

»Gökhan ist so ein netter Mann«, sagte Gesa enthusiastisch, sie hatte noch gar nicht bemerkt, dass Irma nicht alleine war.

»Und habt ihr euch endlich auf ein Date verabredet?«

Gesa nickte, und ihre Augen strahlten dabei mit der Weihnachtsbeleuchtung im Schaufenster um die Wette. »Er hat mich am Freitagabend in die Vinothek eingeladen.«

»Ach, das freut mich so! Ich kann mir keinen netteren Mann als Gökhan für dich vorstellen.«

»Und, was ist mit mir?« Gesa zog ein gespielt beleidigtes Gesicht.

»Mit dir hat er sowieso den allerbesten Fang gemacht«, erwiderte Irma zwinkernd.

»Zwar habe ich seit langem wieder Schmetterlinge im Bauch, aber trotzdem will ich mich nicht zu früh freuen. Ich habe schon Pferde kotzen sehen, was Dates mit Männern betrifft. Da kann noch alles Mögliche schiefgehen. Abschreckende Tischmanieren, mangelhafte Mundhygiene, frauenfeindliche Witze …«

»Nichts davon wird eintreffen«, schnitt Irma ihr das Wort ab. »Dafür kenne ich Gökhan gut genug. Er ist immer zuvorkommend und höflich, humorvoll und herzlich. Er vereint alle Eigenschaften in sich, die du bei einem Mann immer gesucht hast.«

»Jaaa, aber es gibt ja noch die denkbare Variante, dass er feststellt, dass *ich* nicht seinen Erwartungen entspreche.«

Irma rollte mit den Augen. »Du weißt selbst, dass das Blödsinn ist. Den Punkt kannst du getrost von deiner Liste der denkbaren Misserfolge streichen. Merkst du nicht, wie er dich anschaut? Als wärst du die Personifizierung all seiner Träume.«

»Nun übertreib mal nicht. Jetzt genug von mir. Was ist mit Paul, hat er sich …?«

Irma versuchte, ihr mimisch klarzumachen, dass jemand mithörte.

Gesas Blick wanderte von ihr in den hinteren Teil des Ladens. »Oh!«, entfuhr es ihr, und sie kicherte. »Er ist schon da.«

»Komm mit, ich tue mal so, als ob ich nicht wüsste, dass ihr euch schon mal begegnet seid«, sagte Irma im Flüsterton.

Gesa kam ihrer Aufforderung nach und folgte ihr zum Tresen, von dem Fred sich nicht fortbewegt hatte.

»Das ist meine Freundin Gesa, mit der ich mir sonntags auf dem Altonaer Fischmarkt einen Stand teile.«

Fred nickte verhalten. »Wir kennen uns bereits.«

Gesa schenkte ihm ein unschuldiges Lächeln. Sie schienen noch nicht einmal Gewissensbisse zu plagen, dass sie ihm bei ihrer Begegnung eine Lüge aufgetischt hatte. »Guck mal, was ich gerade bei mir in einer Kiste gefunden habe«, kam sie ohne Umschweife zum Punkt und fischte eine alte knallgelbe Sofortbildkamera aus ihrer riesigen Korbtasche.

Irma lachte auf und nahm sie ihr aus der Hand. »Die hat ja fast schon antiquarischen Wert.«

»Die Kartusche ist schon gewechselt und einsatzbereit. Jetzt muss ich nur noch wissen, ob sie auch funktionstüchtig ist.« Sie sah von Irma zu Fred und hob die Augenbrauen. »Würdet ihr mir die Ehre erweisen?«

Freds Gesichtsausdruck war an Begriffsstutzigkeit kaum zu überbieten.

»Gesa würde gerne ein Foto von uns machen«, half sie ihm auf die Sprünge.

»Aber gerne doch.« Flugs war Fred an ihrer Seite und legte besitzergreifend den Arm um sie.

Gesa kicherte, und auch Irma gab dem Angriff auf ihre Lachmuskeln prustend nach. Sie brauchte einen Moment, um sich wieder zu fangen, dann stellte sie sich lächelnd in Position. Es diente schließlich einem guten Zweck.

Gespannt warteten sie, bis die Kamera das Foto ausspuckte.

Gesa zog es heraus und wedelte damit, bis nach und nach ein Bild darauf zu erkennen war. »Das ist gut geworden.« Sie hielt es den beiden hin.

Sowohl Fred als auch Irma lächelten darauf unverkrampft

in die Kamera. Normalerweise mochte Irma sich nicht auf Fotos, weil sie sofort versteifte, sobald ein Objektiv auf sie gerichtet wurde. Ihr Lächeln war dann meist so angespannt, als hätte man eine Pistole mit der Drohung *Lächle oder stirb* auf sie gerichtet. Aber dadurch, dass Fred sie zum Lachen gebracht hatte, war ein natürlicher Schnappschuss entstanden, der sich sehen lassen konnte.

»Darf ich es haben?« Fred riss Gesa das Bild aus der Hand. Als wäre es eine heilige Reliquie, starrte er ehrfürchtig darauf.

»Klar, ich mache einfach noch eins.« Gesa schmunzelte und wechselte einen Blick mit Irma.

»Diese festgehaltene Erinnerung werde ich immer wie einen Schatz bei mir tragen, sie wird mich diesen Moment niemals vergessen lassen.«

Gesas Mundwinkel zuckten verdächtig. »Sie sind ja ein richtiger Poet.«

Fred lächelte geschmeichelt und ging wieder neben Irma in Position.

Die fehlenden Atemgeräusche verrieten ihr, dass er die Luft anhielt.

Als die Fotosession beendet war, schob er das Foto in die Innentasche seiner Jacke. Immer wieder tastete er danach, als wollte er sich versichern, dass es noch da war.

»Der Spuk wird bald ein Ende haben, du wirst sehen.« Irma strich ihm mitfühlend über die Schulter. »Komm morgen wieder her«, fügte sie schnell hinzu, als sie sein verständnisloses Gesicht sah.

»Aber du wolltest doch noch etwas mit mir besprechen«, begehrte Fred auf. Augenscheinlich hatte er nicht vor, sich so schnell von ihr abwimmeln zu lassen.

»Das hat auch Zeit bis morgen.« Irma schob ihn zur Tür,

sie konnte es kaum erwarten, endlich mit Gesa allein zu sein.

»Darf ich wagen zu hoffen, dass du mir noch eine Chance gibst?«

Irma wollte das erwartungsfrohe Leuchten in Freds Augen nur ungern erlöschen lassen, aber so auf die Schnelle hatte sie jetzt auch keine Ausrede parat.

»Du spielst doch nicht etwa mit mir?« Der weinerliche Klang in Freds Stimme war kaum zu überhören.

Irma und Gesa tauschten einen Blick.

»Glaub mir, ich werde mein Bestes geben, damit du wieder glücklich wirst«, sagte sie, die Klinke schon in der Hand. Zumindest das entsprach der Wahrheit.

Sichtlich bestärkt durch Irmas Satz, kniete Fred sich unvermittelt vor ihr nieder, nahm ihre Hand und schöpfte theatralisch nach Atem.

Oh nein, nicht schon wieder! Seufzend schloss sie kurz die Augen. Sie hoffte inständig, dass ihr Wunsch sich erfüllte und der Gegenzauber wirkte.

Dann ließ sie die nächsten Verse wie einen kalten Guss über sich ergehen.

Wolle keiner mich fragen,
Warum mein Herz so schlägt,
Ich kann's nicht fassen, nicht sagen,
Was mich bewegt.

Als wie im Traume schwanken
Trunken die Sinne mir;
Alle meine Gedanken
Sind nur bei dir.

Ich habe die Welt vergessen,
Seit ich dein Auge gesehn;
Ich möchte dich an mich pressen
Und still im Kuss vergehn.

Fred endete mit einem feuchten Handkuss.

Irma schluckte trocken, versuchte den dicken Kloß in ihrer Kehle loszuwerden. Auf ihrer Brust lag eine schwere Last. Langsam drängte die Zeit. Was war, wenn er sich wegen seiner unerfüllten Liebe zu ihr noch etwas antat? So schlimm, wie es ihn erwischt hatte, waren Irmas Befürchtungen gar nicht so abwegig. Sie durfte gar nicht daran denken, was war, wenn sie den Zauber nicht lösen konnte.

Als er zu ihr aufsah, rang sie sich schnell ein Lächeln ab und zog ihn zu sich hoch. Jeder, der das von draußen sah, würde sicherlich denken, er hätte ihr gerade einen Antrag gemacht. »Dann sehen wir uns morgen?«

Fred nickte ergeben. »Niemals werde ich aufhören, um dich zu kämpfen«, waren seine letzten Worte, als Irma ihn aus dem Laden schob und die Tür hinter ihm ins Schloss drückte.

Geräuschvoll ließ sie die angehaltene Luft aus den aufgeblasenen Wangen entweichen. »O doch, das wirst du, dafür werde ich sorgen«, murmelte sie und sagte dann an Gesa gewandt: »Der erste Schritt wäre schon mal geschafft.«

»Wird auch Zeit«, erwiderte die kopfschüttelnd. »Der arme Kerl kann einem ja richtig leidtun.«

»Du sagst es. Ich wusste manchmal gar nicht, ob ich lachen oder vor lauter Mitgefühl weinen soll.«

»Hat Paul sich denn endlich bei dir blicken lassen?«, wechselte Gesa das Thema.

Seufzend schüttelte Irma den Kopf. »Noch immer nicht.«

»Mmh, wirklich seltsam, wo er doch sonst keine Gelegenheit ausgelassen hat, hier vorbeizuschneien. Der Zauber wird doch nicht im Nachhinein gewirkt haben?«, sprach sie Irmas schlimmste Befürchtung aus.

»Argh!« Jetzt schlug sich Gesa gegen die Stirn. »Manchmal habe ich wirklich das Feingefühl eines Mammuts. Es tut mir leid, ich wollte dir keine Angst machen. Es wird bestimmt alles gut.« Mitfühlend streichelte sie Irma über den Arm. »Spätestens am Sonntag wirst du mehr wissen.«

»Aber wie soll ich es denn noch drei ganze Tage bis dahin aushalten? Wenn ich wüsste, wann er auf welchen Wochenmärkten steht, würde ich ihn dort aufsuchen. Oder wenn ich wenigstens seine Nummer hätte. Aber die habe ich dummerweise weggeworfen.«

»Leider kann ich dir da auch nicht weiterhelfen. Du musst dich wohl bis Sonntag gedulden.«

»Das ist nur die gerechte Strafe, weil ich diesen blödsinnigen Liebeszauber angewendet habe.« Irma war den Tränen nahe. »Wie verrückt die Welt doch ist. Den einen muss ich entlieben, und bei dem anderen muss ich befürchten, dass ich ihn für immer verloren habe.«

21

Irma war kein besonders gläubiger Mensch. Bei der Beerdigung ihrer Eltern war sie das letzte Mal in einer Kirche gewesen, doch heute würde sie wieder eine betreten.

Nachdem sie am Abend den Laden geschlossen und Houdini nach oben in die Wohnung gebracht hatte, fuhr sie mit dem Auto zum nächstgelegenen Gotteshaus.

Die schwere Eichentür knarzte, als Irma sie aufdrückte.

Der typische Geruch von Weihrauch und Kerzenwachs stieg ihr in die Nase.

Niemand außer ihr schien da zu sein. Irma straffte die Schultern und versuchte ihre Beklommenheit und die Erinnerung an ihren letzten Kirchenbesuch abzuschütteln.

Die hellen Farben des Kirchenschiffs und die weiß gestrichenen Holzbänke wirkten einladend. Andächtig blieb sie stehen.

Die barocke Kirche in Ottensen hatte ihren ganz eigenen Charme. Der Altar war modern und zugleich elegant gestaltet. In der Ecke links vom Eingang entdeckte sie die roten Opferkerzen. Daneben befand sich das Weihwasserbecken, nach dem sie Ausschau gehalten hatte.

Rasch zog sie die leere Thermoskanne hervor, tauchte sie in das Becken, bis sie sich halb gefüllt hatte, verschloss sie und ließ sie wieder in ihrer Tasche verschwinden.

❄ ❄ ❄

Zurück in ihrer Wohnung sammelte Irma alle weiteren Utensilien zusammen, die den Liebeszauber lösen sollten. Zusätzlich zu den beiden Kerzen am Adventskranz zündete sie noch eine dritte an und schrieb Freds Namen auf ein Stück Papier. Das faltete sie zusammen und steckte es in den bereitgelegten Briefumschlag. Bei jedem Handgriff, den sie vollzog, war sie sich der Tragweite ihres Handelns mehr als bewusst, denn sie hatte mit eigenen Augen gesehen, was Magie anrichten und aus einem Menschen machen konnte.

Wenn ihr jemand bis vor kurzem erzählt hätte, dass man mit ein paar Gegenständen und Weihwasser einen Bann brechen konnte, hätte sie denjenigen für verrückt erklärt. Aber jetzt wusste sie es besser. Mit größter Sorgfalt achtete sie darauf, den Anweisungen des Hexenrituals zu folgen, damit ihr ja kein Fehler unterlief.

Als Nächstes nahm sie das Foto zur Hand und trennte Fred und sich durch einen Schnitt mit der Schere. Die beiden Fotohälften schob sie ebenfalls in den Umschlag, klebte ihn dann sorgfältig zu und legte ihn in eine Dose, die sie mit dem Weihwasser füllte.

Ein kurzes Durchatmen, dann sprach sie mit leicht zittriger Stimme den Spruch, der den Zauber besiegeln sollte. »Ich will, dass ich aus Freds Gedanken verschwinde und er aufhört, mich zu lieben. Ich will, dass mein Einfluss im Eis gefangen bleibt.«

Auf dem Weg in die Küche kam ihr alles plötzlich so unwirklich vor wie ein nie enden wollender Traum. Hatte sie das wirklich alles in kurzer Zeit erlebt? Sie kniff sich in den Handrücken. Nein, sie träumte nicht – der Schmerz verriet es ihr.

»Möge mein Wunsch Wirklichkeit werden«, sagte sie mit

fester Stimme und stellte die verschlossene Dose vorsichtig ins Gefrierfach.

Jetzt fehlte nur noch ein letzter Schritt, um den Zauber zu vervollständigen und den Bann zu brechen.

❄ ❄ ❄

Am nächsten Tag nach Ladenschluss war Irma untröstlich. Soeben hatte sie die Lichterkette im Schaufenster ausgeschaltet und die Kerzen ausgeblasen, ihr Rauch hing noch in der Luft. Jetzt stand sie im dunklen Laden und fühlte sich mit einem Mal mutterseelenallein auf der Welt – abgesehen von Houdini, der sich mit einem leisen Maunzen in Erinnerung brachte.

»Komm her, mein Süßer.« Sie nahm ihn auf den Arm und fuhr ihm zärtlich durchs Fell. »Keine Angst, ich hätte dich schon nicht vergessen.« Sie stupste ihn auf sein nasses Näschen, einmal mehr froh, den Kater zu sich genommen zu haben. Er spendete Trost und war ihr ein treuer Gefährte, der sie nie enttäuschte.

Paul hingegen hatte noch immer nichts von sich hören lassen. Bei dem Gedanken, ihm nie wieder nahe zu sein, wurde ihr ganz schwer ums Herz. Wie hatte sie es nur so vermasseln können? Der Abend hatte doch so gut angefangen, alles war so perfekt gewesen.

Irmas Wut auf sich selbst wurde übermächtig, und sie ergab sich ihrem Gefühl der Machtlosigkeit. Eine stumme Träne lief ihr über die Wange, und ein leiser Schluchzer entkam ihr. Mittlerweile verfluchte sie dieses verdammte Liebesmenü, das ihr nur Ärger eingebracht hatte. Wie aus dem Nichts kamen ihr Pauls Worte in den Sinn. *Gib den Schlüssel zu deinem Glück nicht wieder in falsche Hände*, hatte er gesagt, nachdem Irma ihn benutzt hatte, um Fred loszuwerden. Paul hatte damals schon gewusst, dass er der Richtige für sie war. Doch sie hatte es einfach nicht gesehen – nicht sehen wollen. Für sie war Paul nichts weiter als ein nerviger Typ gewesen, den sie als Mann an ihrer Seite nie in Betracht gezogen hatte.

Wenn sie Paul nicht nur als Mittel zum Zweck gesehen hätte und mit ihm an dem Tag tatsächlich ins Kino gegangen wäre, wäre alles anders gekommen. Dann hielte er jetzt schon längst den Schlüssel zu ihrem Herzen in den Händen. Irma schnaubte. Das war die Ironie des Schicksals.

War denn wirklich schon alles verloren? Sie wollte sich einfach nicht mit dem Gedanken abfinden. Wenn Paul sich tatsächlich durch das Menü entliebt hatte, musste es doch eine Möglichkeit geben, das Ganze wieder rückgängig zu machen.

Fahrig wischte sie die Träne fort und zog die Nase hoch. Wenn sie nur wüsste, ob der Gegenzauber bei Fred gewirkt hatte, dann könnte sie auch wegen Paul Hoffnung schöpfen. Aber der Professor hatte ihre Verabredung am Nachmittag nicht eingehalten und war nicht im Laden aufgetaucht. Irma biss sich auf die Unterlippe. Hatte der Zauber etwa schon gewirkt? Nein, so schnell konnte das doch nicht gehen.

Erst am frühen Morgen war sie in den Park gegangen und hatte nach Anweisung des Hexenrituals die Dose samt Inhalt unter einem Baum vergraben.

Vermutlich war Fred nur etwas dazwischengekommen.

Irma beschloss, erst mal nach oben in ihre Wohnung zu gehen und ihm eine Nachricht zu schreiben.

Doch als Reaktion auf ihre Frage, wie es ihm ginge, erschien nur ein graues Häkchen. Das konnte bedeuten, dass er sein Handy ausgeschaltet hatte. *Aber warum?* Irma beschlich ein ungutes Gefühl. *Und wenn …?* Nein, so weit wollte sie erst gar nicht denken. *Hätte er die letzten Male doch nur nicht einen so jämmerlichen Eindruck abgegeben.* Irma brauchte dringend Gewissheit, dass es ihm gutging. Sie musste sich mit eigenen Augen davon überzeugen.

Ein kleiner Fußmarsch und die frische Luft würden ihr guttun.

Es hatte wieder geschneit, und alles war mit einer weißen, pudrigen Schicht überzogen. Normalerweise hätte Irma sich darüber gefreut, aber unter den gegebenen Umständen konnte sie die glitzernde Pracht nicht aufheitern, und ihr war eher nach Heulen zumute.

Doch die Kälte tat ihr unerwartet gut und half ihr, ihre Gedanken zu ordnen.

Tief atmete sie die klare Luft ein und stieß kleine Atemwölkchen aus. Bei jedem Schritt knirschte es unter ihren Stiefeln, und die Schneedecke reflektierte das Licht der Straßenlaternen.

Es hatte aufgehört zu schneien, lediglich winzige Eiskristalle tanzten in der Luft. Ein wirklich schöner Anblick, der Irma dann doch ein kleines Lächeln entlockte.

Am Sonntag war schon der dritte Advent und Weihnachten nicht mehr weit. Heiligabend würde ein Fest der einsamen Herzen werden. Sie seufzte tief und schluckte die aufsteigenden Tränen hinunter.

Schon von weitem sah sie, dass bei Fred im Wohnzimmer Licht brannte. *Zuhause ist er also schon mal.* Aber warum war sein Handy dann ausgeschaltet?

In dem Moment, als sie vor dem Haus stand und den Klingelknopf drücken wollte, kam ein älterer Mann mit Hund heraus. Er hielt ihr die Tür auf, und Irma schlüpfte dankend an ihm vorbei hinein.

Im Treppenhaus nahm sie immer zwei Stufen auf einmal.

Vor Freds Wohnung angekommen, stieg ihre Anspannung ins Unermessliche, und ihr Herz trommelte wie verrückt gegen ihre Rippen.

Was mache ich hier eigentlich? Doch instinktiv wusste Irma, dass sie das Richtige tat, und ohne länger darüber nachzudenken, drückte sie den Klingelknopf.

Schon nach kurzer Zeit wurde die Tür aufgerissen.

Im ersten Moment blickte Fred ihr ausdruckslos entgegen. Doch dann schnellten seine Mundwinkel nach oben. »Irma?« Er klang eindeutig verdutzt. »Waren wir verabredet?«

Irma lächelte gezwungen. Sie konnte unmöglich zugeben, dass sie sich Sorgen gemacht hatte. Das würde ihn stutzig machen und Fragen aufkommen lassen. »Du wolltest heute Nachmittag im Laden vorbeischauen.«

»Ja, aber dann … hab ich es mir anders überlegt.« Fred wirkte, als wäre ihm diese Tatsache gerade erst bewusst geworden. Er lächelte sie an.

Irma fühlte es sofort, und die Erkenntnis brachte ihr Herz zum Stolpern. Das war nicht das Lächeln eines Liebeskranken, sondern das eines Mannes, der gefallen wollte – einnehmend und höflich, nicht mehr und nicht weniger. Der Bann war tatsächlich gebrochen.

Irma spürte tiefe Erleichterung und Freude in sich. Wie von selbst kletterte ein Lächeln ihre Mundwinkel empor.

»Freddy, wer ist da?«, drang eine helle Stimme von hinten aus dem Wohnzimmer.

War das nicht die von Sabine? Irmas Lächeln vertiefte sich.

»Ich bin gleich wieder da«, rief er und wandte sich wieder an Irma. »Und was machst du hier?«

Irma stellte fest, wie blendend er aussah. Außerdem hatte

er wieder zu seiner gewohnten Selbstsicherheit zurückgefunden. Von Scham über sein Verhalten der letzten Tage war ihm nichts anzumerken. Oder war die Erinnerung daran durch den Gegenzauber aus seinem Gedächtnis gelöscht worden? Irma wünschte es sich.

Plötzlich lachte Fred auf.

Irma sah ihn verwundert an. »Was ist?«

»Das erzähle ich dir lieber nicht«, sagte er kopfschüttelnd und noch immer belustigt.

»Nun komm schon, jetzt hast du mich neugierig gemacht.«

Fred schaute kurz über seine Schulter und trat mit konspirativem Blick näher an sie heran. »Mir ist gerade eingefallen, dass ich einen wirklich seltsamen Traum hatte, in dem du die Hauptrolle gespielt hast.«

»Ach wirklich?«, fragte Irma so ahnungslos wie möglich. »Um was ging es denn in deinem Traum?«

Fred schnaubte amüsiert. »Das ist zu absurd, das behalte ich lieber für mich.«

»Kommst du?«, flötete Sabine.

»Ja, gleich«, rief Fred zurück und wandte sich wieder an Irma. »Was wolltest du noch mal?«

»Ich wollte … ja, was wollte ich eigentlich?« Sie stieß ein verlegenes Lachen aus, bis ein Geistesblitz sie durchzuckte. »Ich war in der Nähe und wollte eine Einladung aussprechen. Wenn du Heiligabend noch nichts vorhast, dann komm doch zu unserer kleinen Feier in meinen Laden. Und bring die hübsche Blondine mit!«

22

Endlich war der Tag gekommen, auf den Irma so lange gewartet hatte. Doch die Freude, Paul wiederzusehen, wurde durch die Angst getrübt, dass er sie abweisen könnte. Mit Gesa an ihrer Seite, die dem Moment des Zusammentreffens genau wie sie entgegenfieberte, fiel es ihr jedoch etwas leichter, die Zeit bis dahin durchzustehen.

»Erzähle mir bitte bis ins kleinste Detail, wie der Abend mit Gökhan verlaufen ist.«

Gesa lachte auf. »Ich weiß gar nicht, wo ich anfangen soll.«

»Wir haben Zeit.« Irmas Blick wanderte rüber zu dem Platz, an dem Paul normalerweise mit seinem Wagen stand. Bisher war er noch nicht aufgetaucht. »Du weißt, du tust mir damit einen Gefallen. Ich kann nichts besser gebrauchen, als ein wenig Ablenkung von dem Chaos, das in meinem Kopf herrscht.«

»Also gut«, hörte sie noch Gesas Stimme, doch dann drifteten ihre Gedanken schon ab, und die Ereignisse der letzten Wochen zogen wie ein Film vor ihrem inneren Auge vorbei.

Irma hatte ein Wechselbad der Gefühle erlebt. War ständig hin und her geworfen gewesen zwischen Drama und Komödie, Sehnsucht und Verzweiflung. Freundschaften hatten sich verstärkt und Bekanntschaften intensiviert. Sie hatte in kürzester Zeit so viel erlebt, wie in den letzten zehn Jahren nicht mehr. Schmetterlinge hatten wilde Tänze in ihrem Bauch vollführt, sie hatte Schamgefühl empfunden, wie zum letzten Mal in ihrer Schulzeit. Sie war über sich hinausgewachsen, um ihre Angst zu überwinden und ihren Traum zu verwirklichen, und hätte dabei beinah das Leben eines Menschen zerstört. Glücklicherweise hatte sie das noch rechtzeitig verhindern können.

Und sie hatte den Richtigen gefunden, doch gleich wieder verloren.

Doch die Hoffnung stirbt zuletzt.

»... und dann hat er mich bis vor meine Wohnungstür gebracht und mich geküsst«, drang Gesas Stimme wieder in ihr Bewusstsein.

Irma fühlte sich, als hätte sie nach langer Zeit unter Wasser wieder die Oberfläche durchbrochen. Sie war völlig in Gedanken versunken gewesen. Erschrocken sah sie zu Gesa.

»Du hast mir gar nicht zugehört, gib es zu!«

Irma zog ein reumütiges Gesicht. »Ich habe den Anfang und den Mittelteil verpasst. Es tut mir leid. Ich bin gerade eine furchtbare Freundin.«

Gesa winkte ab. »Ich hatte schon Schlimmere«, scherzte sie und boxte Irma mit dem Ellbogen in die Seite. »Nein, im Ernst, du hast nichts verpasst. Wichtig ist, dass ich ein gutes Gefühl bei Gökhan habe und unsere Zuneigung offenbar auf Gegenseitigkeit beruht.«

Irma unterdrückte einen Seufzer. *Könnte ich das doch auch nur behaupten.* »Das ist grandios! Freut mich riesig für euch.«

Von einem der anderen Marktstände kam eine ältere Frau auf sie zu, die Irma nur vom Sehen kannte, und wandte sich an Gesa. »Kannst du mir den vielleicht wechseln?« Sie hielt ihr einen Fünfzigeuroschein entgegen. »Hab doch glatt vergessen, Kleingeld zu besorgen.«

Während Gesa sich ihrer Bitte annahm und in die Wechselkasse schaute, wanderten Irmas Gedanken zum gestrigen Tag zurück.

Was hatte Herr Petersen noch im Schwimmbad zu ihr gesagt? Irma ließ den Nachmittag mit ihm Revue passieren. Gleich zu Anfang hatte er sich noch einmal nach Paul erkundigt. *Als hätte er gespürt, dass er ein wichtiger Mensch in meinem Leben geworden ist.* Irma hatte ihm erzählt, dass sie sich einander genähert hatten, Paul jetzt aber den Rückzug angetreten hatte. Dann später, nachdem sie einige Bahnen geschwommen waren und eine kurze Pause am Beckenrand einlegten, war der alte Mann noch mal auf das Thema zu sprechen gekommen. Er musste sich eingehend Gedanken dazu gemacht haben.

Irma versuchte sich seine Worte ins Gedächtnis zu rufen. *Was die Liebe betrifft, sollte man mit Gefühlen nicht geizen*, hatte er gesagt. *Offen die Wahrheit zu sagen ist nicht einfach, weil es uns verletzlich und angreifbar macht. Aber seine Gefühle zu verschweigen kann für Unklarheiten und Missdeutungen sorgen.*

Irma hatte sich seine weisen Worte zu Herzen genommen und wollte bei Paul aufs Ganze gehen. Was hatte sie schon zu verlieren?

Als sie ihn nur wenige Minuten später mit seinem Wagen ankommen sah, geriet ihr Herz ins Stolpern. Er war spät dran. Erst eine halbe Stunde vor Markteröffnung hier aufzuschlagen war ungewöhnlich für ihn.

Paul schien schwer beschäftigt mit dem Abladen und dem Aufbau seiner Ware. Den Sohn von Salami-Günther, den er eingearbeitet hatte, suchte Irma vergeblich. Die Chance, Paul unter vier Augen zu sprechen, wurde dadurch schwindend gering, denn seinen Stand konnte er ja nicht einfach alleine lassen.

Doch auch als Paul alles aufgebaut hatte und der Markt schon eine Weile eröffnet war, würdigte er sie keines einzigen Blickes. Stattdessen bot er in gewohnter Manier seinen Fisch feil und plauderte mit seinen Kunden.

»Sobald es etwas leerer wird, gehst du zu ihm«, raunte ihr Gesa zu, der Irmas Seelenzustand offenbar nicht entgangen war.

Kaum war der erste Ansturm abgeebbt, machte Irma sich auf. Kurz vor Pauls Stand blieb sie stehen und hielt inne. Das Herz pochte ihr bis zum Hals, und ihre Hände fühlten sich in den Handschuhen schweißfeucht an. Um Kraft zu schöpfen, ballte Irma sie einen Moment lang zu Fäusten und atmete tief durch. Kurz schloss sie die Augen und nahm all ihren Mut zusammen, ehe sie ihren Weg fortsetzte.

Paul sah sie kommen, ihre Blicke trafen sich.

Irma stockte der Atem, doch Paul zeigte sich geschäftig und räumte die leeren Kisten aus der Auslage, um sie durch die hintere Tür nach draußen zu werfen.

»Hallo, Paul.« Sie versuchte ihre Stimme fest klingen zu lassen. »Darf ich reinkommen?«

»Moin, Irma«, sagte er und fuhr unbeirrt damit fort, mit Kisten um sich zu werfen. Eine Antwort blieb er ihr schuldig.

Ungeachtet dessen lief Irma an seinem Wagen entlang zur hinteren Tür. »Wie geht es dir?«, fragte sie ihn und blieb davor stehen.

Paul drehte sich zu ihr um. »Danke der Nachfrage«, antwortete er, ohne ihr in die Augen zu sehen. »Und selbst?«

Irma musste schlucken. Er verhielt sich höflich, aber reserviert. Ihm war das Interesse an ihr eindeutig abhandengekommen. Wenn sie daran dachte, wie innig sie sich geküsst hatten ... Plötzlich, ohne dass sie etwas dagegen tun konnte, stiegen Tränen in ihr auf. Rasch blinzelte sie sie fort und sah ihm mit festem Blick in die Augen. »Wir hatten doch so einen schönen Abend. Was ist passiert? Habe ich etwas falsch gemacht?«

»Pack mir mal vier Makrelen ein«, rief ein Mann von vorne, und Paul drehte sich zu ihm um.

»Darf's sonst noch etwas sein, mein Bester?«, fragte er in saloppem Tonfall und schenkte dem Kunden seine gesamte Aufmerksamkeit.

Irma biss sich so fest auf die Unterlippe, dass es schmerzte. Während die beiden sich gutgelaunt unterhielten, schwand ihre Entschlossenheit zusehends.

Verzweiflung griff nach ihr. Irma fühlte sich auf einmal matt und kraftlos. Doch sie durfte nicht aufgeben. *Noch nicht.* Sie musste erfahren, ob der Zauber gewirkt und das Menü wirklich der Grund für Pauls ablehnendes Verhalten war.

»Du hast dich die ganze Woche nicht bei mir blicken lassen«, nahm Irma den Faden wieder auf, als der Kunde sich mit seiner Fischtüte verabschiedet hatte. Sie hatte Mühe, ihre Stimme nicht wehleidig, sondern heiter klingen zu lassen. Jetzt konnte sie nachvollziehen, wie Fred sich gefühlt hatte. »Das sieht dir gar nicht ähnlich.« Sie schickte ein unbekümmertes Lächeln hinterher. »Hattest du viel um die Ohren?«

Paul zuckte mit den Schultern. »Nicht mehr als sonst.«

Irma spürte einen schmerzlichen Stich in ihrer Brust. Noch eindringlicher hätte er ihr seine Ablehnung nicht veranschaulichen können. Sie nickte, weil sie nicht wusste, was sie sonst tun sollte. »Magst du vielleicht morgen Vormittag auf einen Kaffee vorbeischauen?« Diese Frage zu stellen hatte sie enorme Überwindung gekostet. Ihre Angst, auf Zurückweisung zu stoßen, war riesig. Aber sie wollte die Gelegenheit nicht verpassen, Herrn Petersens Rat zu befolgen und Paul ihre Gefühle zu offenbaren.

Der sah sie jetzt zum ersten Mal an diesem Morgen offen an. »Klar, warum nicht.«

Diese Antwort sprühte zwar nicht gerade vor Enthusiasmus, aber Irma konnte sich für den Anfang damit zufriedengeben.

23

Um Viertel vor neun am nächsten Morgen raste Irmas Herz, als hätte sie zum Frühstück gleich mehrere Energydrinks in sich hineingeschüttet. Der Grund dafür aber war Paul, mit dem sie jeden Moment rechnete. Bisher war er ja auch immer vor Ladenöffnung bei ihr aufgetaucht. Wenn er kam, sollte er sich so willkommen und behaglich wie möglich fühlen, deshalb ließ Irma leise Weihnachtsmusik laufen und hatte das kitschige Weihnachtsbäumchen auf den runden Präsentationstisch gestellt, um ein deutliches Zeichen zu setzen. So erfüllte es doch noch seinen Zweck.

Um neun Uhr begann es zu schneien. Langsam und träge rieselten schwere Schneeflocken vom grauen Himmel herab, und das aufgeregte Kribbeln in ihrem Bauch war kaum noch auszuhalten. Um ihre Nerven zu beruhigen, machte sie sich einen Kakao mit viel süßer Sahne. Wo blieb er nur?

Nach kurzer Zeit erfüllte der Duft von Schokolade und Zimt den Raum. Houdini hielt sein Näschen in die Luft, um zu schnuppern. Wohlig räkelte er sich auf seinem Lieblingsplatz. Ganz im Gegensatz zu Irma war er die Ruhe selbst.

Die nächste halbe Stunde ließ sie das Fenster keine Sekunde lang aus dem Auge, als könnte Paul durch reine Willenskraft davor auftauchen. Doch das geschah nicht. Deshalb ging sie um halb zehn dazu über, gar nicht mehr nach draußen zu schauen. Während sie eine Warenbestellliste ausfüllte, zwang sie sich, nicht aufzusehen. Doch auch das beschwor Paul nicht herauf. Irma hoffte vergeblich, ihn zu sehen. Sein Wegbleiben nahm sie als sicheres Zeichen, dass sie ihm völlig gleichgültig geworden war. Und Schuld daran trug ganz allein sie selbst. Das Liebesmenü hatte gewirkt, genau wie bei Fred, da war sie sich jetzt sicher. Und das alles war nur geschehen, weil sie sich so sehr nach der großen Liebe gesehnt hatte. Hätte sie die Augen aufgemacht, hätte sie gesehen, dass sie zum Greifen nah gewesen war, beinah jeden Morgen direkt vor ihrer Nase gestanden hatte.

Aber Selbstvorwürfe brachten Irma jetzt auch keinen Schritt weiter. Und einfach so aufgeben, konnte sie auch nicht. Sie würde an Paul dranbleiben – so lange, bis er einsah, dass sie zusammengehörten. Genauso wie er bei ihr drangeblieben war. Sie sah von der Warenliste auf und spürte, wie Kampfgeist in ihr aufflackerte und sie mit warmer Kraft durchströmte. *Jetzt erst recht. So schnell werde ich nicht das Handtuch werfen.* Es ging schließlich um den Mann, für den der Schlüssel zu ihrem Herzen vorgesehen war.

Um Viertel vor zehn betrat Lea den Laden. Irma hatte sie seit Freitag nicht mehr gesehen. Verheißungsvoll wedelte sie mit zwei Tickets.

»Was hast du da?«, rief Irma ihr von der Theke aus entgegen.

Lea kam näher. Sie war völlig ungeschminkt und wirkte etwas blass, aber verquollene Augen hatte sie diesmal nicht. »Das sind Karten für das Coldplay-Konzert Ende Dezember. Oskars Lieblingsband. Die wollte ich ihm eigentlich zu Weihnachten schenken, aber das hat sich ja jetzt erübrigt. Gehst du mit mir hin?«

Irma runzelte die Stirn. »Ich komme gerne mit, aber warum wartest du nicht ab, ob ihr nicht doch wieder zueinanderfindet.«

»Sicher nicht. Ich hab ihn am Samstag mit einer Tussi in unserem Lieblingscafé gesehen. Ich wette mit dir, das war die, mit der er rumgemacht hat.«

»Das sagt doch aber noch gar nichts.«

»Ach nein? Auch nicht, dass er sich das ganze Wochenende über nicht bei mir gemeldet hat?« Lea schüttelte schnaubend den Kopf. »Der hat mich abgeschrieben.«

Irma war überrascht, mit welcher Fassung sie das trug. »Und ... wie geht es dir damit?«

»Wenn Oskar das, was wir hatten, so mit Füßen tritt, dann brauche ich ihm nicht länger hinterherzuheulen. Dann hat er es nicht verdient. Mit so jemanden werde ich nicht weiter meine Zeit verplempern.« Lea versuchte, tapfer und stark zu klingen, dennoch blieb Irma der traurige Schatten nicht verborgen, der über ihr Gesicht huschte. In Gegenwart anderer konnte man den Liebeskummer noch irgendwie ertragen, doch sobald man allein war, fiel man in ein tiefes Loch, das wusste Irma nur zu gut.

»Das ist eine gesunde Einstellung, da hast du vollkommen recht«, pflichtete sie ihrer Freundin bei und nahm sich vor, sie in nächster Zeit, so gut es ging, auf andere Gedanken zu bringen. »Cappuccino?«

Lea schüttelte den Kopf. »Nee danke, ich muss rüber. Aber das Ticket lass ich dir hier.«

»Wie viel hat es gekostet?«, wollte Irma wissen, während sie das Geldfach ihrer Kasse aufspringen ließ.

»Sieh es als Weihnachtsgeschenk.« Mit einem Zwinkern legte Lea das Konzertticket vor Irma auf den Tresen und verschwand so schnell, wie sie gekommen war.

❄ ❄ ❄

»Du schon wieder?« Irma blickte erstaunt auf, als Gesa am Nachmittag vorbeikam. »An deine häufigen Besuche könnte ich mich gewöhnen.«

»Das ist gut, denn wie es aussieht, wirst du mich jetzt öfters am Hals haben.«

»Könnte es möglicherweise sein, dass nicht ich der Grund dafür bin, sondern ein netter Getränkehändler? Gib es zu, du bist mit Gökhan verabredet!«

Ein Grinsen umspielte Gesas Lippen. »Das bin ich tatsächlich. Wir wollen zur Eisbahn.«

»Schlittschuh laufen?« Irma konnte ihre Verwunderung nur schwer verbergen.

Gesa nickte. »Als Gökhans Jungs noch klein waren, hat er immer gerne mit ihnen Runden auf dem Eis gedreht. Jetzt, wo sie groß sind, gehört Schlittschuhlaufen schon längst nicht mehr zu ihren bevorzugten Freizeitaktivitäten. Aber Gökhan würde gerne noch mal hingehen, und ich wollte auch schon ewig mal wieder aufs Eis.«

Irma musste schmunzeln. Sie konnte sich bildlich vorstellen, wie die beiden Hand in Hand auf kratzenden Kufen übers Eis glitten.

»Abgesehen davon wollte ich sehen, wie es dir geht, nachdem Paul noch immer nicht aufgetaucht ist.« Gesa hatte sie darum gebeten, sie bezüglich Paul auf dem aktuellen Stand zu halten, und das hatte Irma getan. Sie war froh, dass sie in Gesa jemanden gefunden hatte, dem sie ihr Herz ausschütten konnte. Das tat gut und half ein wenig, ihren Schmerz zu lindern.

Irma zwang sich zu einem Lächeln. »Das ist lieb von dir. Es geht ganz gut, ich komme schon irgendwie klar.«

»Deinem niedergeschlagenem Anblick nach zu urteilen wohl eher nicht.« Gesa stieß einen Seufzer aus und schenkte ihr einen mitfühlenden Blick. »Momentan ähnelst du doch sehr dem verhexten Fred.«

»Keine Angst, ich werde keine schaurig schönen Liebesgedichte vortragen, so weit wird es nicht mit mir kommen.«

»Dazu gibt es auch keinen Grund. Es ist noch längst nicht alles verloren. Ich habe nämlich etwas rausbekommen.«

Irma horchte auf. »Was denn?«

»Als du gestern weg warst, habe ich mir Gummibaum-Gitta zur Brust genommen. Mit ihrer leutseligen Art kennt die nämlich jeden, der einen Stand betreibt. Und zu Paul hat sie einen besonders guten Draht. Er kommt oft bei ihr vorbei und quatscht mit ihr. Und jetzt halt dich fest, wie es der Zufall will, war deren Tochter Trauzeugin bei Pauls Hochzeit.«

Die Neuigkeit raubte Irma für einen Moment den Atem. »Paul ist verheiratet?«, fragte sie krächzend, während ihre Brust sich schmerzhaft verengte. Plötzlich ergab alles einen Sinn. Er hatte mit ihr geflirtet, doch als es ernst wurde, hatte er einen Rückzieher gemacht, aus Angst, seine Ehe könnte in Gefahr geraten. Und sie hatte geglaubt, das Liebesmenü hätte seine Gefühle beeinflusst. *Wie dumm kann man nu…*

»Nein, mittlerweile ist er geschieden«, riss Gesa sie aus ihren dunklen Grübeleien.

»Ach … so.« Erleichterung ließ sie aufatmen. Diese Möglichkeit hatte sie gar nicht in Betracht gezogen.

»Aber die Trennung muss ihn ganz schön mitgenommen haben. Er war wohl erst Mitte zwanzig, als er den Bund der Ehe eingegangen ist, und seine Ex hat ihn dann nach vier Jahren mit einem seiner besten Freunde betrogen. Seitdem lässt er keine mehr an sich ran. Typischer Fall von Bindungsangst, würde ich sagen. Große Klappe, aber wenn's ernst wird, kriegt er Schiss, wieder verletzt zu werden.«

»Warum hat er mir nicht gesagt, dass er verheiratet war?«, murmelte Irma nachdenklich.

Gesa zuckte mit den Schultern. »Ich nehme mal an, er wollte dem schönen Abend mit dir keinen bitteren Beigeschmack geben. Weitsichtig wie ich bin, habe ich Gitta gefragt, wo er wohnt oder wo man ihn unter der Woche finden kann«, fuhr Gesa nach einer kurzen Pause fort. »Über seinen Wohnort konnte sie mir keine Auskunft geben, aber sie hat mir verraten, dass er oft und gerne in dem Irish Pub hier um die Ecke abhängt. Gehört wohl einem Kumpel von ihm. Vielleicht versuchst du da mal dein Glück.«

❄ ❄ ❄

Ein Mistelzweig hing über der Eingangstür, so wie es in Irland zur Weihnachtszeit Brauch war. Unwillkürlich stellte Irma sich vor, wie sie mit Paul darunter stand und sie sich küssten. Rasch verdrängte sie den Gedanken und stieß die schwere Holztür des Pubs auf.

Wärme und Gelächter schlugen ihr entgegen. Für einen Abend mitten in der Woche war die Kneipe erstaunlich voll. Der Geruch von Bier und abgestandener Luft kroch Irma in die Nase, aufmerksam ließ sie ihren Blick durch den Raum schweifen. Die urige Atmosphäre und das dunkle Eichenholz wirkten einladend. In einem steinernen Kamin brannte ein Feuer, das für Gemütlichkeit und Wärme sorgte. Die Tannengirlanden mit den kleinen Lichtern, die von der Decke hingen, gefielen Irma besonders gut. Und auch an der Bar hatte der Besitzer mit Weihnachtsdeko nicht gespart.

Stechpalmenzweige mit roten Beeren zierten die Theke, und an den beiden Holzsäulen links und rechts rankte künstlicher Efeu empor, der mit roten Weihnachtsschleifen verziert war.

In der rechten Ecke über der Bar hing ein großer Bildschirm, auf dem irgendein Fußballspiel zu sehen war, das jedoch von irischer Weihnachtsmusik übertönt wurde.

Blondes Haar, breite Schultern … Irmas Herz geriet ins Stolpern. Sie hatte ihn entdeckt.

Paul saß auf einem Barhocker mit dem Rücken zur Tür, so dass er Irmas Eintreffen nicht bemerkt hatte. Er unterhielt sich mit dem Barkeeper – ein riesiger Kerl mit Undercut und gepflegtem Vollbart –, der sich vertraulich, auf den Ellbogen gestützt, über die Theke zu ihm rüberbeugte.

War das sein Freund und auch der Besitzer der Bar? Seine gewaltige Statur und die Oberarme, die in etwa den Umfang von Irmas Oberschenkeln haben mussten, gaben ihm ein einschüchterndes Äußeres, das aber im Widerspruch zum gutmütigen Ausdruck seiner braunen Augen stand.

Irma fasste sich ein Herz und ging auf Paul zu.

Der Barkeeper blickte auf, Irma genau in die Augen, und sein Gesicht verfinsterte sich.

»Du musst Irma sein«, sagte er.

Hilfe, was hat Paul über mich erzählt? Nichts Gutes, wie es aussah. Irma hatte immer gedacht, Männer würden untereinander nichts von sich erzählen und nicht über ihre Gefühle reden. *Falsch gedacht.*

»Irma …« Auf Pauls Gesicht spiegelte sich eine Vielzahl von Emotionen wider. Da war Verwunderung und Traurigkeit. Verbitterung, aber auch … Sehnsucht?

Der Barkeeper streckte ihr die Hand entgegen. Dabei sah er sie so eindringlich an, als wollte er sie durchleuchten. War sein Verhalten ihr gegenüber reserviert, oder bildete sie sich das nur ein?

Nein, Irmas Gefühl trog sie selten. Ganz offensichtlich hatte er irgendwelche Vorbehalte ihr gegenüber.

Sie merkte, wie ihr unter seinem intensiven Blick die Röte ins Gesicht stieg. »Genau, ich bin Irma«, brachte sie so unbefangen wie möglich hervor und erwiderte seinen festen Händedruck. Wie es schien, sollte sie nicht nur bei Paul ihr Bestes geben, sondern auch die Gunst seines Freundes gewinnen.

Er nickte, dann sah er von Irma zu Paul, schnappte sich ein Bierglas, ging zum Zapfhahn und überließ die beiden sich selbst.

Irma zog den Hocker neben Paul nach hinten und ließ sich darauf nieder.

Sein Blick glitt über ihr Gesicht, und sie schluckte, machtlos gegen das Prickeln, das sie bei seinem Anblick durchströmte. »Was machst du hier?«

»Ich wollte wissen, wo du dich so rumtreibst.«

Er nickte, ein gequälter Ausdruck trat in sein Gesicht.

Irma hätte so gerne gewusst, was in ihm vorging. Sie griff nach seiner Hand, die auf der Theke lag. »Sag mir, was passiert ist. Warum kommst du nicht mehr bei mir im Laden vorbei? Ich dachte, zwischen uns hätte sich irgendwas verändert an diesem Abend. Wir haben uns geküsst und …«

»Offenbar hat es dir nicht viel bedeutet.« Paul wich ihrem Blick aus und hielt die Bierflasche so fest umklammert, dass seine Knöchel weiß hervortraten.

Irma blieb die Spucke weg. »Wie kommst du darauf?«

»Ich war bei dir, wollte dich besuchen.« Seine Stimme klang rau und belegt, als hätte er sie lang nicht benutzt. »Und da war dieser Professor, mit dem nach deiner Aussage die Chemie nicht stimmt. Mein Eindruck war ein anderer. Ihr habt so glücklich ausgesehen, als ihr von euch Fotos gemacht habt. Und dann ist er sogar vor dir auf die Knie gegangen, als hätte er dir einen Antrag gemacht.« Paul trank von seinem

Bier, es gluckerte seine Kehle hinunter. Dann stellte er die Flasche vor sich auf der Theke ab und starrte darauf.

Seine Verletzlichkeit erweichte Irmas Herz. Sie öffnete den Mund und schloss ihn wieder. Mit allem hatte sie gerechnet, nur nicht damit. Paul hatte sie mit Fred gesehen, und gedacht, sie hätte ihm Paul vorgezogen. »Das hast du falsch verstanden. Ich habe mich doch längst für dich entschieden.«

Er blickte sie an. In seinen Augen lag Traurigkeit und Erstaunen zugleich. »Das sah aber nicht so aus.« Paul rang mit sich, Irma konnte es spüren.

»Und warum hast du an dem Abend, als du bei mir zum Essen warst, meine Wohnung so fluchtartig verlassen?« Sie musste es einfach wissen.

»Wenn ich ehrlich bin, war ich mir plötzlich meiner Gefühle für dich nicht mehr sicher und habe alles in Frage gestellt. Und das, obwohl ich doch schon so lange verrückt nach dir gewesen bin. Ich war so furchtbar durcheinander.«

Dann hat der Zauber also tatsächlich gewirkt. Irma unterdrückte ein Seufzen.

»Aber danach sind meine Gedanken immer wieder zu dir gewandert, und ich musste dich einfach wiedersehen.«

Seine Gefühle für sie hatten sich offenbar der Magie widersetzt. *So muss es gewesen sein.* Doch hatten sie den Kampf gewonnen? Ein beklemmendes Gefühl legte sich auf Irmas Brust. Sie war sich nicht sicher.

»Aber dann hab ich dich mit dem Professor gesehen, und ab da hab ich versucht, dich mir aus dem Kopf zu schlagen. Aber es ist mir irgendwie nicht gelungen.«

Ein Hoffnungsschimmer brachte ihr Herz in Aufruhr. Es hörte sich zumindest so an, als hätte sich Pauls Liebe als stärker erwiesen und hätte den Zauber besiegt.

Irma räusperte sich. »Glaub mir, ich war gegen all seine Annährungsversuche immun. Und weißt du warum?« Paul erwies sich als wirklich harter Brocken. Solange er Irma nicht in die Augen sah, blieb ihr nur die Überzeugungskraft ihrer Worte. »Weil ich dir vollkommen verfallen bin.«

Zog da etwa ein kleines Lächeln an Pauls Mundwinkeln?

Irma legte sanft ihre Finger an sein Kinn, damit er sie ansah, und versuchte, ihren Blick für sich sprechen zu lassen. All die Momente, in denen sie sich nach ihm gesehnt hatte, all die Nächte, in denen sie an ihn gedacht hatte, und all die Gefühle, die er in ihr ausgelöst hatte, spiegelten sich darin.

Sie sehnte sich so sehr danach, die Distanz zwischen ihnen zu überwinden, doch sie hatte längst noch nicht alles gesagt, was sie sagen wollte. »Ich würde dich nie mit einem anderen Mann betrügen. So etwas mache ich nicht. Ich bin eine treue Seele. Wenn ich mich einmal für jemanden entschieden habe, dann hat er mich für immer an der Backe.«

Über Pauls Gesicht huschte ein Lächeln, doch sogleich presste er die Lippen aufeinander und senkte den Blick.

»Ich war in einer ähnlichen Situation wie du«, fuhr Irma fort. »Mein langjähriger Freund hat mich wegen einer anderen verlassen. Er hat mir das Gefühl gegeben, nicht gut genug zu sein. Du hingegen hast mir das Gefühl gegeben, etwas Besonderes zu sein. Du hast Interesse an mir gezeigt und mich immer wieder zum Lachen gebracht. Mit dir habe ich mich unsagbar wohl gefühlt.«

Um Pauls Mundwinkel zuckte ein kleines Lächeln, offenbar war er mit seinen Gedanken bei dem Abend in Irmas Wohnung.

»Aber das ist noch nicht alles. Ich habe immer gedacht, dass es mir verwehrt bleibt, den Richtigen zu finden, aber dann war da dieser Abend mit dir, und ich habe mich bis über beide Ohren in dich verliebt. Der Kuss hat mir bestätigt, dass ich nur dich will und keinen anderen.« Die Worte verließen wie von selbst ihre Lippen. Eine plötzliche Leichtigkeit erfüllte Irma. Endlich hatte sie ihren Gefühlen freien Lauf gelassen. Der Knoten in ihrem Herzen hatte sich gelöst, und sie hatte zum ersten Mal seit langem wieder den Mut gehabt, ihre Gefühle in Worte zu fassen.

Paul holte Luft, setzte an, etwas zu sagen. Aber Irma legte ihre Hand auf seine und hielt ihn zurück. »Und jetzt, wo ich glaube, den Richtigen gefunden zu haben, werde ich sicherlich nicht so schnell aufgeben. Ich würde mir nichts mehr wünschen, als dass du für mich deine Angst überwindest und mit mir eine ernsthafte Beziehung eingehst.« Es fühlte sich einfach so unfassbar gut an, es auszusprechen.

Paul sah sie an.

Irma spürte, wie sich die Luft zwischen ihnen auflud. Sie wollte die letzte Distanz zwischen ihnen überwinden, ihre Lippen auf seinen spüren.

Er schenkte ihr sein verschmitztes Lächeln, das ihr so lieb geworden war, und eine Woge der Wärme durchflutete sie. Da war eine Sehnsucht, die tiefer ging als alles, was sie je zuvor in ihrem Leben empfunden hatte.

»Dann läuft also gar nichts zwischen dir und dem Professor?«

Irma stieß ein schnaubendes Lachen aus und schüttelte den Kopf. »Du hast aber wirklich lange gebraucht, um das zu kapieren. Es lief noch nie etwas und wird es auch nie. Fred wird mir nicht mehr hinterherlaufen, denn inzwischen hat er die richtige Frau für sich gefunden.«

»In der kurzen Zeit?« Paul legte ungläubig die Stirn in Falten. »Wie hat er das denn geschafft?«

»Na ja, ein wenig Liebeszauber gehörte schon dazu.« Irma grinste.

Pauls Lächeln vertiefte sich. Und dann wandte er sich ihr endlich zu, ergriff ihre Hände und sah ihr tief in die Augen. »Ich möchte nichts mehr, als mit dir zusammen zu sein. Denn eine Sache weiß ich ganz sicher, meine Welt ist so viel besser, wenn du ein Teil davon bist. Ich will nie mehr ohne dich sein.«

»Sag das bitte noch einmal.« Irma presste die Lippen aufeinander, sie stand kurz davor, in Tränen auszubrechen.

»Ich will nie mehr ohne dich sein«, sagte er mit einem Ton in der Stimme, der ihr durch und durch ging. Dann legte er eine Hand an ihre Wange, strich darüber und küsste sie sanft auf die Lippen.

Bei der Berührung spürte Irma so viel Liebe, dass ihr Herz anschwoll. Sie schluckte, während eine einzelne Träne über ihre Wange rollte und seinen Daumen benetzte.

»Es gibt nur einen Ort, an dem ich sein möchte. Und das ist der Platz in deinem Herzen.«

Irma schüttelte belustigt den Kopf. »Das ist kitschig, Paul.«

»Du kennst doch meine Neigung zu Kitsch. Aber manchmal kann es eben nicht kitschig genug sein«, sagte er, ehe das Lächeln auf seinen Lippen erstarb. »Von jetzt an werde ich mich voll und ganz auf dich einlassen. Kein Misstrauen, keine Zweifel mehr. Verzeihst du mir, dass ich mich nicht gemeldet habe?«

»Du brauchst dich nicht zu entschuldigen. Du hattest einen guten Grund. Die Angst, enttäuscht zu werden.« Sie hob ihre Hand an seine, die noch immer auf ihrer Wange lag, und gab ihm einen sanften Kuss auf seine Handinnenfläche.

»Ich liebe dich so sehr, ich kann es kaum in Worte fassen«, flüsterte Paul.

Ein leises Schluchzen löste sich aus Irmas Kehle, bis sie nur noch still vor sich hin weinte. Aber sie wusste, es waren Tränen der Erleichterung. Tränen des Glücks. Und Tränen des Neuanfangs.

24

In dicke Pullover und Wintermäntel gekleidet, stapften Irma und Paul durch den Schnee, während Atemwölkchen vor ihren Gesichtern schwebten. Ein blitzblauer Himmel wölbte sich über ihnen, und die Sonne zauberte Myriaden glitzernder Diamantsplitter in die weiße Märchenlandschaft. Ein richtiges Bilderbuchwetter, so wie Irma es zum letzten Mal in ihrer Kindheit erlebt hatte. *Herrlich!* Alles war mit einer dicken Schicht Schnee bedeckt, selbst die Parkbank direkt neben ihnen.

Irma griff in den Schnee und formte mit ihren in Lederhandschuhen steckenden Händen eine Kugel.

»Hey, hey, du wirst doch wohl nicht etwa …«

Irma ließ Paul keine Zeit, den Satz zu beenden, sondern zielte stattdessen auf ihn.

Gerade rechtzeitig konnte er ausweichen, der Schneeball flog haarscharf an seiner rechten Schulter vorbei. Seine Augen verengten sich zu Schlitzen. Doch ehe er zu einer weiteren Reaktion fähig war, feuerte Irma schon den nächsten Schneeball auf ihn ab. Dieser traf ihn mitten auf die Brust.

»Volltreffer!«, jubelte sie voller Schadenfreude, während Paul mit gleichmütigem Gesichtsausdruck und in aller Seelenruhe den Schnee von seiner Jacke strich.

Ohne dass sie es kommen sah, machte er plötzlich einen Satz auf sie zu. »Na warte, du kleines Biest, dafür wirst du büßen.«

So schnell Irma konnte, setzte sie sich in Bewegung und lief kreischend den gestreuten Weg im Park entlang. Ein zartes Prickeln perlte dabei wie feine Kohlensäure in ihrem Magen auf. So musste sich pures Glück anfühlen.

Eine ganze Woche lang befand sie sich mit Paul bereits im Liebesrausch, und jeder Tag mit ihm schien aufregender zu sein als der vorherige. Seit dem Abend im Irish Pub war sie an keinem Morgen mehr allein aufgewacht. Neben dem Austausch von Zärtlichkeiten hatten sie nächtelang damit verbracht, sich näher kennenzulernen. Irma hatte so viele Geschichten von Pauls Eltern und seinem Bruder gehört, dass sie meinte, sie bereits persönlich zu kennen. Sie selbst hatte von ihren verstorbenen Eltern erzählt und dabei zusammen mit Paul geweint und gelacht. Unmengen von Gemeinsamkeiten hatten sie schon in der kurzen Zeit ihres Zusammenseins entdeckt. Beide liebten sie Schwarzweißfilme mit Cary Grant, sie frühstückten beide lieber herzhaft statt süß und sie schliefen beide am liebsten in der Löffelchenstellung ein. Sie konnten beide Lakritze und Anchovis nicht ausstehen, würden aber für einen ordentlichen Heringssalat kilometerweit laufen.

Eigentlich hätte Irma sich wegen des wenigen Schlafs müde und erschöpft fühlen müssen, aber das Gegenteil war der Fall. Als hätte jemand einen ganzen Sack voller Endorphine über ihr ausgeschüttet, fühlte sie sich trunken vor Glück.

Jetzt hatte Paul sie eingeholt, packte sie am Arm und riss sie zu sich herum.

Lachend setzte Irma sich zur Wehr, doch das nützte ihr nichts, denn schon im nächsten Moment drückte Paul sie in einen Schneehaufen. Wenigstens landete sie weich. Glucksend wand sie sich unter Pauls festem Griff, spürte plötzlich beißend kaltes Nass auf ihrer Wange und schrie protestierend auf. »Du bist ein gemeiner Schuft!«, brachte sie hervor, während sie mit dem Handschuh ihr Gesicht trockenwischte.

Mit diabolischem Blitzen in den Augen hob Paul die mit Schnee gefüllte Hand, um sie erneut einzuseifen. »Ach wirklich, bin ich das?«

»Ich tue alles, damit du mich verschonst«, flehte Irma, von leisem Glucksen begleitet.

»Na, wenn das so ist …« Das Lächeln auf Pauls Lippen erstarb, und Irmas Herz verpasste einige Schläge. Die alberne Ausgelassenheit zwischen ihnen war einer knisternden Anspannung gewichen.

Bittersüße Sehnsucht kroch durch Irmas Adern und ließ ihren Magen flirren. Die Vorfreude in ihr war kaum auszuhalten.

Paul strich eine verirrte Haarsträhne unter ihre Mütze.

Jetzt waren sie sich ganz nah. Irma lauschte seinem Atem, während ihr Herz zu einem wilden Galopp ansetzte.

Ihr Blick wanderte hinab zu seinem Mund, und ehe sie dazu kam, ihrem Verlangen nachzugeben, spürte sie schon seine Lippen auf ihren.

Der Kuss hinterließ einen Funkenschauer, der warm durch sie hindurchströmte. So wie jede seiner Berührungen.

Ein angenehmes Ziehen dehnte sich in ihrer Brust aus und nahm ihren ganzen Körper ein. Irmas Herz fühlte sich schwer und federleicht zugleich an.

Sie öffnete die Augen und sah nach oben.

Eine erste zarte Schneeflocke fiel taumelnd herab. »Schau mal, es fängt an zu schneien!«

»Dafür habe ich momentan keinen Kopf«, sagte Paul mit rauer Stimme und ohne sie aus den Augen zu lassen.

»Ach nein? Weil?«

»Weil ich gerade die bezauberndste Frau der Welt in meinen Armen halte.«

Irma kicherte. In Pauls Braue hatte sich eine Schneeflocke verfangen. Sie konnte den Blick nicht abwenden und sah zu, wie sie langsam schmolz. »Ich habe meiner Oma noch nicht von uns erzählt«, sprach sie das Erste, das ihr in den Sinn kam, aus.

»Na und? Ist das schlimm?«

»Sie ist meine Familie und wird sich wundern, wenn sie dich plötzlich an meiner Seite sieht. Außerdem …«

»Außerdem was?«

»… denkt sie, dass ich dich furchtbar nervig finde.«

»Wie kommt sie denn zu der Annahme?« Ein gespielt erstaunter Ausdruck legte sich auf Pauls Gesicht.

»Keine Ahnung, ist mir auch schleierhaft.« Irma konnte sich ein Kichern nicht verkneifen, das Paul mit einer weiteren Ladung Schnee quittierte.

❄ ❄ ❄

Am Abend schlenderten die beiden über den Weihnachtsmarkt auf dem Rathausplatz. Geschmückt mit glitzernden Lichterketten standen die Weihnachtsbuden dicht an dicht und lockten mit glasierten Äpfeln, gebrannten Mandeln und anderen Leckereien. Die Straßenlaternen tauchten alles in ein goldenes Licht und schufen eine romantische Atmosphäre. Der Geruch von Glühwein, Bratwurst und Tannenzweigen lag in der kalten Winterluft. Schnee fiel vom dunklen Himmel herab, und dicke Flocken wirbelten um sie herum, als wollten sie zum Tanz auffordern. Irma wurde ganz warm ums Herz.

Es war alles so, wie sie es sich erträumt hatte. Sie lief

Hand in Hand mit ihrem Traummann über den Weihnachtsmarkt. Doch noch bis vor wenigen Wochen hätte sie nie gedacht, dass Paul dieser Traummann sein würde. Warum hatte sie das nicht schon früher erkannt? Hätte ihr das Schicksal nicht schon eher einen Wink geben können? Dann hätte sie sich auch das Experiment mit dem verfluchten Liebesmenü sparen können.

»Kommst du Weihnachten mit zu meinen Eltern?«, unterbrach Paul nach einiger Zeit ihr einvernehmliches Schweigen.

»Ich kenne sie doch gar nicht.« Irma konnte sich etwas Schöneres vorstellen, als an Weihnachten unter Beobachtung von Pauls Eltern zu stehen. Andererseits bekräftigte er mit dieser Frage, dass er es wirklich ernst mit ihr meinte. Und seinen Erzählungen nach zu urteilen, hatte sie von Pauls Familie nichts zu befürchten.

»Das macht nichts, dann lernst du sie eben kennen. ›Sabbel nich, dat geit‹, würde mein Vater jetzt wohl sagen. An seine direkte Art wirst du dich schnell gewöhnen. Er ist ein Fischkopp, hat immer einen Spruch auf den Lippen …«

»Da kenne ich noch jemanden …«, warf Irma amüsiert ein. »Da scheint der Apfel wohl nicht weit vom Stamm gefallen zu sein.«

»Das stimmt.« Ein Lächeln huschte über Pauls Gesicht. »Nur, dass mein Vater eher ein gemütlicher Typ ist, den nichts aus der Ruhe bringt. Meine Mutter hat das Ruder in der Hand, ist aber ein herzensguter Mensch, mit dem jeder auskommt. Sie werden dich mögen, glaub mir.«

»Wie kannst du dir da so sicher sein?«

»Wie kann man dich bitte nicht mögen?«

Irmas Blick suchte Pauls, ein kleines Lächeln zupfte an ihren Mundwinkeln. »Ich komme am ersten Weihnachtstag mit, wenn du an Heiligabend mit uns im Laden feierst.« Der Gedanke erfüllte sie mit Freude und Aufregung gleichermaßen. Für sie war es ein bedeutsamer Schritt, den wichtigsten Menschen in ihrem Leben, Paul, als den Mann an ihrer Seite vorzustellen. Darüber hinaus war es ihr ein großes Bedürfnis, all diejenigen zusammenzubringen, die ihr am Herzen lagen.

»In deinem Laden?«

»Ich gebe mit Wilma ein kleines Fest. Für Freunde und Lieblingskunden, die an Heiligabend sonst allein wären.«

»Das lasse ich mir sicher nicht entgehen.« Paul lächelte breit und legte den Arm um Irma. Dann besiegelten sie ihr Versprechen mit einem zärtlichen Kuss.

Als sie sich nach einer ganzen Weile voneinander lösten, zog Paul Irma zu einem Stand, an dem ein alter Mann heiße Maronen verkaufte. Holzrauch stieg auf und trieb ihnen entgegen. Paul ließ sich eine kleine Tüte geben und drückte dem Verkäufer fünf Euro in die Hand. Dann nahm er eine Marone heraus, pulte die Schale ab und pustete kräftig darauf, ehe er sie Irma in den Mund schob.

Lachend kaute sie und genoss den süßlich nussigen Geschmack, der sich in ihrem Mund entfaltete.

Mit einer Tasse Glühwein in der Hand schlenderten sie weiter über den Markt.

Paul blieb an einem Stand stehen, der Hüte im Vintage-Stil verkaufte. »Probier doch mal einen«, sagte er zu Irma und zeigte auf einen cremefarbenen Cloche-Hut aus Kunstpelz.

Unter freundlich zustimmendem Nicken der Verkäuferin setzte Irma ihn auf den Kopf. Ein wenig schräg, so wie es früher Mode war.

»Der sieht toll an dir aus, passt zu deinem Look.« Pauls

Augen leuchteten, als er sie betrachtete. »Wie für dich gemacht und stellt einen tollen Kontrast zu deinem dunklen Haar dar.«

»Meinst du wirklich?« Unsicher begutachtete Irma sich im Spiegel.

»Ich schenk ihn dir.« Paul zog sein Portemonnaie aus der Gesäßtasche seiner Jeans. »Aber dann musst du ihn auch tragen.«

»Das werde ich«, sagte Irma lächelnd. Als Dankeschön gab sie ihm einen Kuss auf den Mund. »Zu Weihnachten schenken wir uns aber nichts, versprochen?«

»Wenn ich dir etwas schenken möchte, dann schenke ich dir auch was. Das lasse ich mir nicht nehmen.«

»Aber unsere Liebe ist doch schon Geschenk genug«, neckte Irma ihn.

Paul lachte auf und drückte ihr einen Kuss auf die Nase. »Da hast du recht. Aber wenn du dir sonst etwas von mir wünschen würdest, was wäre das?«

Irma musste nicht lange überlegen, ihr schwirrte schon die ganze Zeit etwas im Kopf herum. »Ein Foto von dir.«

Paul zuckte mit den Schultern. »Na, wenn's weiter nichts ist. Das kannst du jetzt schon haben.« Er zückte seine Brieftasche, zog ein Passfoto daraus hervor und reichte es ihr.

»Danke!« Irma besah sich das Bild genauer. Mit seinem typischen Lächeln auf den Lippen grinste er frech in die Kamera. Das war ihr Paul, das Foto war perfekt.

25

»Irma«, flüsterte eine vertraute Stimme, und der Duft von Spiegeleiern mit Speck stieg ihr in die Nase.

Verschlafen blinzelte sie. Als sie aufblickte und Pauls leuchtenden Augen begegnete, fand ein Lächeln ganz allein den Weg auf ihre Lippen. Sie strich sich durchs zerzauste Haar und sah auf das Tablett, das er in den Händen hielt.

Darauf befand sich ein liebevoll angerichteter Teller mit Avocado und Spiegelei auf herzförmigem Vollkornbrötchen mit kross gebratenen Speckscheiben. Daneben stand eine Schale mit Müsli und ein Glas mit frisch gepresstem Orangensaft. Eine einzelne rote Rose vervollständigte das Bild, das gänzlich Irmas Geschmack traf. Paul kannte sie schon wirklich gut. »Womit habe ich das denn verdient?«

Die Matratze gab nach, als er sich neben sie setzte und ihr eine Tasse Jasmintee unter die Nase hielt.

Dankbar nahm Irma sie entgegen. Der Tee verströmte ein herrliches Aroma, das sie tief in sich aufsog.

»Erstens hättest du diesen Service eigentlich jeden Tag verdient …« Er gab ihr einen sanften Kuss auf ihre Nase. »Und zweitens musst du dich heute ganz besonders stärken. Uns steht ein langer Tag bevor.«

Heute ist Heiligabend, kam es Irma siedend heiß in den Sinn. Da gab es fürwahr einiges zu tun. Kurz nippte sie an ihrer Tasse und stellte sie dann auf dem Nachttisch ab.

Als sie Anstalten machte aufzustehen, hielt Paul sie zurück. »Hey, es ist erst kurz vor acht. Jetzt entspann dich und iss erst mal in Ruhe. So viel Zeit muss sein.«

Irma gluckste glücklich.

»Was gibt es da zu lachen?«

»Ich habe gerade beschlossen, dich nie wieder herzugeben.«

»Geht auch eh nicht mehr. Bin vom Umtausch ausgeschlossen.«

Irma grinste verschmitzt. »Was für ein Glückspilz ich doch bin!« Sie zog ihn zu sich heran und küsste ihn zärtlich. In diesem Moment fühlte sie sich, als könnte sie die ganze Welt umarmen. Sie kannten sich noch nicht lange, aber Irma spürte bereits eine Vertrautheit zwischen ihnen, die ihr alle Sorgen nahm. Nie wieder wollte sie ohne ihn sein.

»Ich fühle mich unsagbar wohl mit dir, wir sind uns so nah, obwohl wir uns noch gar nicht lange kennen«, sprach Paul ihre Gedanken aus. Sein Blick wanderte über ihr Gesicht, während er ihr zärtlich eine Haarsträhne hinters Ohr schob.

Sie zog ihn näher zu sich heran, um dort anzuknüpfen, wo sie gestern aufgehört hatten.

»Das sollten wir besser auf heute Abend verschieben, dann haben wir die ganze Nacht Zeit.« Paul löste sich aus ihrer Umarmung. »Ich muss gehen. Eine wundervolle Frau hat mir aufgetragen, noch einen Weihnachtsbaum zu besorgen, und ihr Wunsch ist mir Befehl.«

Paul hatte Irma darin bestärkt, an ihrer ursprünglichen Idee festzuhalten und den Baum nach unten in den Laden zu bringen. Doch sie war der Meinung, für das Fest bräuchte der Laden jetzt doch unbedingt einen noch größeren Baum, und ließ sich auch nicht davon abbringen. Außerdem wollte sie es auch in ihrer Wohnung weihnachtlich haben, da klar war, dass Paul die meiste Zeit bei ihr verbringen würde. Hier war es einfach gemütlicher als in seiner spartanisch eingerichteten Junggesellenbude.

So einfach kommst du mir nicht davon. Irma nahm sich vor, ihre ganzen Reize spielen zu lassen, um es Paul schwer zu machen, sie hier zurückzulassen. Verführerisch biss sie sich auf die Unterlippe und schmiegte ihren Busen an seine Brust.

Paul räusperte sich und schob sie ein Stück von sich.

Irma seufzte frustriert. Mit Knautschfalten auf der Wange, Morgenatem, Schlaf in den Augen und unfrisierten Haaren wirkte sie wahrscheinlich alles andere als anziehend auf ihn.

Doch Pauls lustverhangener Blick belehrte Irma eines Besseren.

Sie unterdrückte ein Grinsen. »Ganz wie du meinst«, sagte Irma mit einem Augenaufschlag, der es in sich hatte.

»Du kleines Biest«, hauchte Paul ihr ins Ohr, ehe er sich im nächsten Moment die Kleider vom Leib riss.

»Ich muss jetzt wirklich gehen«, sagte Paul einige Zeit später, während er sich sein T-Shirt über den Kopf zog. »Ich habe Kai versprochen, vorbeizukommen und auf Merle aufzupassen, ehe ich den Baum besorge. Sie müssen noch ein paar Weihnachtseinkäufe erledigen.« Merle war Pauls dreijährige Nichte, in die er vollkommen vernarrt war. So, wie er von ihr erzählte, war das mehr als offensichtlich.

»Einmal abbeißen«, befahl Irma und hielt ihm eine Brötchenhälfte entgegen.

»Bis später, mein Hase«, sagte Paul mit vollem Mund und warf ihre eine Kusshand zu.

»Halt, stehen geblieben! Fast hätte ich das Wichtigste vergessen. Ich hab eine Kleinigkeit für dich. Mach mal den

Schrank auf.« Eine bessere Gelegenheit als jetzt würde sich bestimmt nicht mehr bieten. Während des Tages würde keine Zeit mehr sein, bei dem ganzen Trubel, der sie erwartete.

Paul tat wie ihm geheißen.

»Öffne das erste Schubfach und nimm die Tüte heraus.«

»Jetzt bin ich aber gespannt.« Paul zog den Pullover aus der Tüte und entfaltete ihn.

Irma sah ihm dabei zu und hatte Mühe ernst zu bleiben. Endlich hatte sie eine Gelegenheit gefunden, ihm seine fürchterlichen Geschenke heimzuzahlen. Anders hatte er es nicht verdient, so wie er sich immer über sie lustig gemacht hatte. »Den hab ich gesehen und sofort an dich gedacht. Er wird niemand anderem so gut stehen wie dir.«

Paul prustete ein Lachen heraus, während er mit hochgezogener Augenbraue den Pullover im Wichtel-Look betrachtete.

Irma zeigte ihm ein durchtriebenes Lächeln. »Ich wusste, dass er dir gefällt.«

❄ ❄ ❄

Ihr Laden würde heute bis zur Mittagszeit geöffnet haben. Die letzten Jahre hatten gezeigt, dass noch einige am vierundzwanzigsten kamen, um ein Last-Minute-Geschenk zu besorgen. Und dieses Jahr war es nicht anders. Die Zeit verging wie im Flug, weil viele Kunden noch eine Kleinigkeit für ihre Liebsten mitnehmen wollten. Immer, wenn Irma mal eine Minute durchatmen konnte, dachte sie an Wilma und hatte ein flaues Gefühl im Magen. Wie sollte sie ihrer Großmutter nur beibringen, dass sie jetzt ausgerechnet mit dem Kerl zusammen war, den sie vorher einfach nur nervig fand?

»Ein bisschen weihnachtlich will man es dann ja doch haben«, holte eine alte Dame mit blitzblauen Augen Irma aus ihren Gedanken und stellte eine Tüte Champagnertrüffel und eine Flasche alkoholfreien Winterpunsch auf den Verkaufstresen.

Irma schenkte ihr ein Lächeln. »Natürlich, warum sollte man auch nicht?«

»Na ja, viele in meinem Alter machen sich nicht mehr die Mühe, weil sie der Meinung sind, der Aufwand würde sich für sie allein nicht lohnen. Ich habe trotzdem ein kleines Bäumchen und dekoriere meine Wohnung. Auch wenn wir sonst niemanden mehr haben, wir machen es uns trotzdem schön, nicht wahr, Willi?« Sie schaute auf ihren Dackel herab, der ihr mit treuherzigem Blick entgegenblickte.

Irma musste schlucken. Die Worte der alten Dame berührten ihr Herz. »Das finde ich wundervoll. Und wenn Sie Lust auf Gesellschaft haben, dann kommen Sie doch einfach heute ab vier Uhr hier vorbei. Meine Oma und ich geben ein kleines Fest. Sie sind herzlich eingeladen.« Damit der Abend für die alten Leute nicht so lang werden würde, hatten sie beschlossen, schon am späten Nachmittag das Gourmetlädchen zu öffnen.

Die Dame sah ihr ängstlich entgegen. »Aber ich kenne doch niemanden.«

»Sie kennen mich!« Mit einem entwaffnenden Lächeln reichte Irma ihr die Hand. »Irma Jansen.«

Die alte Dame nahm sie entgegen. »Käthe Petrowsky.«

Ihre Hand fühlte sich knochig an, aber der Druck ihrer Finger war stark. »Viele, die kommen, sind auch alleinstehend, sie werden sich wohl fühlen. Und ihren Hund können Sie selbstverständlich auch mitbringen.«

»Sie haben doch eine Katze, meinen Sie, das geht gut?«

»Um meinen Kater brauchen Sie sich keine Sorgen zu machen. Houdini liegt sowieso die meiste Zeit auf seinem Stammplatz im Schaufenster.«

Frau Petrowsky lächelte verlegen. »Na gut. Aber dann bringe ich einen selbstgemachten Bienenstich mit.«

»Machen Sie sich keine Umstände, es wird sicherlich genug zu essen geben.« Wilma hatte eine lange Liste von Speisen erstellt, die sie mitbringen wollte. Wie Irma ihre Großmutter kannte, meinte sie es zu gut, und sie würden noch die ganze restliche Woche davon essen müssen.

»Das ist aber doch das Mindeste. Ich bringe mich gerne ein, wenn ich so herzlich eingeladen werde!«

»Dann freue ich mich jetzt schon auf Ihren Bienenstich«, sagte Irma und schenkte ihr beim Abschied ein warmes Lächeln.

An diesem Vormittag sprach sie noch etliche Einladungen für ihre Weihnachtsfeier aus. Neben Frau Petrowsky hatten noch drei ältere Damen zugesagt, zwei andere wollten es sich noch überlegen. Vermutlich würde ihr kleiner Laden heute Abend aus allen Nähten platzen, aber das spielte keine Rolle, Irma freute sich auf jeden Einzelnen von ihnen.

❄ ❄ ❄

Als Wilma gegen dreizehn Uhr mit zwei großen Taschen voller Schüsseln und Dosen eintrudelte, trugen Gökhan und Gesa gerade einen Klapptisch über die Straße in den Laden. Ein weiterer stand schon im Verkaufsraum bereit, denn Irma wollte eine große Tafel aufbauen, an der alle Gäste Platz fanden.

»Hallo, Oma.« Irma nahm ihr das Essen ab und begrüßte sie mit einem Kuss auf die Wange. »Was schleppst du da nur alles an?«

Sie winkte ab. »Ist gar nicht so viel, wie es aussieht.«

»Davon werde ich mich gleich selbst überzeugen«, sagte Irma schmunzelnd, ehe sie alle miteinander bekannt machte. »Das ist Gesa, wir haben jeden Sonntag zusammen einen Stand auf dem Markt. Ihr habt euch, glaube ich, schon mal kurz gesehen.«

»Ja, stimmt.« Gesa zog Wilma in eine herzliche Umarmung.

Für einen kurzen Moment wirkte Irmas Großmutter befangen. So viel körperliche Nähe von Fremden war sie nicht gewohnt, ließ Gesas Begrüßung dann aber gnädig über sich ergehen.

Gökhan gab Irma höflich die Hand. »Ich sorge mal für kalte Getränke«, sagte er und ging nach draußen.

»Komm, wir packen die Taschen aus und stellen die Speisen kühl«, sagte Irma und lief voraus in die Küche. Vielleicht war jetzt eine gute Gelegenheit, ihrer Großmutter von Paul zu erzählen. Wahrscheinlich wäre es heute sonst nicht mehr möglich, unter vier Augen mit ihr zu sprechen. Und das Letzte, was Irma wollte, war, ihre Oma vor vollendete Tatsachen zu stellen.

»Ich fange dann schon mal mit der Tischdeko an«, rief Gesa hinter ihnen her.

In der Ladenküche angekommen, stellte Irma die Taschen auf der Anrichte ab und begann sie auszupacken.

»Zwanzig Brötchen, Kartoffelsalat und Würstchen, Süßkartoffelsuppe …«, kommentierte Wilma ihr Mitgebrachtes. »Ein wenig Käse, Trauben und Roastbeef.«

»Und das nennst du nicht viel?« Irma schüttelte belustigt den Kopf.

»Heute soll keiner mit Hunger im Bauch nach Hause gehen. Es soll für jeden etwas dabei sein.«

»Die anderen bringen ja auch noch einiges mit«, gab Irma zu bedenken. »Kuchen, Salate, und Frau Giesebrecht kocht sogar Karpfen Blau.« *Jetzt ist ein günstiger Moment.* »Und dann rechne ich damit, dass Pau…«

»Du trägst Tante Ellis Kette?«, fiel Wilma ihr ins Wort und fasste nach dem Medaillon, das an Irmas Hals baumelte.

Die hielt den Atem an und schloss kurz die Augen. *Hoffentlich schaut sie nicht rein.* Auf diese Weise sollte sie es nicht erfahren.

In Wilmas Gesicht zeigte sich Freude und Überraschung zugleich. »Hast du denn das Foto von Henri rausgenommen?« Neugierig nestelte sie am Verschluss, und Irma spürte, wie ihr die Röte ins Gesicht stieg. »Nein, also, es ist so …«, stammelte sie. Wie sollte sie nur anfangen?

In dem Moment öffnete sich das Medaillon, und Wilma runzelte die Stirn. Ein verwunderter Ausdruck legte sich auf ihr Gesicht, ehe sie Irma fragend ansah.

Irma räusperte sich. »Du kennst doch Paul.« Gleich nachdem Paul heute Morgen gegangen war, hatte sie sein Passfoto zurechtgeschnitten und an Stelle von Henris Bild eingefügt.

»Ja, wir hatten bereits das Vergnügen.« Unter Wilmas eindringlichem Blick wurde Irma ganz mulmig zumute.

»Ich wollte dir eigentlich gerade von ihm erzählen und dich nicht auf diese Art und Weise vor vollendete Tatsachen stellen.« Irma seufzte, ehe sie fortfuhr. »Paul und ich haben uns in der letzten Woche näher kennengelernt. Ich habe festgestellt, dass er gar nicht so nervig ist, wie er sich gibt und …«

»Was du nicht sagst!« Um Wilmas Mundwinkel zuckte es verdächtig.

»Jedenfalls hatte ich die Gelegenheit zu sehen, wie er wirklich ist.« Irmas Kopf glühte, und sie kam sich vor wie ein dummer Backfisch.

»Und jetzt seid ihr ein Paar!« Wilma klatschte erfreut in die Hände und zog sie in eine feste Umarmung. Diese spontane Herzlichkeit entsprach so wenig dem Naturell ihrer Großmutter, dass Irma einen kurzen Moment wie erstarrt stehen blieb. Bis schließlich alle Anspannung von ihr abfiel und sie lachend die Umarmung erwiderte.

»Du hattest doch nicht etwa Angst, mir das zu sagen?« Wilma schob sie ein Stück von sich weg und sah ihr in die Augen.

»Irgendwie schon«, gab Irma zu. »Weil alles so plötzlich gekommen ist und ich selbst niemals mit so einer Wendung gerechnet hätte.«

»Ach, so ein Quatsch!« Wilma winkte ab. »Ich freu mich für dich! Dieser Paul scheint doch ein anständiger Mann mit Benehmen zu sein. Kommt er denn heute auch?«

Irma grinste und nickte dann. »Ich hoffe, du magst ihn.«

»Offenbar macht er dich glücklich, das ist das Wichtigste!« Sie tätschelte Irmas Wange. »Du leuchtest ja richtig von innen. Ich habe dich schon lang nicht mehr so ausgelassen erlebt.«

»Irma, hier ist Besuch für dich«, drang Gesas Stimme zu ihnen nach hinten.

Als sie zurück in den Laden kam, standen Lea und Oskar mitten im Raum und grinsten ihr entgegen.

»Wir wollten dir ein frohes Fest wünschen.«

Also ist doch noch alles gut ausgegangen, dachte Irma, und vor lauter Erleichterung entfuhr ihr ein erfreutes Jauchzen. Sie umarmte Lea, die ihr ins Ohr flüsterte: »Ein klärendes Gespräch wirkt manchmal Wunder.«

Irma zwinkerte ihr zu und umarmte ebenso Oskar. »Ein frohes Fest, das wünsche ich euch auch.« Entgegen seinem sonst so lebhaften Verhalten wirkte Oskar heute schweigsam und befangen. Irma wunderte das nicht. Die Situation war bestimmt nicht angenehm für ihn, er konnte sich sicherlich denken, dass seine Freundin sich bei Irma über ihn ausgelassen hatte. Aber da musste er jetzt durch.

»Wir wären gerne bei eurer Feier vorbeigekommen, aber unsere Eltern bestehen drauf, dass wir Heiligabend mit ihnen verbringen.« Lea zuckte mit den Schultern, ihr Blick wanderte zu Oskar. »Erst bei meinen zu Kaffee und Kuchen und danach bei seinen, wo es wie jedes Jahr Raclette gibt.«

»Das klingt doch toll«, sagte Irma, und plötzlich fiel ihr die Coldplay-Karte ein, die Lea ihr geschenkt hatte. Mit einem eindringlichen Blick versuchte sie Lea klarzumachen, dass sie ihr in die Küche folgen sollte.

»Bin gleich wieder da«, ließ Lea ihren Freund wissen und lief hinter Irma her.

»Mensch, Gott sei Dank habt ihr euch wieder zusammengerauft.« Irma atmete erleichtert auf und zog ihre Freundin in eine kurze Umarmung.

»Er hat mir hoch und heilig versprochen, dass so was nie wieder vorkommen wird.«

»Und was war das dann neulich im Café?«

»Da hat er der Tussi nur verklickert, dass aus ihnen beiden nichts wird und dass er nur eine liebt. Nämlich mich.« Lea strahlte übers ganze Gesicht.

»Ich freu mich so für euch! Dann gebe ich dir die Konzertkarte wieder zurück. Sie war für Oskar gedacht, und so sollte es auch bleiben.«

»Kommt gar nicht in Frage, geschenkt ist geschenkt. Eine kleine Strafe muss sein.« Lea legte vertraulich den Arm um sie. »Und ehrlich gesagt, gehe ich sowieso lieber mit dir da hin. Oskar ist bei Konzerten immer außer Rand und Band, so laut und verschwitzt ist er mir zu anstrengend. Wir machen uns einen schönen Frauenabend mit allem Drum und Dran.« Verheißungsvoll wackelte sie mit ihren schön geschwungenen Augenbrauen.

»Gerne. Da sage ich nicht nein. Dann komm, lass uns zurück zu den anderen gehen, wir können ein andermal reden. Außerdem gibt es noch so schrecklich viel zu tun.«

Paul betrat gerade schwerbepackt den Laden. Er hatte zwei Schachteln mit Weihnachtsschmuck unter den Arm geklemmt und zog einen Tannenbaum im Netz hinter sich her. Als er Irma erblickte, erhellte sich sein Gesicht. »Auftrag ausgeführt. Es war nicht einfach, aber ich habe es geschafft.«

Irma musste grinsen. Das klang, als hätte er gerade den Gipfel des Mount Everest bezwungen. Sie ging auf ihn zu und gab ihm einen Kuss auf den Mund, sich der Blicke der anderen nur allzu bewusst.

»Äh …« Lea verschlug es für einen kurzen Moment die Sprache.

Irma grinste und senkte verlegen den Kopf.

»Hab ich was verpasst?«, fragte ihre Freundin mit verdutztem Gesichtsausdruck.

»Sieht wohl so aus«, stellte Oskar trocken fest und legte grinsend den Arm um sie, offenbar froh, dass er nicht mehr im Fokus der Aufmerksamkeit stand.

Lea schüttelte den Kopf. »Mann, das ist mir so peinlich. Ich war so mit mir beschäftigt, dass ich gar nicht mitbekommen habe, was eigentlich ab geht zwischen euch.« Sie sah von Paul zu Irma und konnte es offenbar nicht fassen, dass die beiden ein Paar waren.

»Du hattest genug mit dir zu tun«, beschwichtigte Irma

sie. »Das ist völlig okay. Außerdem ging alles so schnell, wir können es selbst noch gar nicht glauben.« Glücklich grinsend wechselte sie mit Paul einen Blick. »Wer hätte gedacht, dass es pünktlich zu Weihnachten noch zwei Happy Ends gibt?«

»Ich bestimmt nicht.« Kopfschüttelnd warf Lea einen Seitenblick auf Oskar, der sie verliebt anlächelte.

Nachdem die beiden sich verabschiedet hatten und Paul den Weihnachtsbaum abgestellt und vom Transportnetz befreit hatte, überlegten alle Anwesenden, wo man ihn am besten aufstellen sollte.

»Das ist ja eine ganz schöne Krücke«, nannte Gesa das Kind beim Namen. »Aber wenn man den Kopf schräg hält, geht's eigentlich.«

Irma unterdrückte ein Prusten und versuchte angestrengt, dem Blick ihrer Freundin auszuweichen. Sonst hätte sie für nichts garantieren können.

»Das muss so«, rechtfertigte sich Paul mit gespielter Empörung.

Wilma sah mit hochgezogenen Brauen auf die Tannennadeln, die den Weg vom Eingang bis zum Baum pflasterten. »Der hat schon mal bessere Zeiten gesehen«, kommentierte sie trocken.

Paul zuckte mit den Schultern. »Irma wollte eine Nordmanntanne, also kriegt sie eine Nordmanntanne. So groß war die Auswahl nicht mehr, ich hab den besten genommen, den's noch gab.«

»Dreh den Baum mal um, vielleicht verbirgt sich hinten seine Schokoladenseite«, schlug Gökhan vor.

Paul tat ihm den Gefallen. Daraufhin herrschte einen Moment lang betretenes Schweigen, und dann folgte unterdrücktes Kichern.

»Die Schokoladenseite hat Paul unterwegs schon aufgegessen«, sagte Gesa. »Daher kommt auch das Loch in der Mitte.«

Irma fiel jetzt in Gesas Kichern mit ein und sah zu Paul hinüber, der die Stirn runzelte.

»Wir machen das Beste draus«, versuchte sie rasch die Wogen zu glätten. »Dreht ihn wieder um und verhängt die Lücken mit Schmuck, dann geht das schon.«

Alle stimmten ihr kopfnickend zu.

»Am Eingang würde der Baum vielleicht gut passen«, meldete Gökhan sich zu Wort. Das Kinn in seine Hand gestützt, betrachtete er die Tanne, als wäre sie ein einzigartiges Kunstobjekt.

»Nein, da steht sie nur im Weg, und irgendwer reißt sie beim Reinkommen noch um«, sagte Irma, während sie eilig die Tannennadeln mit Handfeger und Schippe zusammenkehrte.

»Dann neben der Kasse.« Paul hob fragend die Augenbrauen. »Da ist genügend Platz, und er fällt gleich jedem ins Auge.«

»Wenn wir noch länger debattieren, dann kommen die Gäste, und der Baum ist noch immer nicht geschmückt«, sagte Wilma in gewohnt schroffem Tonfall. »Wo ist der Ständer?«

Paul kratzte sich am Kopf. »Hab keinen auf die Schnelle bekommen. Dafür hab ich einen Sack mit Sand besorgt. Irma, bring mal bitte einen Eimer her.«

Wie aufs Stichwort setzte emsige Betriebsamkeit ein, jeder schien mit einer Aufgabe betraut.

Nachdem Paul und Gökhan den Baum in den Eimer gestellt und diesen mit Sand aufgefüllt hatten, begannen sie unter Wilmas Anleitung die Tanne zu schmücken.

»Das ist mein erstes Mal, ich habe noch nie einen Weihnachtsbaum geschmückt«, sagte Gökhan in ehrfürchtigem Ton.

»Wenn das so ist, dann darfst du die Baumspitze aufsetzen.« Huldvoll reichte Paul ihm den roten Stern.

Gökhan freute sich wie ein kleines Kind, während er sich auf die Zehenspitzen stellte und die Spitze anbrachte.

Die Hände in die Taille gestützt, gab Wilma den Männern Anweisungen, wo welche Kugel zu hängen hatte.

»Die beiden stehen ja ganz schön unter ihrer Fuchtel«, bemerkte Gesa kichernd, während sie Messer und Gabeln in Bestecktaschen aus eingeschlagenen Servietten schob.

»Das tut Paul mal ganz gut, wo er sonst immer so eine große Klappe hat«, gab Irma belustigt zurück.

»Und was sagt ihr?«, fragte Paul einige Zeit später mit stolz geschwellter Brust.

Gesa pfiff anerkennend durch die Zähne, und Irma blieb vor Staunen der Mund offen stehen. Der Weihnachtsbaum war ein Blickfang, die kahlen Stellen waren durch den Schmuck kaum noch zu erkennen. Diesmal hatte Paul Geschmack bewiesen. In Kombination mit den rot-weißen Zuckerstangen und den silbernen Sternen sahen die weißen Kugeln elegant und zugleich dezent aus, genau wie Irma es mochte. »Das habt ihr toll gemacht«, lobte sie die beiden Männer.

Zufrieden ließ sie ihren Blick durch den Raum wandern.

Die Tafel war mit weißen Tischdecken eingedeckt und mit Tannenzweigen und weihnachtlich gefalteten Servietten geschmückt. Kleine Teelichter flackerten in roten Gläschen und sorgten für ein weihnachtliches Ambiente. Mehrere Kannen Kaffee standen bereit, sein Duft erfüllte den Raum.

Gökhan übernahm es, Frau Giesebrecht samt Karpfen abzuholen und traf nur kurze Zeit später mit ihr ein.

Irma begrüßte die alte Dame herzlich und nahm ihr den Topf mit dem Karpfen ab.

»Die müssen natürlich noch gekocht werden«, sagte Frau Giesebrecht und reichte ihr ein Netz mit Kartoffeln.

Irma hielt Ausschau nach Paul, damit er das Essen in die Küche brachte, doch in dem Gewusel suchte sie ihn vergeblich.

Inzwischen hatte Gökhan sich wieder der alten Dame angenommen. Offensichtlich hatte er einen Narren an ihr gefressen. Während er mit ihr plauderte, half er ihr aus der Jacke, rückte ihr einen der Stühle am Eingang zurecht und setzte sich zu ihr. Danach waren die beiden eine Weile in ein angeregtes Gespräch vertieft.

Fünf Minuten später tauchte Paul mit zwei Platten Räucherfisch auf, die Gesa ihm aus der Hand nahm und in Gökhans gerade angeschlossenen Kühlschrank verstaute.

Als ihr Kopf wieder auftauchte, brach sie in ein heiseres Lachen aus.

Den Grund für ihre Heiterkeit erfasste Irma sofort, als sie ebenfalls zu Paul hinübersah.

Mit gleichmütiger Miene schälte er sich aus seiner Jacke, unter der sein Wichtel-Outfit zum Vorschein kam.

Irma musste zugeben, dass es bei ihm gar nicht so lächerlich aussah, wie sie gedacht hatte. Der Pullover spannte sich über seinen muskulösen Oberkörper und unterstrich auf gewisse Art und Weise sogar seine Attraktivität.

Als ihre Blicke sich trafen, blitzte der Schalk aus seinen Augen, und Irma sehnte den Moment herbei, mit ihm allein zu sein.

Nach und nach erschienen die Gäste, und der Laden füllte

sich. Alle redeten aufgeregt durcheinander, und der Geräuschpegel stieg mit jedem Neuankömmling noch weiter an.

»Ja, ist das denn die Möglichkeit!« Frau Giesebrecht klatschte in die Hände, als Irma ihr Frau Petrowsky vorstellte. »Bist du das, Gerda?« Das Krächzen ihrer Stimme verriet ihre Aufgeregtheit.

Frau Petrowskys Augen wurden groß, und sie schnappte nach Luft. »Inge?«

Beide lachten gleichzeitig auf und fielen sich dann in die Arme.

Als sie sich nach geraumer Zeit voneinander lösten, war Frau Giesebrechts Blick tränenverhangen. »Wir sind zusammen auf die höhere Mädchenschule gegangen, haben uns aber irgendwann aus den Augen verloren«, ließ sie Irma wissen. »Wie das so ist. Als Theaterschauspielerin war ich anfangs viel auf Tournee, da war es schwer, Freundschaften von früher zu pflegen.«

»Jetzt haben wir uns ja wiedergefunden!« Frau Petrowsky griff nach der Hand ihrer alten Freundin. Wie zur Bestätigung bellte ihr Dackel einmal laut auf. »Wohnst du hier in der Nähe?«, fragte sie.

»In der nächsten Parallelstraße. Schon seit vier Jahrzehnten.«

»Was? Und dann begegnen wir uns erst jetzt? Ich wohne auch gleich hier um die Ecke, in der Arnemannstraße.«

»Das gibt es doch nicht!« Frau Giesebrecht schüttelte sprachlos den Kopf, ehe sie wieder das Wort ergriff. »Du trägst noch deinen Mädchennamen. Das heißt, du hast nie geheiratet?«

Frau Petrowsky lachte auf. »Mein Harald und ich haben in wilder Ehe gelebt, er war Künstler und hielt nicht viel von ...«

Den Rest des Satzes hörte Irma nicht mehr, denn sie entfernte sich unauffällig. Die beiden konnte sie getrost sich selbst überlassen.

Paul war gerade dabei, Houdini eine rote Weihnachtsschleife ums Halsband zu binden. Dem Kater schien sein neues Outfit zu gefallen. Erhobenen Hauptes stolzierte er zurück ins Schaufenster.

Langsam musste Irma aufpassen, dass Paul ihr Houdini nicht abspenstig machte, so wie er den Kater verwöhnte. Mittags hatte er sogar ein spezielles Katzenweihnachtsfutter mit Hirschragout von ihm bekommen und war danach ausgiebig gebürstet worden.

❄ ❄ ❄

Schon nach kurzer Zeit herrschte unter den Gästen ausgelassene Stimmung, woran der Weihnachtspunch nicht ganz unschuldig war. Die alten Leute hatten einen gesunden Appetit mitgebracht und langten bereits beim Kuchen ordentlich zu. Der Bienenstich von Frau Petrowsky schmeckte köstlich, und Irma konnte gar nicht so schnell gucken, wie er wegging, nur noch ein paar vereinzelte Krümel waren auf der Kuchenplatte übriggeblieben. Danach wurde auf Irmas Stollen und Frau Bergers Eierlikörkuchen zurückgegriffen, der so trocken war, dass er aus dem Mund staubte. Herr Petersen schien das nichts auszumachen, denn er tunkte ihn mit Genießermiene in seinen Kaffee.

Nachdem Gesa und Irma den Tisch abgeräumt hatten, drehte Paul die Weihnachtsmusik lauter, und alle sangen *O Tannenbaum* mit Nat King Cole um die Wette.

Als *Last Christmas* erklang, forderte der rüstig aussehende Rentner mit Glatze seine Sitznachbarin Frau Berger zum Tanz auf. Mit geröteten Wangen und fröhlich dreinblickend schob er sie galant durch den Raum, geschickt an Stühlen und Weihnachtsbaum vorbei.

Bereits beim Auftragen des Abendessens hatte Wilma einen leichten Schwips und lachte so schallend über einen von Pauls Sprüchen, dass Irma vor Schreck zusammenzuckte.

Die Tiere schien der Trubel um sie herum nicht zu stören. Houdini lümmelte unter dem Weihnachtsbaum und spielte mit einer Kugel, während Dackel Willi geduldig neben dem Tisch darauf wartete, dass etwas für ihn abfiel.

Ein Lächeln stahl sich auf Irmas Gesicht, als Paul ihren Blick einfing und ihn eine Zeitlang festhielt. In dem Moment durchströmte sie ein so starkes Glücksgefühl, dass sie glaubte, platzen zu müssen.

Doch der Augenblick währte nicht lang. Eine ältere Dame bat Paul, ihr die Kanne mit Wasser zu reichen.

Irma lehnte sich lächelnd zurück und beobachtete die Gäste.

Gökhan belud Herrn Petersens Teller großzügig mit Karpfen, und Gesa schenkte ihm ein Glas Rotwein ein. Die beiden schienen bereits ein eingespieltes Team zu sein.

Paul unterhielt sich jetzt wieder angeregt mit Irmas Großmutter auf Plattdeutsch, was diese sehr zu erheitern schien, immer wieder hielt sie sich die Hand vor den Mund und kicherte.

Irma sah nach draußen. Dicke Schneeflocken rieselten herab. Sogar das Wetter war perfekt. Ihr wurde ganz warm ums Herz.

Frau Giesebrecht lachte laut auf, und Irma blickte zu der alten Dame hinüber. Mit einnehmender Mimik und Gestik gab sie Anekdoten von früher zum Besten, während ihre Freundin ihr andächtig zuhörte. Das Leuchten in ihren Augen spiegelte Bewunderung und Zuneigung wider.

Was für ein gelungenes Fest! Irma seufzte leise. Es hatte sogar zwei Menschen nach Jahrzehnten wieder zusammengeführt. Dies war sicher nicht der letzte Heiligabend, den sie auf diese Art feiern würde.

Epilog

Am zweiten Weihnachtstag ging Irma ans Grab ihrer Eltern. Sie wollte ihnen nicht länger vorenthalten, wie glücklich sie mit Paul war. Natürlich wussten sie es längst, davon war Irma überzeugt. Von oben hatten sie verfolgen können, welchen Irrungen und Wirrungen ihre Tochter hier unten auf der Erde ausgesetzt gewesen war. Gott sei Dank war mit dem magischen Menü aus Tante Ellis Tagebuch letztlich alles gut ausgegangen. Nicht auszudenken, mit welchem Liebeskummer sie jetzt zu kämpfen gehabt hätte, wenn Pauls Liebe zu ihr nicht stark genug gewesen wäre.

Ein Windstoß trieb den Schnee von den Bäumen, als Irma aus der Tür der Friedhofsgärtnerei trat. Von hier aus waren es nur noch wenige Gehminuten bis zum Grab ihrer Eltern.

Irma kam an bröckelnden Marmorengeln, efeuumrankten Kreuzen und verwitterten Grabsteinen aus dem letzten Jahrhundert vorbei, während sie sich Heiligabend in Erinnerung rief.

Ihre Befürchtung, Wilma könnte Paul nicht mögen, hatte sich nicht bewahrheitet. Die beiden waren schnell miteinander warm geworden und verstanden sich großartig. Pauls ungezwungene Art und seine lockeren Sprüche kamen gut bei ihrer Großmutter an. Er hatte für einige Lacher gesorgt und dadurch zu einer entspannten Atmosphäre beigetragen.

An diesem Abend hatte sich niemand allein gefühlt, jeder Gast war auf seine Kosten gekommen. Neue Bekanntschaften waren geschlossen worden, alte hatte man wiederaufleben lassen.

Fred war ihrer Einladung nicht nachgekommen, aber das fand Irma gar nicht schlimm, denn er gehörte ihrer Vergangenheit an. Sie hatten nicht viele Gemeinsamkeiten, auf denen man hätte eine Freundschaft aufbauen können. Aber sie freute sich für ihn, dass er mit Sabine nun offenbar auch sein Glück gefunden hatte.

Die Gräber waren mit pulvrigem Schnee bedeckt. Nur jene, die regelmäßig von den Hinterbliebenen gepflegt wurden, waren freigeschaufelt. Die Äste beugten sich unter der Last des Schnees und hingen teilweise tief über den Gehwegen. Irgendwo flog ein Vogel auf und entfernte sich mit schnellen Flügelschlägen.

Irmas Gedanken wanderten zurück zum gestrigen Tag. Paul hatte sie mit zu seinen Eltern genommen, wo sie von der ganzen Familie herzlich aufgenommen worden war. Pauls Mutter hatte eine köstliche Gans aufgetischt, und sein Bruder und seine Schwägerin hatten so viel und so lebhaft erzählt, dass Irma sich keinen Moment unwohl gefühlt hatte. Sein Vater war ein gutmütiger Bär, den sie sofort ins Herz geschlossen hatte. Niemand hatte Fragen über ihre Familie gestellt, Paul musste seinen Eltern schon viel von ihr erzählt haben.

Ein Lächeln huschte über Irmas Gesicht, und ein kleiner Seufzer entkam ihr. Ihr Blick fiel auf die vereisten Zweige und die roten Beeren an den Ästen, die aussahen, als wären sie in Glas gegossen. Vereinzelt hingen kleine Eiszapfen daran – Kristalle, vor ihrer Vollendung erstarrt. Irma hätte stundenlang die kleinen Wunder der Natur bestaunen können, viel zu selten hatte sie bei den miesen Wintern der letzten Jahre die Möglichkeit dazu gehabt.

Eine alte Frau mit Hut und Mantel kam ihr entgegen. Sie blickte nicht auf, hielt die Harke in ihrer Hand fest umschlossen und schien konzentriert ihre schlurfenden Schritte zu setzen. Ansonsten war hier niemand zu sehen.

Auf dem Pfad zum Grab ihrer Eltern war die Schneedecke noch unberührt, und Irmas Stiefel hinterließen jetzt die ersten Spuren.

Sie lehnte den prächtigen Tannenkranz mit Rosen und Beeren an den Grabstein aus Marmor und ging in die Hocke. Zärtlich strich sie mit der Hand über den eiskalten Stein. Ihr wurde ganz schwer ums Herz.

»Hallo, Mama. Hallo, Papa«, flüsterte sie.

Das Schweigen, das als Antwort kam, ließ sie schlucken. Sie rief sich die Stimme ihres Vaters ins Gedächtnis. »Hallo, meine Kleine«, hätte er geantwortet. Ihre Mutter hatte immer warm und voller Zärtlichkeit geklungen, wenn sie mit ihr sprach. »Wie schön, dass du gekommen bist«, hörte sie sie jetzt sagen.

Irma war erleichtert, im Kopf noch ihre Stimmen hören zu können.

»Ich vermisse euch«, redete sie gegen den in den Baumwipfeln leise rauschenden Wind an. »Es geht mir gut. Sehr gut sogar. Ich habe jemanden kennengelernt. Er heißt Paul, und er macht mich sehr glücklich.« Von ihren Gefühlen überwältigt stiegen Tränen in ihr hoch. Wie schön es doch gewesen wäre, Paul ihren Eltern vorzustellen. »Nächstes Mal bringe ich ihn mit. Ich bin mir sicher, ihr werdet ihn mögen.«

Sie wusste, wie glücklich es ihre Mutter gemacht hätte, zu wissen, dass sie endlich den richtigen Mann gefunden hatte.

»Die Schmetterlinge in meinem Bauch haben zwar etwas länger gebraucht, um fliegen zu lernen, aber dann haben sie nicht mehr aufgehört zu flattern. Ich habe schnell erkannt, dass Paul und ich zueinander gehören.« Irma musste lächeln. »Er hat mir schon lange den Hof gemacht, kam immer wieder in den Laden. Doch was für ein toller Kerl er ist, habe ich erst später gemerkt, als ich mich auf ein Treffen mit ihm eingelassen habe. Manchmal braucht das Herz wohl etwas länger, um zu erkennen, welche Person die richtige ist.«

❄ ❄ ❄

Als Irma nach Hause kam, stand Paul am Herd. Ein köstlicher Duft nach Bratkartoffeln empfing sie und ließ ihr das Wasser im Mund zusammenlaufen.

»Hallo, mein Schatz, dein Timing ist perfekt. Das Essen ist gleich fertig.« Er schenkte ihr ein Lächeln, ehe er sich wieder den Fischstücken widmete, die in der Pfanne brutzelten.

Ein warmes Kribbeln stieg in ihr auf. Sein Anblick war so vertraut, es fühlte sich so an, als wäre Paul schon immer an ihrer Seite gewesen. »Was kochst du da Feines?«, fragte Irma, während sie sich den Mantel auszog.

»Pannfisch mit Bratkartoffeln. Eine meiner Spezialitäten.«

»Das klingt nach richtigem Seelenfutter. Genau das, was ich jetzt brauche.«

»Wie geht es dir, mein Schatz?« Pauls Blick war so voller Liebe, dass er Irma ein glückseliges Lächeln entlockte.

»Ich bin okay. Obwohl ein Friedhofsbesuch immer traurig ist. Ich versuche dann meist, meine Gedanken auf die schönen Dinge zu fokussieren.«

Paul legte den Pfannenwender beiseite, umfasste ihr Gesicht und strich sanft mit dem Daumen über ihre Wange. »Und, hat es geklappt?«

Irma seufzte leise. »Da ist immer noch so viel Schmerz in mir, ich vermisse sie so sehr. Ob das wohl irgendwann besser wird?«

Unendliche Zärtlichkeit lag jetzt in Pauls Blick. Liebevoll strich er ihr das Haar zurück. »Jetzt bin ich für dich da. Klar, das ist kein großer Trost, aber ich möchte, dass du weißt, dass du dich bei mir fallen lassen kannst. Ich werde dich immer auffangen.« Paul küsste sie auf die Stirn.

Irma nickte und spürte Tränen der Rührung in sich aufsteigen. *Wie klug und empathisch er doch ist.* »Ich habe ihnen von dir erzählt.«

»Meinst du, ich bin gut genug für ihre Tochter?«

»Du bist perfekt für sie!«

Ein leises Lächeln stahl sich auf seine Züge. »Nächstes Mal begleite ich dich. Wenn ich darf.«

»Das wäre schön.« Ein leicht angebrannter Geruch stieg Irma in die Nase.

Paul musste es ebenfalls gerochen haben, denn sein Blick zuckte zur Pfanne. »Shit!« Schnell zog er den Fisch vom Herd und wendete ihn. Erleichtert stieß er die Luft aus. »Halb so schlimm, nur die Haut ist ein wenig angebrannt, aber die kann ich entfernen.«

»Ich bin mir sicher, es wird fabelhaft schmecken. Von mir aus kannst du immer kochen.« Sie zwinkerte ihm zu und gab ihm einen Kuss auf den Mund. »Wo ist eigentlich Houdini?«

»Der liegt vollgefressen drüben auf dem Sofa. Natürlich hat er auch etwas Fisch abbekommen.«

»Wenn du ihn weiter so verwöhnst, wird sein Bauch bald auf dem Boden schleifen.« Lachend schlüpfte Irma aus ihren Stiefeln. Dann lief sie ins Wohnzimmer, um ihren Kater zu begrüßen. Beim Vorbeigehen blieb ihr Blick an ihrem Bücherregal hängen, wo sie Ellis Tagebuch zwischen zwei Bücher geschoben hatte. Es stand etwas vor und fiel gleich ins Auge.

Irma zog es heraus. Wo könnte sie es verstecken, überlegte sie, während sie den Blick durch den Raum schweifen ließ. Paul sollte es lieber nicht in die Hände bekommen und so ihr kleines Geheimnis lüften. Das mit der Magie würde sie besser für sich behalten. Seufzend blätterte sie ein letztes Mal durch die Seiten.

Plötzlich bemerkte sie eine schmale Papiertasche am hinteren Vorsatzblatt, die ihr vorher nicht aufgefallen war. *Ein Geheimfach?* Etwas Weißes blitzte daraus hervor. Irma fuhr mit dem Zeigefinger vorsichtig hinein. Ihre Kopfhaut prickelte vor Aufregung, als sie ein Papier daraus hervorzog. Mit klopfendem Herzen entfaltete sie es. Folgender Satz stand in geschnörkelter Schönschrift darauf geschrieben:

Das Liebesmenü hilft dem Schicksal lediglich auf die Sprünge und bringt nur die zusammen, die ohnehin füreinander bestimmt sind.

Vorsicht! Bei der falschen Person kann der Zauber des Liebesmenüs auch zu unangenehmen Nebenwirkungen führen und genau das Gegenteil bewirken. Anwendung auf eigene Gefahr!

Irma sah auf und lächelte. Auch wenn einiges schiefgelaufen war, bereute sie keine Sekunde, sich auf das kleine Abenteuer eingelassen zu haben. Denn hätte sie Paul nicht zum magischen Liebesmenü eingeladen, hätte sie ihm vermutlich nie den Schlüssel zu ihrem Herzen anvertraut.

Gedichte im Roman:

Wilhelm Busch, *Sie war ein Blümlein hübsch und fein*
Rainer Maria Rilke, *Die roten Rosen waren nie so rot*
Friedrich Hebbel, *Weißt du, was das heißt, zu lieben und verschmäht zu werden?*
Theodor Storm, *Ich bin mir meiner Seele*
Joseph von Eichendorff, *Der verzweifelte Liebhaber*
Emanuel Geibel, *Wolle keiner mich fragen*

Danksagung

Ein Buch ist niemals das Werk eines Einzelnen, und so möchte ich mich bei all jenen bedanken, die mich auf dem Weg zu diesem Winterroman begleitet haben.

Mein besonderer Dank gilt meiner Alphaleserin Katharina Münz, deren Kritik und Motivation die Geschichte zu dem gemacht hat, was sie heute ist.

Außerdem bedanke ich mich bei meinen Testleserinnen Claudia Ziller und Silvia Jäger für ihr ehrliches Feedback, ihren Zuspruch und ihre Begeisterung.

Ein großes Dankeschön geht an meine Freundin Angela Schönfelder, die mir als Hamburgerin wertvolle Tipps gegeben hat, wie die Stadt tickt, wie man dort schnackt und lebt.

Von ganzem Herzen danke ich dem Team vom S. Fischer Verlag, das die Veröffentlichung von Irmas Geschichte möglich gemacht hat und für die tolle, unkomplizierte Zusammenarbeit. Ein besonderer Dank gebührt Mareike Müller für die hilfreichen Anmerkungen und den Hinweis, dass der Roman ein bisschen mehr weihnachtliche Atmosphäre vertragen könnte.

Für den letzten Feinschliff danke ich meiner großartigen Lektorin Silke Reutler, ohne die der Text niemals so rund geworden wäre.

Und last but not least: Ein herzliches Dankeschön an alle Leserinnen und Leser, dafür, dass Irmas Geschichte, auf welche Weise auch immer, den Weg zu euch gefunden hat. Ich hoffe von Herzen, dass mein Buch euch schöne Lesestunden beschert hat,

mit winterlichen Grüßen,

Mara Dix

Sandra Del Popolo

So schmeckt das Glück

Die Sterneköchin Lizzy besitzt ein Gourmetrestaurant, kann sich vor Fernsehauftritten nicht retten und hat eine tolle Familie. Bis sie bei einem Dreh verunglückt und im Koma landet. Als sie nach acht Jahren wieder aufwacht, steht ihre Welt kopf. Nicht nur, dass sie nicht weiß, wer eigentlich diese Alexa ist – auch ihr Restaurant ist weg, und ihr Mann verhält sich sehr merkwürdig. Mit über vierzig muss sie sich auf einmal fragen, was sie will, und ihr Leben neu ordnen. Aber dabei ist sie nicht allein. Die quirlige Physiotherapeutin Biene hat stets einen guten Ratschlag parat. Und dann ist da noch Samuel, der früher ihr größter kulinarischer Konkurrent war und plötzlich richtig nett zu ihr ist.

Roman
400 Seiten, broschiert
978-3-596-70837-6

Weitere Informationen finden Sie auf
www.fischerverlage.de

Emma Bishop
You Make Me Feel Like Christmas

Annie ist froh, der Großstadt entkommen zu sein, und zufrieden mit ihrem neuen Job in der Bücherei von Fairlie. Marc ist eingefleischter Londoner und nur selten zu Besuch im Heimatort. In der Vorweihnachtszeit in der schottischen Kleinstadt treffen die beiden immer wieder aufeinander. Doch sind ihre Begegnungen wirklich dem Zufall geschuldet? Um das wahre Glück zu finden, müssen sie entscheiden, ob sie für den anderen ihre Vergangenheit hinter sich lassen können.

Roman
336 Seiten, broschiert
978-3-596-71234-2

Weitere Informationen finden Sie auf
www.fischerverlage.de